哲学教育评论

第一辑

张　伟　主编

杨小刚　本辑执行主编

商务印书馆
The Commercial Press

图书在版编目 (CIP) 数据

哲学教育评论 . 第 1 辑 / 张伟主编 . —— 北京 : 商务印书馆 , 2023
ISBN 978-7-100-22072-9

Ⅰ. ①哲…　Ⅱ. ①张…　Ⅲ. ①哲学—教育研究
Ⅳ. ① B-4

中国国家版本馆 CIP 数据核字（2023）第 039344 号

哲学教育评论

（第 1 辑）

张伟　主编

商 务 印 书 馆 出 版
（北京王府井大街 36 号　邮政编码 100710）
商 务 印 书 馆 发 行
北京虎彩文化传播有限公司印刷
ISBN　978-7-100-22072-9

2023 年 3 月第 1 版　　　　开本　710×1000　1/16
2023 年 3 月北京第 1 次印刷　印张　17

定价：92.00 元

目　录

理论深耕

专题 · 儿童哲学教育

旧文新刊

《哲学教育评论》缘起

　　哲学与教育有着紧密关联。孔子删定六经,有教无类,弟子以学之所长而分为孔门四科。柏拉图于《理想国》中所言的教育阶梯成为古典七艺的基础,绵延千载。因哲学在最原初、最宽泛的意义上,便是对日常经验的系统化反思、整理及对其原理的探究,从今日狭义的知识视角来看,有对知识之大全的追求。教育便是知识不断整理、传承以及分门别类的学科建制的过程。

　　但随着教育内部的不断分化和社会的新变革,哲学教育本身成为一个严峻的课题。自二战以后,人文学术的知识生产日趋专业化、标准化、工业化,不复哲学追求大全知识、整全理解的理想。随着互联网的兴起、数字化时代的到来,哲学教育的内容和方式变得日趋复杂。如何在反思中外哲学教育经验的基础上,积极探索构建符合哲学学问本性和时代发展要求的哲学教育体系,成为当前哲学教育必须面对的根本问题。

　　中山大学哲学系向来于学术门径持开放态度,注重跨学科、跨专业、跨领域的哲学思考,研究与教育并重,故此特创办一平台,名曰《哲学教育评论》,参详古今中外"哲学教育"之实践与理论,探讨哲学教育之本性及其在当下开展的新路径。祈盼与热爱智慧、关心教育者,齐心协力,共同推进哲学教育和人文教育事业行稳致远。

中山大学哲学系

《哲学教育评论》编委会

名系源流

爱默生大楼的昨天和今天：
哈佛大学哲学系历史与现状概览

李水杉*

在美国东北部马萨诸塞州的剑桥镇，坐落着哈佛最古老的校园所在地——哈佛园（Harvard Yard）。在哈佛园的最东端，坐落着一栋三层楼的建筑——爱默生大楼（Emerson Hall），这里就是哈佛哲学系的所在地。红砖白瓦的造型与整个哈佛园中的其他建筑融为一体，并不显得十分特别，但就是在这栋有着一百多年历史的建筑中，曾有多位改变整个学科历史的哲学家在此学习和工作。而今天，在这栋建筑中，可能也正在孕育着改变未来哲学历史走向的思想。

一、历史沿革

在 18 世纪和 19 世纪的大部分时间里，哲学在美国高校中始终作为宗教、神学的附庸，哈佛大学同样不例外。在 18 世纪早期，哈佛就已经成长为美国国内最重要的神职人员培训学校之一，相关的神学训练使学生们可以

---

① 李水杉，美国波士顿学院（Boston College）哲学专业硕士研究生，导师为现象学家德莫特·莫兰（Dermot Moran）教授，同时兼职哈佛大学哲学系肖恩·凯利（Sean D. Kelly）教授研究助理。

在毕业后立即成为合格的牧师。如今一些被分类为哲学的课程,在哈佛大学历史的早期,是被纳入神学或古典学的教学范畴中的。

图1　爱默生大楼西侧正门近景

即使是在宗教氛围十分浓厚的建校初期,哈佛大学也展现出了敢为人先、不畏权威的宝贵学术气质。

直至18世纪末,哈佛大学才出现了第一位哲学教授,李维·赫奇(Levi Hedge);他于1792年至1832年间在哈佛大学任职。当时,哈佛大学虽然还没有单独的哲学系,但是已经有了哲学课程。赫奇及其后的几位哲学教师受大西洋彼岸大不列颠的影响,主要教授苏格兰经验主义哲学,这也是那一时期美国为数不多开设哲学课程的大学中的主流思想。[1]

南北战争到第一次世界大战的几十年间,美国的高等教育迎来了翻天覆地的变化。由于工业的迅速发展,经济腾飞,高校也获得了源源不断的资金支持,尤其是哈佛大学所在的美国东北部,工业化水平最高,社会各界的捐赠也更为慷慨。哈佛大学也获得了质的飞跃,从一所规模不大的郊区学

---

① Bruce Kuklick, *A History of Philosophy in America, 1720-2000*, New York: Oxford University Press, 2001, p. 61.

校一跃成为有数千在读学生、逐渐享有国际声誉的高规格大学。[①]

　　普遍认为，哈佛大学哲学系的黄金年代是 19 世纪 90 年代至第一次世界大战结束的二十多年时间。这种发展除了受益于南北战争之后美国高等教育在经济发展的带动下日新月异，社会对大学职能的期待从单一的培养宗教人才转向更为多样、自由的发展方向这些时代大背景之外，还与哈佛大学历史上最传奇的校长查尔斯·威廉·艾略特（Charles William Eliot）对校内哲学教育的鼎力支持[②]密切相关。艾略特自 1869 年至 1909 年任职哈佛大学校长，长达四十年，在任期间聘用了詹姆斯、罗伊斯等一系列为哈佛大学哲学系乃至整个美国哲学学术界奠基的泰斗级人物，并且十分关心哲学教育教学。正是在此期间，哈佛大学有建制的单独的哲学系才在真正意义上成立，哈佛哲学也进入了耳熟能详的实用主义时期。在这段遥遥领先全美其他大学哲学系、全速发展的黄金时代，北美大陆上其他高等教育机构的教学质量、教学成果、学术产出和学术声望无出其右，在整个世界范围内哈佛哲学系也鲜有敌手。

　　图 2　拉尔夫·沃尔多·爱默生（Ralph Waldo Emerson, 1803—1882），美国著名思想家、文学家。爱默生大楼以其名字命名。图中雕塑现位于爱默生大楼一层。

---

① Bruce Kuklick, *A History of Philosophy in America, 1720-2000*, New York: Oxford University Press, 2001, p. 100.

② Ibid, pp. 150-151.

哈佛大学从 1878 年开始授予哲学专业博士学位。从 1878 年到 1891 年的十三年间,哈佛大学只有五名学生获得了哲学博士学位,但之后的二十年,哈佛大学以平均五年培养五名博士毕业生的速度向美国学术界源源不断输送人才,可以说培养了整整一代职业哲学家。[①]

哈佛哲学系如今的所在地爱默生大楼竣工于 1905 年,最初作为哲学系及心理学系的办公和教学楼。据传,在大楼竣工之前,校长艾略特征集大家的意见,准备在楼顶镌刻一段名言。威廉·詹姆斯以及其他几位哲学教师认为应该刻普罗泰戈拉的名言"人是万物的尺度",[②] 但校长认为此句有"不敬神"之嫌,权衡再三之后选择了圣经中一句与普罗泰戈拉的精神完全相反的话:"人是什么,你竟顾念他?"(What is man that thou art mindful of him?)。今天,人们在爱默生大楼的北墙上仍可以看到用大字镌刻的这句话。虽然普罗泰戈拉的那句名言没有被刻在哲学系的大楼上,但对人的重视、对人性的探索却深深地刻在了哈佛哲学系的基因中,并代代相传。

图 3　爱默生大楼北面墙,上刻有圣经中格言:人是什么,你竟顾念他?

① Bruce Kuklick, *The Rise of American Philosophy, Cambridge, Massachusetts, 1860–1930*, New Haven: Yale University Press, 1977, p. 242.
② Ibid., p. 251.

战后的哈佛哲学系依然保持着高水准以及世界哲学学术界领头羊的地位；同时，哈佛从未放弃其理论与实际社会问题相结合的传统。进入 20 世纪后半叶，哈佛大学哲学系中既有蒯因、普特南、克里普克这些语言哲学、认识论等相关领域的著名哲学家在此学习和工作，也有罗尔斯、诺齐克、柯斯嘉德等政治哲学、伦理学大师在此开宗立派。

哈佛的历史是一部良性循环的历史，许多取得丰硕学术成果的大师都曾是哈佛大学的学生。好的教育孕育出好的学者，好的学者又继续反哺出更好的教育。这当然与一些历史的偶然性如哈佛大学的先发优势有关。作为全美最古老的大学（始建于 1636 年），哈佛大学在漫长的历史中一直吸纳顶尖的社会资源；除此之外，哈佛大学所在的东北部在很长一段时间里一直是美国最重要的经济中心，可以获得来自捐赠者的充足的资金支持；波士顿也一直是全美受教育程度最高的城市，为哈佛大学的学术氛围提供了良好的外部环境。

二、历史上的著名哲学家

1. 威廉·詹姆斯（William James, 1842—1910）

哲学家、心理学家、教育家，实用主义的先驱和代表人物，也被称为美国心理学之父，曾当选美国心理学会主席、美国国家科学院院士。詹姆斯在美国本土以及欧洲都具有广泛的影响力，深刻影响了从 19 世纪末起世界哲学史的发展。著名哲学家如胡塞尔、杜威、罗素、维特根斯坦都深受其影响。詹姆斯的学术生涯开始于生理与心理学，早期的詹姆斯渴望通过一种科学精神将许多哲学问题"科学化"。随着更多的哲学思考，詹姆斯逐渐提出了实用主义的思想，对他而言，实用主义是极端化思想的调和者，既展现出了对世事的科学的追求，又带有对人类的价值及自主性的信念。因此，我们追求的真理其实就是对人类有益的善。在生命的最后几年，詹姆斯展现出了与生涯前期不同的哲学思路,渴望创造一个形而上学体系,将世界的基础还原为一种既非物理又非精神的"东西"(Stuff)。詹姆斯曾在哈佛劳伦斯科学学院①和医学院学习,在获得医学博士学位后,于 1872 年开始留校任教,起初教授本科生生理学,之后于 1874 年开始教授心理学,并创建了全美第一个心理学实验室。1880 年,詹姆斯获得哲学助理教授的教职,从此在哈佛大学同时教授哲学与心理学。1907 年,詹姆斯从哈佛大学荣休。主要著作有《心理学原理》(*The Principles of Psychology*)、《实用主义》(*Pragmatism*)、《多元的宇宙》(*A Pluralistic Universe*)等。代表作《心理学原理》奠定了詹姆斯在近代心理学和哲学史上的地位,融合了心理学、哲学、生理学的理论知识。

2. 乔西亚·罗伊斯(Josiah Royce, 1855—1916)

作为与詹姆斯同一时期的哈佛哲学系另一位泰斗级人物,罗伊斯有着与詹姆斯不同的哲学主张。作为绝对唯心论(absolute idealism)的代表,他秉持一种认为现实的各部分都可以最终被统一为一种所谓"意识"(Consciousness)的形而上学主张,这与其伦理学和宗教思想紧密相连,对罗伊斯而言,为了让我们日常生活中的善恶观念有理性的基础,必须存在一个"全知者"(Absolute Knower)。1882 年,罗伊斯入职哈佛并在此任职超过三十年,他的学生中有著名诗人艾略特、哲学家桑塔亚那、社会学家杜波伊斯。在晚年,罗伊斯的哲学风格从早期偏体系化、条理化的风格转向实践哲学。罗伊斯与詹姆斯的友谊同样为人津津乐道;虽然二人在许多重要的哲学问题上都有重大分歧,但彼此对对方哲学思想的塑造和发展都有着重大影响。在生涯的最后阶段,罗伊斯把自己的哲学总结为"建立在符号学基础上的绝对实用主义"。他的代表作有《哲学的宗教层面》(*The Religious Aspect of Philosophy*)、《世界与个人》(*The World and the Individual*)、《基督

_____

① 现哈佛大学工程与应用科学学院。

教的问题》(*The Problem of Christianity*)。

3. 乔治·桑塔亚那(George Santayana, 1863—1952)

西班牙籍哲学家、文学家、文化批评家，自然主义哲学的先驱和代表人物。桑塔亚那提出哲学即文学的理念，鼓励培养非宗教的精神生活。他重视人类的创造性思维、诗性思维，旗帜鲜明地反对观念论。他强调知识是一种信念，根植于我们的生物性和身边的自然环境。更难能可贵的是，作为美国社会的"外来人"，桑塔亚那对社会的种种不公正及非主流文化的存在都有着超乎寻常的敏锐洞察力，较早地提倡类似于后世文化多元的理念。桑塔亚那于哈佛大学获得学士和哲学博士学位，曾任校内哲学社主席。1889年毕业后留校任教20余载，直至1912年主动退休。桑塔亚那的代表作有美学专著《美的意义》(*The Sense of Beauty*)、自传《人与地》(*Persons and Places*)以及曾提名普利策奖的小说《最后的清教徒》(*The Last Puritan*)。

4. 威拉德·范-奥曼·蒯因(W. V. O. Quine, 1908—2000)

20世纪最著名的美国分析哲学家之一，在语言哲学、认识论、逻辑学等领域具有广泛的影响力。蒯因哲学思想的基础是自然主义，或者说是自然化的经验主义。他认为现实应该在科学(经验)的框架中加以理解，而不应该诉诸某种先验的哲学。正因没有先于科学存在的哲学，科学便为自己立法，而所有的认识论都是从科学内部出发的。他拒斥意义的存在，与此同时提出自己有关"概念范式"(conceptual scheme)的理论，认为我们在对世界的不同种类的解释之间的选择，包括在不同的科学理论之间的抉择，其实就是在范式之间切换，而我们没有依据判断哪种范式更接近真实。在语言哲学中，蒯因提出一种行为主义的理论模型，在这个模型中，现实是产生经验的刺激源，而语言则作为这种刺激的反应存在。蒯因1932年于哈佛获得哲学博士学位，1936年起在哈佛大学哲学系任教。他最著名的文章莫过于收录于《从逻辑的观点看》(*From a Logical Point of View*)中的《经验主义的两种教条》(Two Dogmas of Empiricism)以及《论何物存在》(On What There

Is）。在前者中，蒯因驳斥了自康德以来传统认识论中分析命题与综合命题的区分；而在后者中，他提出了他有关本体论承诺相对性的观点。《词与物》（*Word and Object*）是蒯因另一本具有巨大影响力的著作。

5. 约翰·罗尔斯（John Rawls, 1921—2002）

20 世纪最著名的政治哲学家之一，20 世纪西方新自然法学派的代表人物，政治自由主义代表人物。罗尔斯于 1962 年加入哈佛大学哲学系，并在此任教超过三十年。代表作《正义论》（*A Theory of Justice*）出版于 1971 年，罗尔斯大部分影响最深远的理论都是在其中提出或发展的。在书中，罗尔斯着手解决自由与平等之间的冲突问题，而他的方案是将二者整合到一个名为"公平的正义"（justice as fairness）的统一体中，以表明自由与平等间的冲突其实是一种幻觉。罗尔斯认为自由原则是正义的一大根本原则，人的基本自由包括良心、结社、言论自由与民主权利，而财产权是由道德能力和自尊捍卫的，并非一种自然权利；另一大原则即平等原则，以合理的比例代表社会中的所有群体，确保分配正义。在另一本著作《政治自由主义》（*Political Liberalism*）中，罗尔斯试图阐述在我们每个人对美好生活的本质都有自己的理解的前提下，政治权力如何可能是合理合法的。罗尔斯认为，自由国家必须将自己托付于"公共理性"（public reason）这一理想才能使自身合法。在著作《万民法》（*The Law of Peoples*）中，罗尔斯提出了一个现实主义的乌托邦设想，以一种"万民法"作为国际秩序的基础，由一个个内部井然有序的社会构建一个没有重大灾难发生的世界。

6. 希拉里·普特南（Hilary Putnam, 1926—2016）

著名哲学家，在语言哲学、心灵哲学、科学哲学、逻辑学等领域具有广泛影响。提出科学实在论的三原则，分别是成熟科学的术语总有指称、成熟科学的定律定理近乎为真，以及前后相继的科学理论分享共同的指称。在心灵哲学中，普特南反对行为主义（behaviorism）和同一性理论（identity theory），反对将心灵的活动和特定的行为或者大脑状态绑定在一起；他的心灵哲学的贡献更多体现在他对许多主流理论的批判上，至于他本人的立场，则一直摇摆不定，在"功能主义"（functionalism）、"经验功能主义"（empirical functionalism）、"自由功能主义"（liberal functionalism）间变化。在语言哲学中，普特南倡导语义外在论（semantic externalism），提出了"孪生地球"（twin earths）思想实验，借此说明意义不在人的头脑之中，语言的意义是由心灵之外的因素决定的。在认识论方面，普特南提出了著名的"缸中之脑"（brain in a vat）思想实验，论证我们不可能是被科学家用电信号所制造的假象蒙蔽的缸中之脑，这一结论与语义外在论一以贯之，即知识或辩护取决于心灵之外的因素，不仅仅由内在因素决定。1965 年，普特南加入哈佛大学哲学系教师团队，并在此一直工作到 2000 年退休。

7. 斯坦利·卡维尔（Stanley Cavell, 1926—2018）

卡维尔的贡献包括但不限于伦理学、美学、语言哲学。卡维尔于 1953 年在哈佛大学获得哲学博士学位，并于 1963 年正式加入哈佛大学哲学系任教，1997 年荣休，曾任美国哲学协会（American Philosophical Association）主席。他博采众长，虽然成长于分析哲学传统中，但对于许多欧陆哲学的观点也充分加以吸收并作出独到的诠释；同时，他的写作也涵盖了文学批评、电影批评等众多领域。卡维尔生前共出版专著 18 本，在《我们必须认真对待我们所说的吗？》（*Must We Mean What We Say?*）一书中，卡维尔从日常语言学派的视角出发，深入探讨了有关语言使用、隐喻、怀疑主义、文本解读等话题；在《被观察的世界》（*The World Viewed*）中，他回答了有关摄影、电影和现代主义的问题；而《理性的主张》（*The Claim of Reason: Wittgenstein, Skepticism, Morality, and Tragedy*）一书则讨论了日常语言学派与哲学传统之间的张力，重点关注语言哲学、怀疑论及二者之间的关系。

8. 罗伯特·诺齐克（Robert Nozick, 1938—2002）

著名政治哲学家、伦理学家。诺齐克于 1969 年正式加入哈佛大学哲学系任教，并于 1981 年至 1984 年担任哲学系主任。诺齐克最具影响力的著作莫过于《无政府、国家与乌托邦》（*Anarchy, State, and Utopia*），在书中，诺齐克提出了最低限度国家（minimal state）的概念，这类国家将其活动范围限制在保护个人生命权、自由权、财产权及契约权，并避免使用权力重新分配收入或使人们"更道德"。诺齐克认为衡量一个国家行为的最重要标准是国家对个人权利的尊重程度，因此唯一合理合法的国家形态就应该是这种最低限度国家。即使诺齐克认为自己是自由主义者，但在他后期的著作《被审视的人生》（*The Examined Life*）中，诺齐克反驳了资本主义式的自由主义，拒绝了该理论的绝大部分基础，因为他认为个人自由有时需要通过集体主义政治才能完全实现，公正的财富再分配可以保护多数人的自由免受伤害。

三、哈佛哲学研究领域现状

哈佛大学哲学系较为符合如今主流美国大学哲学系的学术侧重，即在分析哲学传统下辅以伦理学或古代哲学。哈佛哲学的传统优势领域包括形而上学、认识论、语言哲学、伦理学、政治哲学。这些领域在今天的哈佛仍然属于主流。哈佛大学尤其注重理论与实际社会问题的结合，在最近半个世纪诞生了众多开宗立派的伦理学、政治哲学、社会哲学理论，引领了数次相关领域的变革和潮流；伦理学与政治哲学可以算作哈佛哲学今天的名片、强势领域中的强势领域。但与此同时，哈佛哲学有别于美国一些纯分析哲学院系，对欧陆哲学保持较为开放包容的态度，即使在系内仍不属于主流研究方向，但今天的哈佛哲学同样有将康德、海德格尔、梅洛-庞蒂等哲学家作为自己研究兴趣的教师。

1. 沃伦·戈德法布（Warren Goldfarb）

哈佛大学哲学系瓦尔特·贝弗利·皮尔森现代数学与数理逻辑讲席教授（Walter Beverly Pearson Professor of Modern Mathematics and Mathematical

Logic），于哈佛大学取得博士学位并于 1975 年开始留校任教。主要研究领域为数理逻辑、分析哲学史、哲学逻辑、形而上学。戈德法布教授的研究和教学重点关注数理逻辑、分析哲学发展以及逻辑哲学的相关问题，曾参与编辑《哥德尔全集》，出版独自编写的教科书《演绎逻辑》（*Deductive Logic*），并在国际顶级期刊上发表关于弗雷格、罗素、维特根斯坦、哥德尔等哲学家的论文数篇。

2. 爱德华·霍尔（Edward J. Hall）

现任哈佛大学哲学系诺曼·E. 维勒米尔讲席教授（Norman E. Vuille-umier Professor of Philosophy），哲学系主任，主要研究领域为形而上学、认识论及科学哲学。霍尔教授 1996 年于普林斯顿大学取得博士学位，后执教于麻省理工学院，2007 年正式加入哈佛大学哲学系。霍尔教授重点关注形而上学及认识论中与科学哲学有关的话题，如：是否有最根本的自然规律，什么是因果结构，什么是可能性等。

3. 肖恩·凯利（Sean D. Kelly）

现为哈佛大学特雷莎与斐迪南·玛蒂涅狄讲席教授（Teresa G. and Ferdinand F. Martignetti Professor of Philosophy），主要研究领域为后康德欧洲哲学（尤其是现象学与存在主义）、心灵哲学、知觉哲学、文学哲学。凯利教授 1998 年在加州大学伯克利分校获得哲学博士学位，师从著名海德格尔专家休伯特·德雷福斯（Hubert Dreyfus）。在 2006 年加入哈佛大学哲学系之前，凯利曾在斯坦福大学和普林斯顿大学任教。他与德雷福斯合著的《万物闪耀》（*All Things Shining*）通过阅读西方文明史中的经典，探讨如何找到人生存的意义，曾登顶《纽约时报》畅销书榜单。

4. 理查德·莫兰（Richard Moran）

哈佛大学哲学系布莱恩·杨讲席教授（Brian D. Young Professor of Philosophy），主要研究方向为心灵哲学、道德心理、美学、文学哲学以及后期维特根斯坦。莫兰教授的著作涵盖领域极广，在专著及文章中深入探讨过心身问题、想象力、隐喻等艰深或未在学界引起足够重视的话题。莫兰教授至今为止出版过三本专著,分别有关自我理解(self-understanding)、想象力和言说及交互主体性(speech and intersubjectivity)。

5. 阿马蒂亚·森(Amartya Sen)

现任哈佛大学托马斯·拉蒙特讲席教授(Thomas W. Lamont University Professor),哈佛大学经济学与哲学系教授。主要研究领域为经济理论、伦理学、政治哲学和法哲学。在加入哈佛大学之前,森教授曾在剑桥大学、德里经济学院、牛津大学等多所世界顶级学府任教。他曾任世界经济计量学会(Econometric Society)主席、国际经济协会(International Economic Association)主席、美国经济学会(American Economic Association)主席。作为1998年诺贝尔经济学奖的获得者,他对福利社会学作出了卓越贡献,在研究社会效率时深入探讨个人的自由和私人空间。贯穿森教授整个职业生涯的一个重要学术动机就是证明经济学与伦理学并不冲突,二者间存在相互补充和完善的关系。正因这些努力与贡献,森教授在当代伦理学的讨论中始终占有一席之地。

6. 苏珊娜·西格尔(Susanna C. Siegel)

现任哈佛大学哲学系埃德加·皮尔斯讲席教授(Edgar Pierce Professor of Philosophy)。西格尔教授的研究中心始终围绕人的知觉(perception),近期重点关注与心灵哲学和认识论有关的研究问题。1999年自康奈尔大学毕业后,西格尔教授便加入哈佛大学哲学系开始了自己的教学生涯。她至今共出版专著两本,发表有关知觉、意识等话题的学术论文40余篇。西格尔教授致力于让哲学走出学术圈,在报纸、杂志、网络等为数众多的公众平台上撰写简单易懂的哲学知识普及类文章,获得了来自各方的赞誉。

7. 艾莉森·西蒙斯(Alison Simmons)

哈佛大学哲学系塞缪尔·沃尔科特讲席教授(Samuel H. Wolcott Professor of Philosophy)。自1994年于宾夕法尼亚大学获得博士学位起,西蒙斯教授即开始在哈佛大学哲学系任教，主要研究心灵哲学、知觉哲学、早期近代哲学。她的主要研究兴趣在于哲学与心理学的交叉领域，包括心灵的本质、感官知觉的特性等问题。她还是哈佛大学计算机专业"嵌入式伦理"（Embedded Ethics）项目的发起人之一，该项目旨在教育计算机科学专业学生创造出兼具效率与人文关怀的科技成就。

四、本科及研究生项目概览

（一）项目简介

本科：哈佛大学的本科生可以选择哲学作为自己的专业或专业之一。正如美国绝大多数高校，哈佛的本科教育也是将通识教育放在重要位置，鼓励学生选择尽量多样的课程，探索尽可能多的可能性。学生大多数会在大二学年正式确定自己的专业，在确定专业后仍可以自由选择其他学院专业的课程。因此，哲学专业毕业的课程数量要求并不高。哈佛大学本科生学习哲学有三种选择：（1）将哲学（大类）作为唯一专业；（2）选择"心灵、大脑及行为"方向（Mind, Brain, and Behavior Track）；（3）将哲学作为双专业中的主修或辅修。

研究生：哈佛大学哲学专业的研究生只提供博士项目，不设单独的硕士项目。被录取的博士学生可在读博过程中、完成所有课程要求后自动获得硕士学位。除了传统的纯哲学博士项目外，哈佛大学哲学系还提供与古典学专业合作的古代哲学博士项目、与南亚研究专业合作的南亚哲学博士项目、与法学院合作的法学/哲学博士联合项目。

（二）项目申请

哈佛大学本科教育并不依据专业进行招生，因此本节重点介绍哈佛大学研究生,即博士项目的申请要求。

哈佛大学全部研究生项目,包括哲学博士项目,都采用网上申请的形式。首先,申请者应该已经过相对系统的哲学训练,选修过足够多的哲学课程。申请人并不必须是哲学专业毕业生,但其学术背景应该能够表明该申请者已接受过足够的哲学教育、形成了不错的哲学素养。

申请人需要准备:(1)提交一篇12—30页长度的哲学论文,展示学术能力和潜力;(2)一篇不超过两页的个人陈述,主要介绍申请人的学术背景、研究兴趣、为什么选择哈佛哲学系、对未来的大致规划等问题;(3)本人的学术简历;(4)在申请之前就读过的所有高等教育机构的成绩单;(5)若申请人之前未在英语授课国家或地区取得本科或研究生学位,则需提交雅思或托福成绩;(6)哲学博士项目不强制要求申请人提供GRE成绩,若提交,则该成绩会被纳入对申请人的考量;(7)由三位推荐人分别为申请人提交三封推荐信。

2023级博士的申请截止日期为2023年1月5日。

(三)课程分类及侧重

哈佛哲学并无官方的课程大纲。除一些通常面向全校本科生开设的通识课程(如"哲学导论""西方文明史")外,每学期的课程并无特定规律。教师有极高的课程设计自由度,使得每门课都有着很强的个人风格。

下表以2021—2022学年两个学期的课程为例,列出课程名称、任课教师及哈佛大学哲学系官方给出的课程分类,以初步展示哈佛大学哲学系课程的多样性。

表1　2021—2022秋季学期

课程名称	任课教师	课程分类
仅本科生可选课程		
古代伦理与现代道德 (Ancient Ethics and Modern Morality)	James Doyle	伦理学/政治哲学/美学
法哲学(Philosophy of Law)	Emilio Mora	伦理学/政治哲学/美学

课程名称	任课教师	课程分类
道德与美好生活：伦理学导论（Morality and the Good Life: An Introduction to Ethics）	Jeffrey Behrends	伦理学/政治哲学/美学
上帝、完美性与恶（God, Perfection, and Evil）	Cheryl K. Chen	形而上学&认识论
真相、谎言与出版（Truth, Lies, and the Press）	Susanna C. Siegel	形而上学/政治哲学/古代哲学
文学与电影中的存在主义（Existentialism in Literature and Film）	Sean D. Kelly	形而上学&认识论
逻辑的能力与局限导论（Introduction to the Power and Limits of Logic）	Mark Richard	逻辑
本科生和研究生均可选		
技术哲学（Philosophy of Technology）	Matthias Risse	伦理学/政治哲学/美学
伊斯兰哲学导论（Introduction to Islamic Philosophy）	Khaled El-Rouayheb	古代哲学/中世纪哲学
亚里士多德《尼各马可伦理学》（Aristotle's *Nicomachean Ethics*）	James Doyle	古代哲学/中世纪哲学
中世纪哲学（Medieval Philosophy）	Jeffrey K. McDonough	古代哲学/中世纪哲学
康德《纯粹理性批判》（Kant's *Critique of Pure Reason*）	Samantha Matherne	早期近代哲学
后期维特根斯坦（Later Wittgenstein）	Richard Moran	形而上学&认识论
海德格尔《存在与时间》（Heidegger's *Being and Time*）	Sean D. Kelly	形而上学&认识论
知识的非正义（Epistemic Injustice）	Seth Robertson	伦理学/政治哲学/美学
司法正义理论：犯罪化、管制与惩戒（Theories of Criminal Justice: Criminalization, Policing, and Punishment）	Vincent Chiao	伦理学/政治哲学/美学
历史的非正义（Historical Injustice）	Emilia Mora	伦理学/政治哲学/美学
美学（Aesthetics）	Samantha Matherne	伦理学/政治哲学/美学
仅研究生可选课程		
真理（Truth）	Amartya Sen, Eric Maskin, Barry Mazur	形而上学&认识论

续表

课程名称	任课教师	课程分类
"因为"关系（Becausal Relations）	Selim Berker	伦理学/政治哲学/美学
斯密和休谟：哲学与政治经济学（Smith and Hume: Philosophy and Political Economy）	Emma Rothschild, Amartya Sen	不适用

表2　2021—2022春季学期

课程名称	任课教师	课程分类
仅本科生可选课程		
气候变化伦理学（Ethics of Climate Change）	Lucas Stanczyk	伦理学/政治哲学/美学
科学批判性思维（Scientific Critical Thinking）	Ned Hall	形而上学&认识论
快乐（Happiness）	Susanna Rinard	形而上学&认识论
经济正义（Economic Justice）	Matthias Risse	伦理学/政治哲学/美学
人类伦理学简史（Human Ethics: A Brief History）	Seth Robertson	伦理学/政治哲学/美学
本科生和研究生均可选		
量子力学基本概念（Conceptual Foundations of Quantum Mechanics）	Jacob Barandes	形而上学&认识论
柏拉图《高尔吉亚篇》（Plato's Gorgias）	James Doyle	古代哲学/中世纪哲学
早期中国伦理学（Early Chinese Ethics）	Seth Robertson	古代哲学/中世纪哲学
玛丽·谢泼德哲学（Philosophy of Mary Shepherd）	Jeffrey K. McDonough, Alison Simmons	早期近代哲学
弗雷格、罗素与早期维特根斯坦（Frege, Russell, and the Erly Wittgenstein）	Warren Goldfarb	形而上学&认识论
逻辑与哲学（Logic and Philosophy）	Warren Goldfarb	逻辑
心灵哲学（Philosophy of Mind）	Cheryl K. Chen	形而上学&认识论
政治心理学（Political Psychology）	Susanna C. Siegel	形而上学&认识论
认识论（Epistemology）	Selim Berker	形而上学&认识论

续表

课程名称	任课教师	课程分类
政治哲学流派 （Groups in Political Philosophy）	Emilio Mora	伦理学/政治哲学/美学
文化记忆政治、象征政治与正义 （Justice and the Politics of Cultural Memory and Representation）	Emilio Mora	伦理学/政治哲学/美学
佛教哲学 （Buddhist Philosophy）	Parimal G. Patil	古代哲学/ 中世纪哲学
仅研究生可选课程		
后康德欧洲哲学：海德格尔的尼采 （Special Topics in Post-Kantian European Philosophy: Heidegger's Nietzsche）	Sean D. Kelly	形而上学＆认识论
拉丁语哲学文献 （Latin Philosophical Texts）	Jeffrey K. McDonough	不适用
概念工程（Conceptual Engineering）	Mark Richard	形而上学＆认识论
政治哲学问题 （Topics in Political Philosophy）	Lucas Stanczyk	伦理学/政治哲学/美学

由课程示例可以看出，根据课程所属领域，哈佛大学哲学系将课程分为几个类型，为鼓励学生接触尽量多样的课程，了解更全面的哲学知识，哲学系的每名学生选课都需要满足课程种类的"分配要求"，保证在各个哲学细分领域都有所涉猎。具体的选课要求因项目、方向的不同而有所差别。除此之外，并无必修课和选修课的区分，学生选课自由度很高。根据课程难度，这些课程大体分为三类：仅本科生可选、本科生和研究生都可选，以及仅研究生可选。在根据不同学习阶段控制与之相匹配的课程难度的同时，也保留了本科生与研究生共同交流讨论的空间，尤其为本科生了解研究生的学习生活、规划未来学术道路提供了机会。通过本节所展示的这两学期的课程列表可以得出，形而上学及认识论以及伦理学/政治哲学/美学课程所占比例较大，而这也与哈佛大学哲学系分析哲学传统的形而上学、认识论以及伦理学和政治哲学这些优势研究领域相契合。

（四）具体课程示例

1. 2022 秋季学期 "文学与电影中的存在主义"

本课程主要面向全校本科生，不要求任何哲学基础。课程形式为讲座（lecture），每周分别在周二周四有两节课，每节课 75 分钟，整个学期除节假日共有 26 堂课。

对学生而言，每周最重要的是阅读任务。这门课列出了五本必读书目，分别是萨特《存在主义是一种人道主义》、帕斯卡尔《思想录》、克尔凯郭尔《畏惧与颤栗》、陀思妥耶夫斯基《卡拉马佐夫兄弟》、加缪《西西弗斯的神话》，以及尼采《快乐的科学》、克尔凯郭尔《致死的疾病》、波伏娃《第二性》、法农《黑皮肤，白面具》中的选段。除此之外，该课程还会讨论三部与存在主义有关的电影。

课程考察形式为出勤、两篇学期中的五页左右长度的小论文、带回家完成的期末考试，以及学期初一次不计入成绩的小作业（长度为一到两页，以帮助学生理解哲学写作的基本要素）。除此之外，该课程还有四名研究生助教，分别带领一定数量的学生每周定期在课外时间见面，组织讨论、回答关于学习内容的问题等。

表 3　"文学与电影中的存在主义"课程具体安排

（下划线标注的为非课程日安排）

时间	课程安排
9 月 1 日	课程介绍
9 月 6 日	萨特《存在主义是一种人道主义》
9 月 8 日	帕斯卡尔《思想录》（节选）
9 月 13 日	帕斯卡尔《思想录》（节选）
9 月 15 日	克尔凯郭尔《畏惧与颤栗》（节选）
9 月 19 日	提交小作业（不计入成绩）
9 月 20 日	克尔凯郭尔《畏惧与颤栗》（节选）
9 月 22 日	克尔凯郭尔《畏惧与颤栗》（节选）

时间	课程安排
9 月 23 日	观看《广岛之恋》
9 月 27 日	讨论《广岛之恋》
9 月 29 日	克尔凯郭尔《畏惧与颤栗》（节选）
10 月 4 日	克尔凯郭尔《致死的疾病》（节选）
10 月 6 日	克尔凯郭尔《致死的疾病》（节选）
10 月 7 日	观看《第三人》
10 月 11 日	讨论《第三人》
10 月 13 日	陀思妥耶夫斯基《卡拉马佐夫兄弟》（节选）
10 月 17 日	提交第一篇小论文
10 月 18 日	陀思妥耶夫斯基《卡拉马佐夫兄弟》（节选）
10 月 20 日	陀思妥耶夫斯基《卡拉马佐夫兄弟》（节选）
10 月 25 日	陀思妥耶夫斯基《卡拉马佐夫兄弟》（节选）
10 月 27 日	陀思妥耶夫斯基《卡拉马佐夫兄弟》（节选）
11 月 1 日	陀思妥耶夫斯基《卡拉马佐夫兄弟》（节选）
11 月 3 日	陀思妥耶夫斯基《卡拉马佐夫兄弟》（节选）
11 月 8 日	陀思妥耶夫斯基《卡拉马佐夫兄弟》（节选）
11 月 10 日	陀思妥耶夫斯基《卡拉马佐夫兄弟》（节选）
11 月 11 日	观看《筋疲力尽》
11 月 15 日	尼采《快乐的科学》（节选）
11 月 17 日	加缪《西西弗斯的神话》
11 月 18 日	提交第二篇小论文
11 月 22 日	波伏娃《第二性》（节选）
11 月 29 日	法农《黑皮肤，白面具》（节选）
12 月 1 日	结语
12 月 8 日	期末考试上交截止日

2. 2022 春季学期 "后康德欧洲哲学：海德格尔的尼采"

本课程主要面向哲学系研究生，课程形式为读书会（seminar），每周三见面，每次课程理论上持续 150 分钟。该课程在一学期内研读讨论海德格尔在 1936—1940 年关于尼采哲学的全部四卷本讲座，因此要求学生在学期进程中随着课程进度阅读相关内容,平均每周阅读量在 70—80 页之间。

考核方式有多种选择,除出勤占比 20% 适用于所有人之外,学生可以自由选择写一篇长论文(80%);一篇长论文(60%)和一次课上展示(20%);一篇中等长度论文(40%)和参与编辑海德格尔德英对照词库(40%)等多种方式加权得到期末成绩。

表 4 "后康德欧洲哲学:海德格尔的尼采"课程具体安排

时间	课程安排
9 月 1 日	Vol. I, §§ 1-12
9 月 6 日	Vol. I, §§ 13-19
9 月 8 日	Vol. I, §§ 20-25
9 月 13 日	Vol. II, §§ 1-9
9 月 15 日	Vol. II, §§ 10-21
9 月 19 日	Vol. II, §§ 22-26
9 月 20 日	Vol. III, §§ 1-9
9 月 22 日	Vol. III, §§ 10-19
9 月 23 日	Vol. III, §§ 20-22
9 月 27 日	Vol. IV, §§ 1-9
9 月 29 日	Vol. IV, §§ 10-20
10 月 4 日	Vol. IV, §§ 21-29

结论: 从具体课程安排可以看出,哈佛大学的课程一般有较为繁重的学期中阅读任务及较为灵活的课程考核制度。无论本科还是研究生的课程,重点都放在于有限时间内让学生尽可能阅读更多的哲学文本,注重知识的积累和对原著的直接接触。课堂上学生提问和讨论的时间较多,有比较充足的表达自己观点的机会,教师也可以时时了解哪些知识点对学生来说较难理解,及时补充说明。

(五)毕业要求

本科: 如果哲学是学生的唯一专业,那么满足毕业的最低要求是修满 12 门共 48 学分的课。学生必须在以下四个领域的任何一个中都选择至少一门课：（1）逻辑；（2）当代形而上学、认识论、科学哲学、心灵哲学、语言哲学；（3）伦理学、政治哲学、美学；（4）古代哲学、中世纪哲学、20世纪之前的现代哲学。除此之外，学生还要上两门辅导课，辅导课由一名教师带领，采用小班教学，就学生的具体问题给出单独建议。初级辅导一般在大二下学期，而高级辅导一般开设在学生的大三下学期。这12门课中最多有3门可以选择与哲学相关的其他专业课程（如历史、文学、心理学、数学等），须经过哲学系本科主任的签字确认。对于想争取获得荣誉学士学位资格的学生，课程种类从最低要求的四种变成了五类（最后一类拆分成"古代哲学和中世纪哲学"及"20世纪之前的现代哲学"），每类课程必须至少选修一门。对于这些学生，毕业方式有两种：（1）课程数量要求为13门，提交毕业论文（不多于20 000词）并答辩；（2）课程数量为14门，无论文要求。

"心灵、大脑及行为"方向专门开设给对哲学及脑科学、神经科学、心理学等相关领域交叉研究感兴趣的本科生，课程数量要求为15门共60学分，分别是：一门心理学导论，一门行为神经生物学，一门专业方向辅导，一门心灵哲学，一门逻辑学课程，三门与当代形而上学、认识论、科学哲学、心灵哲学、语言哲学有关的课程，两门与古代哲学、现代哲学或伦理学有关的课程，两门导师推荐的与心灵、大脑及行为有关的非哲学课程，三门辅导课（初级辅导、高级辅导、大四辅导）。

对于将哲学作为双专业之一的学生，若哲学为主修，需要修满8门课，若无申请荣誉学位计划则无毕业论文要求；若哲学为辅修，则只需修满6门课，但必须提交一篇与自己的主修专业和哲学都有关的毕业论文。

研究生：所有研究生必须在入学的前四个学期修完至少12门课，其中至少10门必须是哲学系开设的课程，其余课程在系主任的同意下，可以选择与哲学有关的其他专业的课程。通常情况下，这10门哲学课程中至少有一门须与逻辑学有关。

在第二学年结束后，学生需要提交一篇长度为7 500—12 000词的论文,论文的作用在于衡量学生是否达到了攻读博士学位的资格。在第一学年结束后,学生需要确定自己第二年论文的指导老师,根据老师的指导在这一年的时间内选定题目并完成这篇论文。

从第三年开始,大部分研究生会开始学习教学技巧并参与教学。哈佛大学哲学专业的研究生一般不会作为老师单独开设一门课程,大部分时间里,研究生的任务是作为助教帮助教授展开教学。同时,在理想情况下,第三学年结束或第四学年开始时,学生对自己的博士毕业论文应该有一个大体的计划。在第三学年开始前,学生还需要确定自己这一年的导师。这位导师不需要与学生想要作为毕业论文主题的领域有任何直接关联,最重要的是学生与这位导师之间的沟通要轻松、顺畅。通常,由于已经建立了良好的私人关系,学生的第三年导师会由第二年导师继续担任。

在第四学年开始之前,学生就应撰写好博士论文的开题报告。在开题报告完成前后,学生需要确定自己的论文导师。通常情况下,如果与学生研究的领域重合,第三年导师可以顺延成为论文导师。在这一年,研究生一般会继续助教工作。

博士生的毕业论文需要控制在 75 000 词以内。在毕业论文写作期间,学生通常可以根据自己的需要申请三位老师作为自己"论文指导委员会"的成员。理论上讲,在博士学习的第五年年底,学生可以完成毕业论文并进行答辩。在论文由答辩委员会的老师阅读并通过之后就可以进行毕业生的口头答辩。答辩委员会的三位成员一般由论文指导委员会的三位老师担任。

除此之外,哈佛大学的哲学博士项目还要求学生在毕业前至少满足下列要求中的一项:

(1)自如地阅读和翻译古希腊语、拉丁语、德语、法语其中任意一种语言的原著文本;

(2)深入掌握哲学之外一门相关学科(如认知科学、社会学、文学等)的知识,通常要求学生完成该专业至少两门高级课程;

（3）熟练使用包括英语在内的两门现代语言进行哲学对话与写作，本科在非英语学校就读的学生视为自动满足这一要求。

五、结语：哈佛哲学的成功

哈佛哲学的特点可简单总结为两点：一、总是有新思想新理论在此诞生，并往往会引领学术界的一股风潮；二、回应时代的呼唤，理论和实际问题深度结合。通过对其历时性与共时性特点的简述，我们可以总结出哈佛哲学在上百年的时间中一直保持成功的一些原因。

首先，虽然最初哈佛作为教会学校被创立，但敢于批判、反对权威的精神早已深深扎根于这所学校。早在 18 世纪，当绝大多数美国东北部的大学都信奉正统加尔文宗时，哈佛大学就选择了更自由的阿米尼乌斯主义。[1] 到了 19 世纪，这种思想在哈佛进一步发展为"一位论派"（Unitarianism），主张耶稣是上帝的使者而非儿子、人并无原罪，最后，也是最为重要的，信众可以更加自由地阅读《圣经》。[2] 同时，教会回馈社会的意识也得到了保留，为之后哈佛大学学者深度介入各种社会问题、领导各类社会运动打下了传统基础。

其次，在美国，大学哲学系的实力与其所在大学的排名呈明显正相关，而大学排名又与其财力深度绑定。哲学系作为不创造经济收益的部门，其建设资金有赖于校方的调配与校友的捐赠。只有顶级私立学校与少数财力足够雄厚的公立学校有充足的资金可以转移到哲学等人文社科院系，保证高规格的硬件水平、教师薪资待遇、学生奖学金等。哈佛大学常年保持在美国大学总捐赠榜第一的位置，可自由支配的大量财富保证了哲学系在资金

---

[1]　Bruce Kuklick, *A History of Philosophy in America, 1720-2000*, New York: Oxford University Press, 2001, p. 47.

[2]　Ibid., p. 50.

方面没有多少后顾之忧。作为哈佛大学历史上最重要的校长之一,艾略特在美国公立大学井喷式创立和发展的19世纪中后期依然坚持哈佛大学的私立学校属性,其中一个重要原因就是保持大学的财政独立和完整的财政支配权。艾略特坚持哈佛大学保持私立的另一重要原因是保持思想和言论的独立性。他非常疑虑公立大学是否会成为政府的喉舌,认为大学的灵魂在于其思想独立,不仅要做当代社会的赞颂者,更要做针砭时弊的批评者。从结果来看,虽然美国的私立大学并不比公立大学享受更多的言论和思想自由,但无论如何,哈佛大学在上百年的时间中一直很好地践行着自身保持思想和言论独立的信条,领导了美国国内多次民权和反战运动。除此之外,我们也不得不提到哈佛哲学获得成功的历史偶然性。哈佛大学作为美国最古老的大学,同时也是最早开设哲学课程、最早招收哲学博士生,以及最早建立哲学系的美国大学之一。这一先发优势在不同维度帮助了哈佛哲学的发展。从一方面来说,哲学是极度依赖积淀与底蕴的学科,这不仅在个人学习哲学的微观层面适用,在院系建设的宏观层面同样适用;哈佛哲学悠久的历史保证了其文化积淀的深度和广度都领先于大多数其他北美大学哲学系。从另一方面来说,在哈佛大学创立以及初步建设时期,美国的大学数量并不多,实力能与其比肩的更是屈指可数,竞争压力较小。因此,在这一发展的黄金时期,哈佛大学所吸纳到的捐款在整个美国的教育捐赠中所占的比例非常可观,从美国高等教育发展之初就牢牢占据了第一身位,而哲学教育的发展也因此得到了足够的经济支持。

今天,哈佛哲学的教育依然能够闻名世界,主要在于课程设计的深度、广度、自由度以及对学生的严格要求。哈佛大学本科无论任何院系都强调通识教育,即使学生选择哲学作为专业,学校也会鼓励学生选择第二方向,且在各专业之间自由选课几乎不会受到任何限制。学生知识积累的广度有了教学上的保障,而在充分接触许多领域之后依然坚持学习哲学的学生往往是对哲学学习最有激情的一批人,也更容易在未来的研究生学习中取得成功。除此之外，本科期间所选的非哲学专业课程也可以为学生未来的哲学研究拓展思路、为跨学科研究提供基础。到了研究生阶段，哈佛哲学系中具有世界级知名度和影响力的哲学家可以提供最具有深度的课程；同时，学生在哲学各细分领域都必须选修课程的规定继续保证了研究生阶段知识的广度。这一安排既有研究上的考量，同时也有实用性的考量，让学生有更多哲学下辖领域的课程背景，可以担当起更多种类的课程教学任务，增强研究生毕业之后的求职竞争力。从毕业生在学术界的就业结果来看，哈佛大学哲学系的教育无疑是成功的，获得了全世界的认可。许多博士生都在毕业五年左右的时间获得了全球各顶尖高校的终身教职。

哈佛大学哲学系学者访谈

访谈者：李水杉

SL—李水杉　　SK—肖恩·凯利（Sean D. Kelly）

EH—爱德华·霍尔（Edward Hall）

一、专访肖恩·凯利

SL：第一个问题是，您当初为什么选择在哈佛哲学系任教？

SK：我想在中国大概也是如此，在美国（学术界），声称自己选择了自己的工作未免有夸大之嫌，因为通常来说应聘者没有太多自主权。从某种程度上来说，我认为学者能够接受自己被选择，就像军队中的士兵一样。但也并非完全如此。在来到哈佛之前，我是一个在普林斯顿大学任教的青年教师。我选择哈佛有许许多多的原因。我和我的太太当时都收到了来自数所顶尖大学的邀请，我们都非常激动。但哈佛是一所在美国高等教育历史上有重大意义的学校。整座大学都令人叹为观止，同时波士顿地区也非常宜居。对我而言最重要的原因是这里的学生和同事是最棒的。这让我觉得选择哈佛顺理成章。从 2006 年开始，我们在这已经超过 16 年了。总之，是这些高素质的学生和同事吸引我到哈佛的。

SL：在这里任教之后，对您而言，和之前学习或工作过的机构相比，哈佛哲学系有什么特殊之处？

SK：对我而言哈佛哲学有至少两点特殊之处。其一，我的同事们都很棒，我们有一个惊艳的团队；我们有一群年龄相仿的同事，而且都来到哈佛大概十到十五年。我们相处极为融洽，相互支持。如果一个人处在一个得不到支持的工作环境，那很容易有一些不堪的经历。这样一个互相得不到支持的团体通常很容易伤害人的情感，也很难相处。哈佛哲学系的老师们各自在研究完全不同的哲学，所以这种良好的环境主要并不是由于我们所研究的哲学的门类。我总是觉得，哈佛是英语世界中少数几个将所研究的哲学建立在自身历史语境中的哲学系之一。因此，我有一些同事以这种历史的眼光思考哲学。已经退休的克里斯蒂娜·柯斯嘉德是当代伦理学领域举足轻重的人物；她总是以一种康德主义的视角进行伦理学的研究，并且对这一方法论的历史加以挖掘。再比如约翰·罗尔斯，甚至那些通常不被认为与哲学史有很强关联的哲学家，如希拉里·普特南或者罗伯特·诺齐克。我认为，甚至像蒯因这样的哲学家，也是在历史的对话探讨中理解自己的研究，只是选取的历史时短时长。我认为这对哲学十分重要。这是我很欣赏哈佛哲学系的一点。

SL：鉴于我们谈到了哲学史的问题，对您来说，哲学史和哲学的关系与其他学科相比较有何特殊之处？与其他领域相比，对哲学来说，历史如果不是最重要的一环，至少也是相当重要的。例如在今天，学习物理通常不要求学习物理学史。我们应该如何看待让哲学史变得独一无二的这种历史和哲学本身的关系？

SK：我认为这个深奥的问题涉及哲学的本质。哲学或许是唯一一个询问"这个学科是什么"这一问题的学科。这个问题对我无比重要，因为我最初不是哲学专业的，我的学术生涯始于数学和计算机，我最初的那些学位都和这些领域相关。数学是哲学最好的反例。我认为大多数数学家都觉得数学不应考虑其自身的历史,数学只应是数学。我认识一些数学家,他们认为虽然数学有发展史这个事实很重要,但学习这段历史并不重要,甚至是有害的。有时数学家们会说,如果你严格遵循一种辩证的路径,可以进行一个数学史应该如何发展的理性重构;历史应该以如此这般的方式发展直到现在。但这不是历史。如我所说,这更像一种理性重构。这一特征建立在对逻辑的依赖之上,在其上你可以构建现代数学的视野。我认为哲学完全不是这样。一种对哲学立场的理性重构是研究哲学史的一种方式。鉴于哲学所拥有的历史,这种方式常常会忽略许多在我们的学科中非常重要的因素。

所以,到底为什么哲学有历史这一点如此重要?为什么在哲学层面上哲学有自己的历史如此重要?有一种观点很打动我,这个观点为一些大多数情况下并无多少共同点,甚至彼此厌恶的哲学家所认同,比如马丁·海德格尔、狄奥多·阿多诺,以及伯纳德·威廉姆斯。我深深地为这种认真对待居于哲学问题核心之哲学概念的见解所震动,这些哲学概念包括真理、善、美德、正义、自由、语言。这些居于难以计数的哲学问题之核心的哲学概念,都拥有自己的历史。因此,我认为我们无法确定什么是正义、或者在哲学意义上什么是正义的本质,除非我们了解在漫长时间中对"正义"这个术语应用的历史。至于理由,伯纳德·威廉姆斯有一个很有趣的理论,他认为,对概念的应用史的注意与这样一个事实密切相关,即哲学术语意义的迁移从不"纯粹"。虽然在法国大革命前后我们对正义和自由的理解确实不同;17世纪法国的那种"荣誉社会"对自由、正义、善的理解与革命后的19世纪法国社会、拿破仑统治下的法国社会,或者美国的传统完全不同,但对一个概念的全新理解不会完全替代旧有的理解。哲学中的新理解不会像在物理或者数学中那样,完全颠覆旧有理解;哲学概念不会像在爱因斯坦理论前后对"质量"这一物理概念如此相异的理解那样,发生天翻地覆的变化;哲学不会像物理学一样，人人都接受爱因斯坦的新的意义就是比牛顿的旧的意义"更好"，当新旧理解发生冲突时，应该优先考虑新的而替换掉旧的。我们不能这样思考哲学的核心概念。哲学概念总与其历史绑定，在某种意义上，其历史往往十分混乱、令人困惑。为了了解这些术语对今天的我们能有什么意义、我们可以如何解释，我们需要去探寻其源头。

SL：所以您认为也许一种关于哲学核心概念意义的谱系学或者词源学必不可少。我们需要掌握一种海德格尔式的方法，回到这些概念本身，发掘其最初的意义，借此获得对其更好的理解，重构这些概念，在这一基础上建构我们自己的哲学。但对于一些哲学家来说，哲学不是一种反思而只是一种创造；我们只需要向前看而不需要向后看。我们应该如何看待并平衡这种创造和反思、展望和回溯之间的关系？

SK：我大可以直接说我们需要找到这种平衡。达到平衡的哲学才是好的哲学。换种方式说，向后看是为了向前看。这可以解释我们从哪里来，以便理解我们可能往何处去。

举个例子。我认为我们的哲学术语非常丰富但同时并没有被充分理解。当你想要思考这些术语的历史，你需要思考它们无形之中如何引导我们以特定的方式看待我们自己，在此基础上，当这些方式对我们无益或者不准确时，我们可以克服或者超越这些对自己的理解。我有一个让我们回溯历史以期展望未来的示例。假如你想问一个问题："我们应该如何生活？"这是一个哲学问题。究竟什么叫作生活？我们有一个与此相关的半哲学半宗教的传统。在犹太-基督教世界，我们的传统告诉我们应该过一种最终可以得到救赎的人生。某种意义上讲，得到救赎意味着被解救。我们并不知道将从何人或何处得到救赎。但从不幸之事中被拯救出来即好的生活一直是我们历史上的一个主流思想。这不仅是一种基督教思想，即使在柏拉图的哲学中，也有一种我们需要被从现状中拯救出来的意识；拯救我们的不是类似于基督教传统中的上帝的恩典，而是教育（παιδεία）。我们身处柏拉图的洞穴之中：我们之所以深陷重重麻烦是因为缺乏教育，因为我们没办法看到事物本来的样子；我们是在看事物于岩壁之上的倒影而非其本身。所以，我们需要被从这种状态中解救出来，我们需要经历一个被解救的过程。但在基督教传统中，这一解救的对应词是"救赎"（redemption）。我们在各种情况下使用这个词，有时在基督教语境中，有时在非基督教语境中。但真正吸引我的是这个词有一段藏于其中的历史，有一个关于我们是什么的概念，我们继承了这一概念但并未仔细思考过。这将我们引导到了某个方向，即使对我们而言，摆脱或取代这一方向有可能十分重要。那么救赎到底是什么意思？它源自拉丁语单词 redemere，"re-"意为"返回"或"重新"，"emere"意为"购买"。因此，救赎的意思即救赎买回。如果你得到了救赎，那你就是把自己赎回了。这在希伯来语境中，有着很明显的历史对应，意为之前所处的糟糕处境即是被奴役的处境。《旧约》中的人们被法老奴役，他们需要重获自由，需要被解救，将自己赎回。在基督教语境中，这成为一种隐喻意义上的赎回，被购回的是我们的灵魂。而我们的灵魂是在耶稣被钉上十字架时以一定的价码被赎回的。因此，会有一种通过支付某些东西买回自己、以某种方式拥有自己的概念产生。

但这种传统的宗教理解被注入到了启蒙运动对自我的理解之中。对于以洛克为首的一些人而言，成为你自己就是成为你理应所有的财产，你对自己有所有权，你拥有你自己。成为你自己就是成为与自己拥有所有权关系的实体。这是对何为自己的一种很奇怪与不寻常的理解，这种理解推动自我，或者说将自我同化为一种财产，并说与自我的正确关系即拥有自我。在被奴役是我们所面临的主要威胁的大背景下，拥有自己的需求，自己拥有自己而非被别人所有即是对自己境遇的改善和对自己的拯救。但我不认为这是我们要考虑的唯一问题。被当成奴隶当然是一件坏事，而且时至今日有些人依然在这样的处境中。对这些人而言，能拥有自己就足够好了。但对于我们另外一些人来说，这一隐喻或这种对自我的理解可能无法在现实环境中帮到我们。因此我们可能需要反思一下。但除非我们了解了救赎的隐喻如何作为一种正确的方式，推动我们以某种角度思考我们自己，思考这是否使我们理解自己，否则我们就无法反思这一问题。

SL：您这一番话对我很有启发，因为最近我在思考有关隐喻的问题。您刚才所说的在某种程度上与尼采、利科，尤其是德里达有相似之处。德里达认为隐喻就是写在白纸上的透明墨水，有时将可感的转化成精神上的或不可感的，借此转化成哲学概念。因此，在发掘某个概念在不同历史阶段所有的不同意义的过程中，到何种程度上我们就可以说已经完成了这一探究意义的工作，足以让我们开始创造我们自己的哲学、丰富这些概念的意义？

SK：我认为这是一个持续不断的过程。我不认为这一过程会有尽头。但对我而言这一过程有所成就的标志是你真正理解了其中的某个概念。我们都对一些问题着迷。我感兴趣的问题是"对我们而言活着意味着什么？"——哪些因素使我们的人生艰难？在这个世界中我们应该和自己保持何种关系才能帮助我们面对或摆脱这些困难？这个问题又可以引申出其他许多问题，海德格尔有关存在的问题当然在这之中，但其他许许多多的伦理问题也在这之中。总而言之，你发现一个问题，然后思考通常我们是如何处理这类问题的？通常哪些术语与这一问题相关？我们是否可以发掘出这些术语中隐藏的假设？如果可以发掘，如在"救赎"的例子中，就能发现有一个有利的与经济相关的隐喻，在我们对自己的理解中起着作用。接着你会据此做些什么呢？你会问自己：这只对这一传统适用吗？只有基督教这样理解吗？不，事实上我觉得这在启蒙运动中同样适用。洛克相信神，因此他依然觉得自己遵循着基督教传统。但马克思不相信神，他是无神论者。马克思依然秉持着经济相关的隐喻，因为马克思思想中的关键一步是论证人的处境即是从其自身劳动中异化的处境。但与自身劳动的正确关系是能意识到你拥有自身劳动产品的关系,因为你拥有自己和自身的活动,正是据此才生产了这些产品。因此这是一个与经济有关的问题。这不仅是一个宗教隐喻,还是一个贯穿各种思想的隐喻。但显然,我觉得它至少贯穿了资本主义。资本主义有许许多多种形式,但不管你是凯恩斯主义者还是赞同哈耶克,资本主义都倡导你有自己所创造的资本的所有权,都可以让资本家实现某种程度的自由,而这又有赖于市场上的自由。但是,归根结底,它对我们需要做什么才能成为我们自己是一种经济方面的理解。一旦你揭示出这种经济隐喻,你就能看到它被应用在多么广泛的层面。接着你会问:这种理解现在对我们有用吗?考虑我们所面临的处境和问题,这有用吗?如果你仍被奴役,这当然是你要走出的第一步。但受奴役真的是一个准确的隐喻吗?在当今这样一个技术时代,拥有你自己是对它的正当回应吗?对我而言,技术不仅奴役我们,还有其他一些影响。我们要考虑这些影响是什么,以帮助我们思考关于自我的经济隐喻的不足。

因此,你要经过这个不断扩展再收缩关注内容的过程。从你开始问自己这些概念的历史的那一刻起,你就已经在做有原创性和创造力的研究了。

SL:我完全赞同。让我们回到有关教育的话题。您能否向我们解答一下,对您而言,一个学生想要在哲学上成功需要具备什么特质?

SK:在哲学上成功可以有多重含义。一种自然而然的想法是有关一个博士生能不能找到一份好工作。这当然对所有立志成为专业哲学家的人都很重要。但我认为这是一个社会学话题而非一个哲学话题。

也许更吸引人的问法是:通过学习哲学我们在何种意义上成为更好的人?我不认为哲学学习能保证你有一个成功的人生,甚至不能保证你成为一个好人。但如果你用一种正确的方式求索,它确实能保证你的人生在某种层面上变得充实、有意义。究竟如何我们才能从哲学中获得这种哲学的心态?这种心态即使只在一些时候伴你左右但会在其他时间消失不见,至少可以一直充实你的人生。至少对我而言，更好地以哲学的方式投入到整个世界当中让人感到非常充实、崇高。如何才能做到呢？我认为有几个要点。其一是不能满足于他人对你所说的。有些人天生不满足于他人之言，而我恰好是这种人。对我而言，想当然地接受别人的话非常困难，除非我深究过了，我不认为这意味着怀疑一切。但是这是哲学中一股苏格拉底式的动力。而且我甚至不认为苏格拉底正确运用了这点。我不认为我们的目标是要为一些哲学术语寻找充要条件，这是苏格拉底，也许更是后期柏拉图认为我们能做的。我并不认为哲学术语是这样使用的。但我相信找到关于世界最基本要素所欠缺的知识非常有益。我认为这对人类是有益的。因此不要满足于你现有的对世界的理解。同时不要满足于自己自然而然产生的信念，关于这些术语是什么意思的信念；认识到自己所言所行所思中的不足。关于我们的一个根本事实就是无论我们说了或做了什么，都在某些层面有所不足。这就是我们为什么是有限存在者的其中一种解释。我将这视为起点。我认为这能让你保持谦虚，能使你尊重自己、尊重同事、尊重朋友、尊重世界。如果你通过这种态度看待自己的哲学事业，用类似这种态度对待世界，那你的人生将更富足。

SL：我想您应该认为哲学对所有人都很重要，不仅对哲学家或哲学专业的学生如此。您能否解释一下，为何哲学对非哲学专业的学生学者也很重要？也许更重要的是，哲学如何走出学术圈，面向更广阔的人群？

SK：你的问题中暗示了哲学应该面向更多人，我认为确实应该如此。我认为哲学对处在人生不同阶段的各种各样的人而言有不同的价值。让我先来举几个例子。

当我大儿子还小的时候，我曾经在这里开展过一系列面向孩子的哲学活动，都是很小的小朋友，有些只有五六岁大。我认为哲学可以带给孩子的与我们刚才所讨论的不同。我们不可能让五岁的孩子对术语在历史上的意义之演化感兴趣，或者期待他们从中有所收获。但哲学的的确确有赖于和他人的交流与讨论，有赖于倾听和认真对待他人的发言，有赖于尝试理解他人为何说了这些、如何展开对当前话题的论述，这些同样会影响你对该话题的看法。这是与他人交流、讨论、融入这个群体的好处。我认为这种实践即哲学实践。这是苏格拉底鼓励其他雅典公民参与的实践。我们首先能做的就是让我们的社会参与进这种实践，而且可以从孩子们做起。你经常要从讲故事开始帮助儿童进入这一实践。许多儿童故事都有丰富的哲学内涵，它们涉及所有儿童应接触到的内容。有很多英语世界的故事会提出诸如如何变得勇敢，如何变得有胆识，如何成为一个益友，甚至什么是真实的，等等问题。孩子们的想象力很惊人。"想象和显示有什么区别"这一问题常常能吸引孩子们，并且激发出非常有趣的讨论。如果你能讲个故事，然后提出一些问题，把孩子们引导到对话中，对话的目的不是得到一个答案，而是学会倾听、学会倾听的技巧，在被问题吸引并尝试解决的过程中学到了更多有关自己和他人的知识，我觉得这就是哲学。这是一种哲学、哲学的一个方面，但我觉得这是关键的一方面。

对成人而言，哲学问题经常潜藏于表层之下。很多成年人都在"我该怎么做"这一问题上消耗了大量时间。我该如何对待我的朋友？我该如何对待家人？我该追求什么样的梦想？我能从这件事中得到什么？我认为哲学家对这些问题有话说。这些都是我最关心的问题。思考这些问题本身并不能让你成为一个好人。我认为人无完人，而且我们总是在不同方面暴露出缺陷。但如果我们能在生命的过程中不断追问、并真正尝试解决这些问题，我们的人生会更加丰富、圆满。这就是哲学可以为外行和最广大的读者带去的——哲学真真正正丰富了文化。

SL：您是否有自己判断某个哲学是好是坏的标准呢？是否有某种非充分但必要的条件？

SK：我的标准完全与人们回应的方式有关。我有幸写过一些文章、作过一些演讲，在这些情况下我的目标就是试着说一些对某些人有意义的内容，试着讲出或写出一些能以某种方式激发出人的想法、关心、疑问，或者让人们专注于某个话题，让他们能感到精神富足、振奋的内容。从和我交谈过的人们给我的反馈来看，在这方面我成功了。因此一想到我所做的很有意义，我就备受鼓舞，这主要是因为我从人们那里听到这些内容对他们很重要，或帮助他们聚焦于某些话题。我不认为我可以凭空做到这些，如果那样我会觉得自己孤立无援。对我而言，做哲学的精髓在于和他人共处一个群体之中。我不觉得我们所做的就是回答人们的问题。至少在我所说的情境下，也许是在一种苏格拉底式的情境下，我们是在帮助人们认真对待深深根植于他们之中，但他们又总是不去追问的那些问题。相信认真思索这些问题能让你拥有美好的一生，能让你感受真正的自由和崇高。所以，如何能知道你的哲学做得很好呢？就是在人们觉得你说这些内容对他们有意义的时候。

SL：您认为哲学不同细分领域的高度专业化是有益的还是伤害了哲学教育和新哲学思想的发展？

SK：我认为有一些学科确确实实从专业化中获得了好处，比如数学。现在的人可以有更多时间以前所未有的深度和精度思考数学问题。数学的目标至少一部分是关于找到某个重要问题的合适的解。如果有更多人投入到这些问题上来，就更有可能取得进展。虽然这毫无疑问会带来些许消极影响，但总的来说，专业化对数学来说应该是有益的。因为专业化，现在有了更多样、更好的数学。对哲学而言，就复杂得多。一部分原因是，我不认为哲学主要关心为哲学问题提供确定的答案。我不认为在这个方面哲学问题与数学问题相似。哲学专业化的一个问题是，会暗示、驱动，甚至鼓励人们以类似数学的研究范式和逻辑思考哲学。我认为这对哲学无益，因为这会使得我们忽视哲学家们，即那些提出哲学问题的人，归根结底其实是有限的、有历史局限性的，而哲学问题是在这一基础上追问是什么使人之为人。如果你认为哲学问题有类似数学的研究范式和结构，那就会忽视所有这些内容。而如果你相信我所说的那种能带来丰硕成果的专业哲学的理解，就能让这一切变好。我很幸运能有这样一份工作，给我一个平台让我能接触到更多，如果我不是专业哲学家，就不会有这样的机会。因此，哲学专业化以一种可能不同于其他学科的方式，带来了各种积极和消极的影响。

SL：十分感谢您的回答！您能否向我们的读者介绍一个您正在进行的研究项目或者一本您正在写的书？

SK：我最近正在写一本书。书名暂定为《人类特有之尊严》。这本书的目的是思考那些在历史中塑造了我们对自己以及对人类目标之观念的术语。其中之一就是"救赎"，另一个术语是真实性。我认为有关救赎和真实性的部分历史将我们引导到了与自我之关系的错误方向上。现在这些概念把我们引导到了一个无法帮助我们理解在技术背景下所处情境的方向上，而我认为技术对现在的我们是至关重要的。另一个有悠久历史可以利用，我也很想在书中探讨的术语即"尊严"。尊严是一个在罗马文本中具有悠久历史的概念，但它从大概 18 世纪开始才真正具有了现代的意义。康德也许是运用这个概念的最有名的人物。当康德使用时，这一术语依然隐含有类似救赎的那种经济隐喻，因为对康德来说，尊严是人类的典型特征。它让我们成为我们现在的样子，对康德来说，我们配得上尊严，我们拥有尊严。对康德而言，其反例就是所有其他事物，它们都有价格。宇宙中所有其他万物都有价格，而人没有价格，与之相对的是人拥有尊严，对应于事物所拥有的价格。因此依然有经济隐喻的作用，只不过是一种经济隐喻的不在场。价格依然是我们诠释事物的维度，但如今我们已处在这种思路的末尾，某种程度上超越了这种思路。因此，我认为这种理解人类的方式虽然有趣，但已经无法给我们提供多少帮助。因为这大多数时候只是描述我们不是什么，就算康德发展了这一立场并运用绝对命令（Categorical Imperative）要求我们永远不应把人当作手段，而只能把人作为人。这主要是由一种否定性解释驱动的。它告诉我们不要奴役他人，不要将他人作为生产手段，不要做某事，等等。那么，把人作为目的到底是什么样的呢？康德对此有一些理论，但更多的是有关不是什么。

我所感兴趣的是，不仅仅拘泥于运用尊严这个术语的经济隐喻，而是发掘出更多的内涵。这本书的名字来自海德格尔的《关于人道主义的书信》中的一句话，这篇文章是海德格尔为回应让-保罗·萨特于1947年撰写的。海德格尔对萨特很不满，但他更对整个人道主义传统不满，他认为这一传统与作为形而上学的哲学共生。他说，在我们整个历史中，从未有过对人类特有的尊严的解释。我同意海德格尔的观点，他认为一些东西使哲学将其自身和我们人类理解为投身于哲学之中的存在物。至少在当下这个历史时刻，在我们这个由科技设施及科技思维所构成的时代，这掩藏了我们特有的尊严及我们的可能性。因此，全书的问题即什么是人类特有的尊严？在这个历史时间点上，我们如何能够最好地理解自己？

二、专访爱德华·霍尔

SL：您是否可以介绍一下当初寻找教职时为何选择来哈佛大学哲学系任教？

EH：我参加工作的前十一年都在麻省理工学院度过，在2005年来到哈佛。有许多原因影响了我这个决定。当时哈佛哲学系打算招聘一些研究科学哲学的学者，这让我颇感兴趣。在麻省理工工作也很不错，在那里，哲学系的人们相互之间都很亲密。对我而言，哈佛哲学的特殊之处在于研究领域差别如此之大的同事之间相处也非常融洽。我们喜欢一起探讨哲学，尽管我们中大多数研究的都是与其他人完全不同的话题。此外,在哲学系之外还有很多其他领域的同事,十分享受和我们交流观点并从中获益。我现在结识了来自生物、物理、计算机科学、语言学、社会学、政治学、法学专业的同事。我会到他们的院系去并且和他们保持紧密的联系。这种哲学让人感到很兴奋,因为哲学本身就应是跨学科的。哈佛为研究跨领域的哲学提供了最好的平台,可以与来自其他背景的学者深入交流。这里的学生们同样非常聪慧:研究生们都很了不起,本科生们虽然都很忙但也表现出很强的求知欲以及思维的活力。所以我选择哈佛是多种因素影响的结果,一言以蔽之,这是一个充满活力和智慧的集体。

SL:您能否详细说一下哈佛哲学系与其他您曾学习或任职过的哲学系有何不同?

EH:我认为最与众不同的一点就是我们可以非常轻易地和其他领域的人建立联系。除此之外,虽然一些其他学校的哲学系能做到招募来彼此研究领域各不相同的哲学家,但很难像我们这样不会形成相互割裂的小圈子。举个例子,许多年前在普林斯顿,当我还是研究生的时候,那里的哲学系有实力很强的哲学史家,但他们不愿与其他的哲学家交流。当时,在教师中有哲学史的小圈子,也有当代哲学的小圈子。哈佛哲学系不是这样。大家相互之间高度融合,这种融合就是我们系的特色。另一特色大概就是我们对于什么算是真正的哲学问题有一种开放的视野。有时某个哲学系会变得过度专业化并对什么是严肃的、值得钻研的哲学问题有自己的一套标准,而认为其他问题无足轻重。如果你在闲暇时间思考这些不重要的问题,也不要让他们占用你太多精力。在这里,我们拒斥这种思考方式,我们认为任何人都可以在任何地方找到在哲学上有价值的素材,即使是那些哲学家们不常注意到的地方。每个哲学院系都应该被问到这样的问题:这里的人们都在读什么?一种观点是,只需要读专业论文即可。在我们系,你可以看到人们读各种各样的内容,比如社会学、政治学、历史、文学。同时,我们也有如何研究哲学的具体思路。当我们写哲学论文时,我们的目标是尽量做到简洁、谨慎、清晰、严密;从这一角度来说,我们是"分析"的。我想强调的是,尤其对学生来说,只要我在呈现论证思路这方面做得很好,即使你不赞成我的结论,你也会觉得跟随我的思路对你来说是有益的,并且应该觉得"我完全清楚为什么我不同意,但从这个过程中我学到了有价值的东西"。有许多哲学家不以这样的风格写作,但我们不想贬低其他这些风格,仅仅因为他们不以我们的方式写作就认为他们在哲学上没有吸引力。当我读研时,很多哲学内容,包括欧陆哲学,比如海德格尔,都不在讨论的范围之内。几乎就像我们被警告不能把这些当作真正的哲学,因为这些哲学的写作方式与我们非常不同并且背靠不同的传统。虽然如今我们已经比那时心胸开阔了许多,也更加的普遍主义,其他学校的一些院系却依然保有这类偏见。我认为这种对什么是在全世界真正有哲学价值的内容、在领域内部建立快捷紧密联系、在不同领域之间建立联结的普遍主义让哈佛真正独一无二。

SL:据我观察,如何平衡专业化和跨学科研究如今成为一个热门话题。您认为类似将哲学划分为许多细分领域的专业化进程对哲学本身是积极作用更多还是消极作用更多?除此之外,我们应该如何平衡专业化和跨领域研究的精神?

EH:一方面来说,如果你要深入研究一个哲学问题,那必然要涉及一定程度的专业化。因此,如果每个人都试图成为通才,就不会有高水平、最前沿的哲学成果。但另一方面,尤其当你教学生时,在较早的阶段施加过多的限制和专业化总体来说是一件坏事。有很多压力会让人过早地专业化。哲学专业的学生通常面对着严峻的市场形势,为了找到一份工作,即使你是研究生,经常也需要发表过成果。从前并没有这么高的要求。不幸的是,如果对研究不加以限制和专业化,想要发表就非常不易。我觉得这很不幸,因为通常需要花费相当长的时间才能写出一些新颖、有趣并且有价值的东西。有时我们会面对不小的压力，必须去发表一些意义不大的论文，谨小慎微地在已有的论证基础上推进一小步，但是却不知道这些能如何吸引人。对此，我的感情很复杂。一方面，限制范围归根结底是有好处的，比如那些专攻伦理学的人，但即使对这些深耕一些特定话题——比如规范伦理学——的人来说，了解更多认识论、语言哲学、形而上学的内容也是很有益的。对其他领域同样如此，想在某一领域有所建树，必须要对相关领域也游刃有余。这一点，即使在你做非常前沿的研究时也是要和限定研究范围相兼容的。即使有时你圈定了领域，界定了一个非常明确的问题，想要有所突破也常常要借用其他领域的研究工具。要让专业化真正看起来成功、有益，往往需要把这一点在那些有趣并有极高针对性的问题上发扬光大。想在这些问题上有所进展要求我们从哲学相关领域借鉴方法。对学生来说，问题就是想达到这一点要花费大量时间，你也不会期待博士毕业时真的能达到这种水平。但就业市场强迫你证明自己有足够的"资历"。这是我的矛盾之处。有一件事我没有任何异议，那就是发表的压力没有好处。如果大家的期待是整个职业生涯中能发表两三篇出彩的论文就足矣，那整个学科和年轻学者们都能受益。如果一些地方、一些人做得比我们的期待更多，那更好。但若想做一些真正富有哲学价值的事其实很难。在某本期刊上的某个论证基础上取得一些小进展并不难。但通常阅读这类文章时，你只会觉得无聊。想通过写一篇文章彻底改变人们思考某一问题的方式很难，但我们不能鼓励那种粗制滥造的发表。看重质量而非数量对这个领域将大有裨益。这种改变并不会轻易实现，因为行政部门可能会要求你有一定数量的发表，满足之后才会给你提供岗位或者终身教职。

SL：您提到对本科生来说，专业化可能不是个好主意，而研究生可能不得不进行专业化。那么对您来说，本科和研究生阶段的学习有何不同？总是有研究生在适应新阶段时会遇到一些困难。

EH：对于本科和研究生生活之间的转换，我所观察到的一点是，研究生需要有耐心，慢慢发展出他们对于哲学问题独有的视角。但作为一名本科生，通常就不会面对这种提出独到观点的压力。这也许是成为研究生最令人望而生畏的一点。当你成为研究生四五年之后，你需要写下你对一些哲学上吸引人的话题的全新观点。我的建议是保持耐心，花两三年的时间，带着发展自己观点的意识，进行广泛的阅读。但即便在这种情况下，也要因为自身的动力而非觉得"我可以在前人没想到的这点上做一点突破"去发展自己的观点，如果这二者的区别说得通的话。有时其他项目的研究生会被建议多读期刊文献，试着推进论证中前人没发现的一点，这就是你的原创性贡献，目的就是为了加入一点点之前没有的东西，即使极其细微。这不能让人满意。真正让人有成就感的是你对一些话题充满热情，阅读足够多的内容，慢慢感觉到前人所说的内容中有一些极其重要的部分缺失了，然后尝试去探索这些缺失的部分是什么。因为只有这样你才能获得意图通过耍小聪明来做出"成果"所获得不了的那种思想或方法。但这需要时间。因此，对于即将读研的同学，应该去想"要保持耐心，花两三年的时间，为我很感兴趣的某个领域构建知识体系和相关的理解，我会花时间，并坚信过了这段时间之后我能发展出自己独到的见解"。这不像在一些理工科领域的研究，有一个已创立好的研究项目，你作为一个研究生只需要对这个项目有足够的了解，就可以预计能够对这个项目作出什么贡献。对哲学而言，虽然我作为一个导师也有自己的研究项目，但我不会让我的学生在研究项目上提供帮助。这是一种完全不同的模式。简言之，我建议研究生找到自己独特的哲学表达和哲学品位，并且对自己保持耐心。让这一过程自然展开，不要过于担心。这与本科生完全不同。我们这里的大多数本科生并不想读研，他们学习哲学是因为觉得哲学能启发思维。他们热爱哲学问题和思考哲学时所产生的那种心境。他们学习的不只是一种思考哲学，更是反思自身的方式。毕业之后，他们也许会投身商界、教育界，或其他领域。但这段经历弥足珍贵,而这并不是因为他们完成了一个非常重要的课题、展现出原创性的哲学观点。

SL:您提到了一些对在读研究生的要求。对您来说,有什么对即将读研的学生的期待吗?

EH:对我们这个系而言,想非常精准地界定这一点有点困难。但显然,想要读研的学生需要做好一定的准备,比如我们希望在写作范例中看到这个学生知道如何组织一个论证,回应反驳,区分概念,并清晰地表达观点。但也许对我们更重要的是能看到真正的创造性。这确实很难评判,但有时却又异常简单。例如在我们的项目中,有时会拒绝那些虽然把写作打磨得很好,能把论证展现得很完美但说不出什么有趣内容的申请人。我们看不到他们被某个哲学问题深深吸引并全身心投入想要找到解决方案的痕迹。这部分由于你需要在读研期间开发属于自己的课题,而对这个问题非常关心对于开发该课题是至关重要的,不能仅仅因为你觉得这对你的事业有好处。

SL:所以哲学上的兴趣总是要排在第一位的。鉴于我们提到了评价机制,您认为是否有某种客观标准衡量什么是好的哲学?您是否有自己的评价标准?

EH:我认为有关于哲学什么时候变得不好的标准:不同种类的拙劣论证,没有做好概念区分,不懂如何使用例子,写作不清晰。但要回答什么是好的哲学则更难。比如,你可以说某人做出了某个前人都没有注意到的重要区分。这只是好的哲学的其中一个例子,但绝对不是唯一的。我认为在我们这个学科中,你如果去和十个哲学家讨论什么是优秀的哲学,你会得到十个不同的答案。这些答案之间不一定是不互通的。他们也许会强调不同的方面。例如对一些人而言,维特根斯坦的《哲学研究》精彩绝伦,是天才之作。但我觉得这本书冗长,感到很反感……

SL：蒯因怎么样呢？您介意谈谈蒯因吗？

EH：我不介意。我读了一些蒯因的作品，但不是非常多。我发现他是一位非常流畅的作家，而这可以使他回避一些东西。在他的一些段落中，我没办法明确说出论证应该是什么样子，但他的写作太过流畅以至于他没有受到一些应有的批评。一个例子是在他的《经验主义的两种教条》中，他讨论信念之网，这毫无疑问是一个很有效的隐喻，但我不理解它应如何被运用。这个概念没有得到足够清晰和严密的阐释，而且也并不契合我们的认知实践。有时候我会觉得蒯因油嘴滑舌，我会希望他不是一位如此成功的写作者，因为有时在哲学中，好的写作风格可以掩盖论证中的不严谨和肤浅。这是我对蒯因的印象。

SL：鉴于如今哲学可以非常精细、非常专业，比如我们有很多的逻辑系统已经关心的许多话题，那您认为哲学对非专业学习者来说有什么意义呢？例如大多数的人可能只运用直觉逻辑，那我们应该去改变他们的思考方式吗？这是我们的任务吗？

EH：我们把视野放大一点，说一说专业哲学与大众的关系。我不觉得今天这个关系很健康。它在逐渐改善，因为一些哲学家，尤其是年轻哲学家，认为自己有义务将他们在专业哲学领域获得的技能和见解介绍给更多的人，对那些不是哲学家的人、学术圈之外的人提供一些价值。但我们做的还不够好。而且我认为很多人还是觉得如果我们圈子之外的人不理解我们所做的这些，那是他们的问题，我们所做的这些学术研究不需要让那些非专业人士也完全理解。这没道理。社会支持我们的工作，我们也有义务回馈。培养哲学家的那种思想在普遍的层面具有意义，即使对那些对思考艰深的哲学问题没有很大兴趣的人也是如此。我们有多种途径进行这种普及类工作。

一种途径就是以正确的方式教学。在哲学学科内部，我们至少都知道如何仔细地、批判性地思考问题,如何识别出预设,如何做出可以帮助厘清推理的概念区分,如何辨别是否在依据好恶作答,因为处理哲学问题时我们必须学会不受情感左右。因此有一系列的推理技巧和思维习惯、与他人论证的习惯,即使对不研究哲学的人也非常有用。举个例子,让我们设想一次即使双方意见不合,但非常投机的哲学交谈。也许我们两人在探讨一些哲学问题,但是有不同的观点。在一次好的对谈中,我们能够享受彼此意见不同这一点。我们都不会尝试去威胁对方。我们只会探索我们的分歧、理解双方的观点,并尝试找出这一分歧揭示了些什么、我们两人都有哪些不同的预设。这种相互交流即使在非哲学的语境中也非常有价值。如果你想要有一次跨越极为不同的观点的讨论,理想的情况是以这种方式交流。这源于对他人信念及其成因发自真心的好奇。因此,我们知道如何以哲学家的方式行动,但我们不一定要输出这种知识。

如果我可以掌管教育领域,我会把哲学思维教育写进从幼儿园到十二年级的课纲中。从儿童期开始,包含一定的逻辑和伦理学,并在能够思考哲学问题的阶段根据学龄再涵盖一些其他的哲学问题,并学习如何与他人共同思考这些问题。在这方面,哲学可以作出实实在在的贡献。另一途径是以写作的形式,把哲学技巧以便于理解的方式引入人们关心的问题,即人们常说的公共哲学(public philosophy)。这事很不容易。我们传统的哲学写作模式会让大多数人觉得枯燥,也许会觉得掉书袋。公共哲学写作需要一些技巧,但是如果真的做好了就会利在千秋。苏珊娜·西格尔对此非常擅长,她为一家佛罗里达的报纸及其他一些媒体撰写专栏文章。我读过其中一些文章,真的写得极为优秀,让人眼界大开,并且可读性很强。但你能想象到为什么只有一位哲学家能写出这些。需要有更多人来做类似的事,因为这不像理工科,对于广大社会的价值在于不断积累有关世界如何运行的更高水平的知识,或许还包括与之相关的技术。对哲学家而言,这种价值是关于某种智慧的积累——至少是以正确的方式做哲学时。但这不是以更新奇的手机这种形式介绍给大众的，仿佛有某种技术一样。因此，我们需要在拿出东西回馈社会之前三思。我不是这方面的专家。个人而言，我希望在年轻时候能多思考这些问题，这样的话现在的我大概就会有更好的理解。

SL：您可以介绍一些哈佛哲学与国外机构合作的途径吗？

EH：我们一直在做的一件事就是帮助人们简化访学流程。我们有一整套访问学者项目，一般需要系里的人担保。过去几年，因为疫情，这边的项目情况相对困难。说到研究生项目，我们有很多申请人来自美国之外的国家和地区。他们如果被录取了那会非常棒，因为我们会感觉在培养两地交流的使者。现在我们没有太多和其他项目的正式的体制化合作，我们正在考虑在这方面努力。这又和许多其他问题相关联，比如在教学和行政方面我们能做些什么。但总的来说，如今最主要的就是我们的访问项目和为数众多的国际申请者。另一个间接要素是，我们的项目很看重其他传统中的哲学。在博士阶段我们有与南亚研究的联合项目，有关印度哲学，我们明年大概还会开设有关伊斯兰哲学的项目。我想应该没有其他美国的顶级哲学博士项目有类似这样的设计。所以这也是我们对跳出传统盎格鲁-撒克逊哲学框架思考问题的承诺。

SL：您认为哈佛哲学系中的国际学生扮演了什么样的角色？

EH：据我观察，在研究生阶段，我们有一个很紧密的集体。因此国际学生不会感觉像局外人。正因为他们深深融入这个集体，他们的独特性在于根据不同的话题提供不同的视角。如果你考虑的是数学哲学，那这或许不太重要。但如果你思考的是政治哲学，那这点就很重要，即使是在本科生阶段。我记得曾在给本科生上的一节课上有过很有趣的讨论，一位来自新加坡的学生贡献良多。她所体验过的是一种完全不同的民主政府形态，有着美国人所不了解的更严格的管理，听来十分有趣。所以我认为国际学生的重要贡献在于开阔了思维，尤其是涉及政治哲学、伦理学，或许某种情况下还包括认识论。

SL：您可以介绍最近正在写的一本著作或正在进行的一个研究项目吗？

EH：我正在进行一个研究项目，但它大概不会以书的形式呈现，因为我想以更适合网络浏览的形式写作。这个项目旨在探究解释的本质。这是一个范围非常大的项目，囊括了很多我一直以来都很感兴趣的主题，包括因果关系、自然法、形而上学和认识论层面上的偶然性、探寻的本质、当我们尝试解释某事发生的原因而不仅仅是何事发生时我们在做什么。我暂定的标题是《解释的结构》（*Explanatory Structure*）。我希望用比较零散的方式写作，加入一些超链接。写一本书的问题在于，通过逐步构造，书必须呈现一种线性论述，一个句子必须要紧接着上一个。我的项目则会选择一种更开枝散叶的结构。我酝酿这个计划已经很久了，它既是一种写作也是一种哲学。我一直思考我们如何可以充分利用当代的科技，如何在文中放入链接，把你带到文章的其他部分。我希望可以写一些永远没有结尾的内容，时不时可以用相同的格式补充其他与解释结构有关的内容。

讲堂实践

专题·"中国哲学史"课改研究

专题导言

李长春[*]

    "中国哲学史教学改革"是中山大学哲学系 2018 年度哲学专业品牌建设项目之一。作为基础课教改试点项目，它旨在突破传统的哲学史教学模式，探索出一套适合哲学学科特质，既有中国大学特色，又具有国际化风格的大班教学小班讨论的教学方法。经过三年多的努力，本课程改革取得了较为理想的效果。

    教改的主要创新之处，是将中哲史课程划分为两个部分，三分之二的课时用于讲授课教学，三分之一的课时用于讨论课教学。通过大幅度增加研讨课比重，使学生由单纯的接受性学习转变为研究性学习，增强学生由已知领域向未知领域拓展的能力；推进中哲史教学由"线索梳理式"向"问题研讨式"转变，由"单一讲授型"向"讲研结合型"转变。将"教材主导学生知识体系的建构"转变为"通过研究性阅读和批判性思考完成的知识体系建构"。

    为达到以上目的，在课程开始之前，任课教师凭借以往的中哲史教学经验，初步编写《中国哲学史教学资料选》《中国哲学史研讨课教程》。前者为课程讲授所用教材，后者为研讨课所用教材，两者既相互呼应，又避免重合。研讨课具有独立的进度安排与总体设计，与课堂教学相得益彰。研讨课教

---

* 李长春，中山大学哲学系副教授，主持"中国哲学史教学改革"项目。

材所选择的具体篇目,属于以往哲学史研究中公认的代表性文本,同时尽量保证所选文本彼此之间在主题上具有一定相关性,能够让学生在多次讨论中,有意识的前后联系,加深对中国哲学史发展线索的认识,激发更多的联想,启发学生思考,充分展开讨论。

实际教学中,在课堂讲授的部分,学生仍然依照选课安排大班上课;而在研讨课部分,则依据本学期选课学生人数分组,每组不超过 10 人,由一名助教组织讨论。研讨课的展开不受限于课堂授课的进度安排,给予学生充分的时间与自由,随时依据各组助教所反映的学生实际状况,以及学生的要求和建议灵活调整,以调动和激发学生的自主性。在中哲史课程教改推进的过程中,助教扮演着极其重要的角色。讨论课能否取得成功的关键在于有没有一支训练有素、基础扎实且认真负责的助教队伍。在教改推进的三年时间里,先后有近 20 名中哲专业博士生担任过该课程助教,他们在组织讨论课的过程中积累了非常宝贵的经验。部分助教撰写了教改论文,这既是前期教改的阶段性成果,也是继续推进教改的第一手资料。

研讨课使学生不仅能够有机会直接面对重要哲学文本,认真严肃地思考哲学议题,更能够提升学生从整体上把握文本,精读细读文本的能力,并学习尝试处理文本中富有争议的问题,切实提高学生的哲学素养。研讨课不仅增强了学生研读原典的能力,也培养了学生的问题意识,强化了学生的思辨能力和反思精神。此外,也充分调动和激发了学生对中国哲学的学习兴趣与热情。

推进哲学专业基础课教改,是中国大学哲学教育发展的客观需要,也是目前通识教育日益深化对专业哲学教育提出的新要求。以往的中国哲学史教学,只强调知识的传授,而不重视逻辑思维能力的培养,只注重知识体系的完整性,而缺乏针对特定问题进行哲学讨论的专业性。而中哲史作为中国大学哲学系的支柱课程之一,其课程教学的成败决定学生的学习取向,也深刻影响此后其他课程的教学效果。随着通识教育的发展,大学本科阶段如何更好地实施中西哲学史教学,将哲学研究的成果转化为优质的教育资源,同时又能吸引有志于哲学的青年学生投身哲学研究,这将成为摆在我们面前的严峻课题。因此中国哲学史教学改革所收获的经验与成果,将成为哲学系其他课程改革的重要参考,为新时期教育教学提供可资借鉴的方案,为增强哲学学科在整个大学教育体系中的竞争力作出贡献。

"经典文本"与"生活经验"之间

——以"中国哲学史"课程教学改革的实践为中心*

蔡广进**

【摘　要】"小班讨论课"作为"中国哲学史"课程教学改革的核心措施,其开展的形式是"共读"(对话)而非单向的知识讲授,内容则是以经典文本而非教材为中心。讨论课的组织模式可分为"报告+讨论""导读+提问"以及"课后总结评议+再讨论"三种模式,模式的选择与学生的学习阶段变化相适应。为了唤起学生对中国古典和哲学的兴趣,既可以从生活经验出发阐明文本的哲学意义,亦可借助"思想实验"的方法刺激学生的想象力。讨论课的现实意义在于帮助学生重新回到经典本身,进而认识到经典中的道理与当下生活世界的联系,并能够严肃地去对待经典所提出的问题。

【关键词】"中国哲学史"课程改革;讨论课;生活经验;经典文本

一般而言,"中国哲学史"作为哲学院系的核心课程,其教学目标主要涵盖三个层次,一是为本科生提供关于"中国哲学史"的基本知识,二是唤醒

---

* 笔者于2019—2021年期间,有幸参与了由李长春老师主持的"'中国哲学史'教学综合改革项目",并长期担任小班讨论课的助教,本文即是在小班讨论课的教学实践摸索中,就如何理解"中国哲学史"教学的意义,以及如何组织讨论课等问题所作的总结报告。

** 蔡广进,中山大学哲学系中哲专业博士生。

学生对中国古典思想的兴趣,三是引起学生对哲学的兴趣。然而,在具体的教学实践当中,由于诸多客观条件的限制,基于哲学史教科书与教师单向灌输的传统课堂教学模式,除了能够提供"基本知识"外,在唤醒学生对中国古典思想或哲学兴趣方面,的确是乏力难为。基于以上困境,如何摆脱哲学史教科书所塑造的关于中国哲学的"刻板印象",培养本科生在哲学学习过程中的主体性,中山大学哲学系在2018年启动的"'中国哲学史'教学综合改革项目"在这方面作出了全新、有益的尝试。通过开辟第二课堂——增加讨论课、设置多名讨论课助教与学生共读等形式,不仅为"中国哲学史"的传统课堂教学提供了必要补充,也为全国哲学院系的教学改革实践提供了新思路和新理念。

一、作为传统课堂补充的讨论课

"小班讨论课"作为"中国哲学史"教学改革中的核心,其具体内容包括:将所有选修"中国哲学史"课程的学生分为若干讨论学习小组,每组不超过8人,并为每一讨论组设置一名助教,以两周一次的频率组织课堂讨论。讨论课的设置,不是"取代"原有的课堂模式,而是一种"补充"。就讨论课与传统课堂教学的关系而言,大致可以从"教材/原典""讲授/共读"两个层面得以厘清。

首先,讨论课的开展形式是"共读"而非单向的知识讲授。在传统的"中国哲学史"课堂中,受限于悬殊的师生比例,师生间很难展开有效的互动交流,其课堂模式更多是教师单方面的知识讲授,学生则是被动地接受知识的一方。其结果是往往难以兼顾每个学生的特殊性,也难以调动学生的学习积极性。而讨论课所开辟的第二课堂,恰是针对此现象而生。所谓"共读"即意味着助教与学生共同参与到经典文本的阅读与讨论中去,但这种阅读又并非泛泛的读书,在更深层的意义上,"共读"可理解为伽达默尔所说的

"对话"（Dialogue）[①]。

　　"对话"，不仅仅指参与讨论课的同学之间的讨论行为，而应首先是经典文本与解释者之间发生的一场对话，因此"共读"所揭示的对话是双重的。此外，对话在本质上是平等与开放的。参与讨论课的成员之间（包括助教）并不是主从的"讲授-倾听"关系，助教的角色也不是教师。"诠释学经验与传承物有关。传承物就是可被我们经验之物。但传承物并不只是一种我们通过经验所认识和支配的事件（Geschehen），而是语言（Sprache），也就是说，传承物像一个'你'那样自行讲话。一个'你'不是对象，而是我们发生关系。……因为传承物是一个真正的交往伙伴（Kommunikationspartner），我们与它的伙伴关系，正如'我'和'你'的伙伴关系。"[②] 讨论课的参与者之间的关系在本质上是"我-你"的关系，即使是助教也不能将自己的观点强加于对方，助教不是高高在上的启蒙者，其角色定位是"引导"而非"主导"。"我-你"关系的平等性才是对话存在的基础。这就要求包括助教在内的所有参与者通过"倾听"敞开自身，只有做到专注地"倾听"，我们才能对讨论言说所呈现的东西有深入的理解。在这个意义上来说，"倾听与理解是不可分割的……不存在某种没有倾听的理解"，文本与读者之间，参与讨论课的成员之间，如果要有所言说，在此之前就必须先做到倾听他者。甚至可以说，"倾听"构成了共读对话的根本前提。

　　其次，讨论课开展的内容是以经典文本而非教材为中心。初步接触中国哲学的学生，在放下手中的哲学史教材去阅读相关原典的时候，往往会产生两者对不上号的困惑。而目前的"中国哲学史"课堂教学基本上仍是以教

---

① "对话"（Dialogue）一词的本义就是指思想交谈或意见的交换。在古希腊哲学中，苏格拉底将"对话"发展为一种进行哲学思考的辩证法，并认为"对话"可类比为思想的"助产术"。在对话中，并没有预设某一问题的正确答案，而是在"提问-回答"的过程中，逐渐克服彼此心中的成见，进而让对话者本人发现其内心蕴含的真理。因此讨论课的"共读"在本质上即是"对话"的而非"独白"的。

② 汉斯-格奥尔格·伽达默尔：《诠释学Ⅰ：真理与方法》（修订本），洪汉鼎译，北京：商务印书馆，2007年，第485、586页。

科书为中心展开的，所谓的"中国哲学史教科书"，实际上就是参照西方哲学的范式，以"概念"或"范畴"来梳理、拣选古代中国典籍，"用概念的标签把它（指经典中的叙事）标本化，就像把鲜花制成干花"[①]，表面上似乎让一部分内容获得了系统化的表达，但这种概念化、范畴化的哲学史教科书所建构的系统虽足够"哲学"，但却很难与当下的生活经验产生联系。职是之故，"中国哲学"在那些初入哲学系本科新生的印象中，便往往容易留下玄虚、晦涩而难以把握的"臭名"。

如何唤起学生对中国哲学的兴趣？"重新回到经典"是此次教改尝试给出的答案：讨论课的开展，就是一次重新回到经典本身的过程。值得注意的是，强调重新回到经典文本，不是对传统哲学史教科书的简单否定，毋宁说是作为教科书学习的必要补充。换言之，反思用概念、范畴裁剪经典文本，并不排斥对经典文本的概念研究，更重要的是，如何让学生直接面对经典文本展开的世界及其揭示的生活经验，将教科书上的那些抽象概念重新还原到具体的、原生的语境和经验中去理解。就如陈少明教授所言："哲学不只是经验通往理论的单行道，而是实践与理论双向沟通的桥梁。"[②]深入到经典文本之中，用诠释的方式观照当下的生活经验，又何尝不是哲学的一种重要活动呢？

二、助教角色与讨论课的模式选择

"模式"事实上是一种功能的承载，不同的模式其核心功能自然有差异。由于参与讨论课的过程，也是学生理解力、智识增长的过程。因此，在文本讨论模式的选择上也要有针对性地调整。就讨论课的功能来说，在笔者看

---

① 陈少明：《经典世界中的人、事、物》，上海：上海三联书店，2008 年，第 44 页。
② 参见陈少明：《经典世界中的人、事、物——对中国哲学书写方式的一种思考》，载《做中国哲学——一些方法论的思考》，北京：生活·读书·新知三联书店，2015 年，第 145 页。

来主要集中在"理解"与"解释"两个方面：前者的目的在于让学生掌握进入经典文本的基本路径，进而意识到这种经验对于现代生活的重要性；后者则是在前者的基础上对观点加以表达和论证的训练。从理解到解释是一个渐进的学习过程，故而在讨论模式的选择上，就要根据学生的具体情况进行针对性的改变。经过两年时间的助教实践磨炼，我将目前已实践过的讨论课模式分为"导读＋提问""报告＋讨论"以及"课后总结交流＋再讨论"三种模式，下面就每种模式的优缺点作一分述。

1. "导读＋提问"模式

这是讨论课最为基础的模式，由于参加讨论课的学生大多都是刚刚进入大学校园的新生，作为中国哲学专业的初学者，如何阅读古文，如何在理解文本的基础上提出有意义的问题？这都是新生面临的严峻挑战。所谓"欲速则不达"，学习的过程需要渐进而不能助长。而"导读＋提问"的模式是对初学者较友好的均衡模式。其实践的基本思路是由助教引导学生选择若干文本进行带读，从文本的基本字词解释入手、帮助学生掌握文本涉及的重要哲学问题与背后的语境，进而就相关话题组织学生进行讨论。此模式对助教的要求更高，助教需要在课前对讨论课的流程有所设计，包括提前对精读讨论文本进行备课，列出相关的参考书目以及提出问题等。

在"导读＋提问"的模式中，助教的主要作用是进行示范和引导，但这也容易导致一些学生在讨论过程中融入度不高、不爱提问、有问题却不敢问，使得讨论课的氛围变得沉默而尴尬。所以，为了避免学生对助教过度依赖，使讨论课完全沦为助教的"独白"，那么在课前搜集学生的问题便是必要的。具体的做法是，在讨论课之前，要求每位同学至少提出三个问题，并注明问题提出的缘由，助教则根据学生的问题作适当分类，在正式的讨论课上解释某一段落大意的时候，适时地将同学们的问题展开讨论。这样便可以保证讨论的问题都是同学们自身较为感兴趣的问题。

在哲学的学习过程中，"提问题"有时要比"回答问题"更难得。助教在对待学生提出的问题时,需要注意两个问题:第一,讨论课并不是答疑课,助教也不是老师,所以助教的回答并不是终极答案,而是讨论过程中的意见之一。第二,助教需要适时地启发学生,将不同文本对象之间的问题串联起来。由于讨论课的文本是以"哲学家"为单位编排的,这在讨论过程中带来的问题就是,问题意识不可避免地被割裂,变成了不同哲学家的"各说各话"。所以在梳理学生提出的问题时,可适当地提及此前对相关问题的讨论。例如,(1)在讨论程颢《定性书》时,涉及程颢对于"圣人之喜怒"的看法,这个时候便不妨让学生追溯此前王弼关于"圣人应物而无累"的观点,进而比较王弼和程颢的圣人观之异同;(2)助教可就相关文本的讨论提供补充材料,在讨论《孟子·梁惠王》篇首关于"义利之辨"的内容时,可引入墨子的义利观,从而刺激学生围绕思想家之间的思想交锋提出问题。总而言之,提问不仅仅是为了单纯解惑或者让讨论场面更激烈,而是为了激发学生的问题意识,通过问题深入文本内部。

2. "报告+讨论"模式

这种模式是讨论课的高级阶段,对于学生的综合素质要求较高。其操作形式是:将讨论小组的成员分为若干组,在助教指定的文本中选择作学术报告的顺序,没有报告任务的小组则需扮演点评者和提问者的角色。在每一次讨论课之前,发言小组需将准备的报告材料发给每一位参与者,而在正式讨论阶段,在小组间的发言与点评过后,进入共同讨论和助教点评环节。在这一模式的实践过程中,学生的积极性和自主性得到最大程度的释放,更能让学生感到自己的重要性,能以更大的热情参与到讨论课当中。

在"报告+讨论"的模式中,助教的角色不再是示范性的,而是成为隐身其后的观察者,但这并不意味着助教可以对学生的讨论袖手旁观。助教一方面要鼓励成员积极发言,另一方面还要及时地维持课堂秩序,让讨论内容回到文本语境的约束中,避免流于空泛的个人意见表达。尽管学生对经典文本的"解释"在本质上是开放的,但就如麦金太尔对现代道德哲学的描述那样："我们所拥有的就只是一个概念构架的诸片段，并且很多已缺乏那些它们从中获取其意义的语境。"[①] 如果缺少对文本背景和语境的知识，学生的报告和讨论就容易变成无关文本的碎片化表达。要克服这种"望文生义"的弊端，从后人的"注疏"进入经典文本就是可取的方法之一。

经典之所以成为经典，离不开历史上各家不断的注疏与解释。换言之，注疏事实上为理解和进入经典提供了必要的知识背景。如果仅仅拘泥于文本的字面意思，讨论其实难以深入，必然流于个人情感和意见的抒发。譬如在《孟子》的讨论课中，我选择了两个参考注本：汉人赵岐的《孟子注疏》和宋儒朱熹的《孟子章句集注》，在此后的报告和讨论中，学生可从汉儒、宋儒关于《孟子》文本的问题争论反观当代对《孟子》的解读。注疏的阅读并不是为了让学生研究汉宋之争的学术问题，而是为了让学生意识到"理解一种传统无疑需要一种历史视域"，在我们理解一个文本的对象前，实际上就已经具有了一个视域（海德格尔所谓"前见"），这种视域构成了我们理解的前提，这也就是诠释学所说的"视域融合"（Horizontverschmelzung）。认识到这一点，讨论课的开展才能避免以一种"现代的傲慢"态度来看待经典文本，或轻易将经典贬斥为一种过时的说法，具有"时代局限性"。换言之，通过注疏去理解经典文本，就是用历史的视域超越固有的狭隘偏见，从而达到对经典文本更全面、完善的理解。

3."课后总结交流＋再讨论"模式

相较于前两种模式，此模式的特点在于将讨论课的场景拓展到课后，不再限于两周一次的课时容量。如果说课上的讨论训练了学生的语言组织和表达能力，那么课后的总结则巩固了学生在课上的思考，同时也能将课堂上未能及时、准确表达的内容通过文字的形式记录下来。每节讨论课后，学生

[①] 　麦金太尔：《追寻美德：伦理理论研究》，宋继杰译，南京：译林出版社，2003 年，第 2 页。

都须提交一份讨论小结,将其在课上的观点进行总结归纳,同时也可将在课上还没来得及形成语言的想法记录下来。首先,课后总结不仅可以帮助学生在以后迅速回忆起文本内容,也有助于加强学生的学术综述的撰写能力。其次,课后总结也为同学与助教的深入交流提供了契机。在收到学生提交的总结之后,助教须对其进行批阅,并对其中提出的问题及时反馈。最后,总结报告中频繁提到的疑难问题,也为下次课的进一步深化讨论提供了基础。此模式的优点就在于通过反复的"提问-回答"(从口头到书面),既激发了学生的参与热情,又能将"提问-回答"的讨论课场景扩展到课堂之外。"提问-回答"作为一个无尽的过程,任何一方都可以是提问者,也可以是回答者。提问,回答,再提问,再回答,从而构成了良性的诠释学循环。

一位参与过讨论课的同学曾不无感触地写道:"提交讨论总结又再次让我们回归讨论的文本,这是对我们讨论课内容的总结。俗话说'温故而知新',每一次回顾都是一次新的学习,都能从中获得新的感悟。我们在进行总结的时候,便是我们再次进行温故知新的机会。但是在温故的过程中,不免又会生出更多的疑问,也会存在尚不清楚的地方。"北宋的张载在《芭蕉诗》中也曾说过:"芭蕉心尽展新枝,新卷新心暗已随。愿学新心养新德,旋随新叶起新知。"讨论课中对经典文本的问答,与芭蕉的生长一样,都是一个无限展开的过程。芭蕉内部裹卷着的芯,随着枝叶的伸展而逐渐明亮起来,但是同时新卷出的芭蕉芯又隐含着灰暗的地方。这就意味着,经典讨论的过程实际上是一个不断自我攀升的过程,也是伴随着学生心智成长、不断展开的过程。

三、如何唤起学生的兴趣:从经验到想象

"中国哲学史"的课程目标除了提供关于中国哲学的专业知识之外,如何唤起学生对中国古典思想与哲学的兴趣,也应是课程设计的重要考量。

　　在讨论课的组织过程中,如果将讨论的焦点限定于字词句段的考据上,那么讨论课就变成了枯燥的古文翻译课。较为准确的理解是展开讨论的前提,却不能成为讨论课的终极目的。如何能唤起学生对中国古典思想的兴趣,乃至对哲学的兴趣,其实关涉到如何转变学生对"哲学"/"中国哲学"的固有印象,下文将围绕着"经验"与"想象"两个层面展开论述。

　　1. 以生活经验阐明文本的哲学意义

　　在很多哲学系学生的印象里,谈到中国哲学似乎就是"天道性命"等玄奥难解的概念。因此要唤起学生对古典思想的兴趣,就要找到连接古今的沟通桥梁。在笔者看来,对古典文本的义理阐发,不能完全脱离我们当下的经验。举个例子,在郭象的《逍遥游注》中,涉及"小大之辩"的讨论时,目光不要局限在郭象如何故意误读了《庄子》,也可以转而询问诸如我们对"小""大"的信念是如何形成的? 从空间、观念到价值,在日常生活中作为视觉语词的大小,为什么成为我们打量事物的根本方式? 我们对事物的认知又是如何受限于小大的视觉经验? 从这一日常经验出发,再回到庄子所说的"以道观物"的洞见,就能更好地理解庄子所说的"观物"(观而非看或听)。关于如何区分小大,也在学生间引发了热烈争论,有人就坚决捍卫大鹏的崇高,有人则同情学鸠的生存境遇,进而将这种小大的讨论延伸至当今社会中关于多元价值的讨论。尽管表面上后者的讨论似乎远离了文本,但在本质上它离我们的生活经验更近。这里所说的"经验",就是"我们一切有意识活动的基础。我们非常熟悉这一基础,但一般我们不去注意它,因为它离我们太近,而且太过普通"①。

　　实际上,诠释学意义的"理解"就是经验,就是一种与对象周旋和打交道的事件。依照伽达默尔的看法,这种经验是不断进行的,而经验经常不可避免地被新的经验驳倒,因而这种经验永远是开放的、否定性的。这种开放

---

① 毕来德:《庄子四讲》,宋刚译,北京:中华书局,2009 年,第 11—12 页。

性的理解的意义,就在于把我们纳入了一种"把涌向我们的传承物和我们联结成现实生活统一体的理解关联之中"[①],而这种诠释学意义的"理解"得以可能,正是基于我们的想象力,这是一种生命的想象。在这个意义上,经典的研究就必须是一种与我们当下生活经验相关联的诠释之学,而不是局限于传统的注疏之学或西方的格义之学。

2. 以思想实验激发学生的想象力

"思想实验"一词源于德语Gedankenexperiment,这是一种与自然科学中的实验方法相似的方法,哲学家之所以进行思想实验,通过想象或虚构一些情境(assumption case)来例证目标,是因为一切现实的条件都无法达成目标,或一切现实条件对终极目标而言都显得无能为力。譬如自然科学实验当中的"绝对匀速""绝对光滑的平面"等实验条件都是现实生活中无法实现的。因此,借助想象力,也就意味着思想实验的内容并不需要亲身经历。[②]

例如,在讨论《孟子》文本中关于"今人乍见孺子将入于井,皆有怵惕恻隐之心,非所以内交于孺子之父母也,非所以要誉于乡党朋友也,非恶其声而然也"一段时,孟子通过"特定情景"的构建论证恻隐之心的存在,助教可鼓励同学们思考孟子所给出的场景是否具有普遍性,能否将其中的某一个要素(孺子或者将入于井的情节)替换掉,乃至重新构建一个新的情景佐证孟子的观点。在哲学论证中,要判断一个观念论断是否成立,就要看其是否在一切可设想的情境下都成立。而要实现这一点,就必须从现实世界迈向可能世界。这一过程经常是通过"想象反例"而达成的。在经典文本的讨论中,我们不仅要注重对义理内容的分析,讨论方式也不容忽视,除了厘清作者通过"情景构造"所想表达的观念外,更重要的是如何以读者的生活经验

---

① 汉斯-格奥尔格·伽达默尔:《诠释学Ⅱ:真理与方法》(修订本),洪汉鼎译,北京:商务印书馆,2007年,第384页。

② 尽管"对话"和"想象"的本质是开放的,但这并不意味着讨论课上对于经典文本的"解释"可以是任意的,解释的边界无疑需要受到文本或逻辑的限制,这是一个讨论规范的要求。

为基础,深化或者修正原文所提出的观念。[①]

　　"想象"不只是方法,其本体论意义更在经典诠释的开放性之中。伽达默尔在《真理与方法》中批判了历史意识和审美意识存在的"主客分离"弊病。在艺术作品的鉴赏中,就表现为作品和读者的主客区分,由于这种区分,作品和观赏者都失去了他们自己的地位和所从属的世界。而破除主客对立的关键,在伽达默尔看来就在于想象力的运用,他甚至认为诠释学本身就是"一种幻想力或想象力"。这是因为"理解"永远是一种视域融合的过程,即过去与今天、他人与自己、陌生性与熟悉性的综合,这种综合就是一种想象力的结果。就此意义而言,借由"想象"通往的哲学不是寻求标准答案,而是意味着一种通过尝试和犯错来学习的过程。

四、结语:重建经典文本与生活经验的联系

　　以经典文本为中心,以共读为特色的小班讨论课,不仅是对"中国哲学史"传统教学课堂的重要补充,同时也是对今日之大学基本教育理念的反思。讨论课对经典文本的研读,对学生而言,并不只是提供了一套知识或说法。事实上,过往的应试教育体制经常给学生塑造这样一种理念,即书上的道理不过是应付考试的答案,因此读书的过程,经常被歪曲理解为获取答案的过程,是为了在考试中呈现给老师看,因此这些道理与我们在日常生活中的经验毫无关系。

　　而讨论课的最大意义莫过于它将学生重新带回了经典本身,帮助他们认识到经典中的道理与我们当下生活世界的联系,从而能够严肃地去对待

---

① 思想实验中往往包含一些天马行空的奇思妙想,但这种虚构并非琐碎无用,用胡塞尔的话来说——"虚构之物是有关'永恒真理'的知识获得其营养的源头"。在思想实验中,想象的情境并不是随意给出的,情境的情节设计本身就是包含目的的"假设分析"。这种"试图借助于想象情节的构造而推出内蕴的结论"的说理逻辑背后是"假如……会怎么样呢"("如果A则B")的假言命题。参见Chris Daly, *An Introduction to Philosophical Methods*, Toronto: Broadview Press, 2010, p. 46。

经典提出的问题。或者更进一步,能够从古典的生活经验中,发掘出隐含其中的思想观念,并展开有深度的哲学反思。或许正如讨论课的某位同学所言:"通过讨论,我们能找到一个将我的生活与文本背后的传统问题串联起来的交汇点。从不同的人的表述中,我们倾听了不同的人的见解,明白了知识的认知其实可以是多角度的,哲学的学习并没有固定的答案,关键在于我们主动去寻求真理的整个过程,这是最有意义和值得铭记的。"

共读还是解惑

——"中国哲学史"讨论模式再探讨

郭羽楠[*]

【摘　要】 "中国哲学史"讨论课旨在弥补课堂教学中原典阅读不足的问题,引导本科生在掌握理论知识的同时学会阅读经典。但是,当前"问题-解答"讨论模式把文本阅读作为课前预习的环节,实际讨论时仍然围绕课前准备的问题展开。这一模式尽管培养了学生的思辨能力和学术表达能力,却弱化了文本阅读的重要性。如果在现有模式的基础上,把精读经典和相关注解的过程重新放回课堂讨论中,使"读"与"问"相结合,或许可以探索出一种更贴合中国哲学学科特性的讨论模式,更好地落实讨论课教学目标。

【关键词】 讨论式教学法;课堂教学;高等教育;教学改革

近年来,许多学科逐步在传统课堂教学之外增设讨论课,以激发学生的主动性,提高学生的综合能力。相比之下,在哲学史教学中设置讨论课是一次新颖的尝试。在"中国哲学史"讨论课中,学生之间的探讨与辩论

---

*　郭羽楠,中山大学哲学系中哲专业博士生。

不仅有助于培养批判性思维和论证能力，还能够促进学生对原典的研读，拉近与经典文本的距离，在提高阅读能力的同时，更为深刻地激发青年学生对古典思想的好奇与热爱。不过，以何种形式完成"中国哲学史"的课堂讨论仍是值得探索的，不同的讨论方式会给讨论课的效果带来实质性影响。讨论课模式的选择和调整既需要考虑讨论课与课堂教学的差异，也应该更为贴合经典阅读的过程和体验，帮助本科初学者更好地进入中国哲学文本。

笔者有幸于 2018 年参加中山大学哲学系"中国哲学史"课程讨论课的助教工作。通过观摩和实践不同的讨论模式，发现现有讨论模式虽然提升了学生的反思能力，极大地锻炼了其表达能力和概括能力，但也存在一些值得注意的问题。针对这一状况，笔者认为，"中国哲学史"课堂讨论应该根据中国哲学文本自身的风格和特点，在采取"问题式"讨论模式的同时，把精读和比较传统注解的过程，安排进课堂讨论之中，使"读"与"问"充分结合，在共同细读注疏等传统解释的过程中激发问题和讨论，而不是仅仅将阅读文本作为学生在课前独自完成的预习任务。质言之，针对现有模式中"读"与"问"分离、讨论时以"问"和"论"为主的倾向，本文试图提出一种"读-问"一体的模式，从学生与学生之间相互提问、解答，助教与学生之间相互提问、解答的形式，转变为全体同学与助教在课堂上共同细读文本和注疏，助教引导同学在比较注疏之间的差异和反复研读文本中发现问题的形式。与之相应，"读"的内容在目前讨论课提供的原文和现代译注之外，也补充以注疏等传统解释，以求扎实推进文本精读的深度，在独立思考与文献精读之间寻求平衡，在把握文意的基础上进行引导，探索一种既契合中国哲学文本特点，也适合初学者的路径，增强"中国哲学史"课堂讨论的实际效果。或许对初学者而言，难点不仅在于把握文意，更在于学会如何有效地思考、合理地提问，这无疑需要建立在对原典和传统解释的熟识和体认之上。

一、现有讨论模式的优势与问题

目前"中国哲学史"课堂讨论模式大致有四种。其一,把学生分为两组,一组总结文意,解释文中关键概念和命题,报告心得体会并提出问题,另一组针对前者报告的内容,进行回应、评议和补充,助教随后就讨论的内容进行总结,并引申相关问题供课后继续讨论。其二,把学生分为三组,每组分别负责一部分文本,每个小组各自指定一位学生讲解文本内容,另一位学生提问,随后全组自由讨论并依次总结,助教最后进行回应、总结或点评。其三,全体学生依次发表对文本的看法和疑问,自由选择一个文段进行解读,助教指出文中的关键字句并提问,学生们自由回应。其四,助教随机抽取几位学生总结文本大意,其他学生给出不同意见,并依次提出各自的问题,助教归纳后组织或指定学生答疑,在讨论完成后,助教或提问者对答案进行总结。

以上四种模式是助教在组织讨论课的过程中相互交流和探索而来的成果。在实际操作中,每位助教可能因各自风格对具体流程略有调整,但模式无出其右。稍作对比,可以发现这四种模式具有两个共同特点。第一,四种模式均包括概括复述文意、学生提出问题以及学生或助教解答和归纳答案等部分。其中,核心环节是提出问题和回答问题,而推动讨论进程的是学生或助教在课前准备的问题。这意味着整场讨论以问题的提出和解答为中心,并以问题为线索不断推进。第二,阅读经典原文、译文和注疏等相关解释的环节被安排于课前完成,助教一般要求学生在讨论课之前,自行通读文本,独立解决关于文意和文本结构的疑问,从而在讨论课前提炼出具体问题,留待讨论时供小组讨论。因此,四种模式虽然建立在文本阅读的基础上,但讨论时实际上往往以学生课前准备的问题为线索展开。换言之,有学生在讨论中不断承担提问者的角色,有学生不断承担回答者的角色,讨论在一问一答的推动下进行，讨论的亮点集中在对问题的争论或解决。所以，我们可以把当前的讨论模式概括为"提问-解答"模式。这种以问题为中心进行讨论的模式有助于形成论辩的氛围，尤其在遇到争议较大、关注度较高的问题时，能够形成活跃热烈的气氛，学生较为投入，也能够锻炼学生的表达和概括能力。

在这样的方式下，学生们对讨论课的评价在一定程度上呈现出两极分化的情况。善于表达、享受论辩氛围的学生会感觉收获较大、氛围较好，但基础较为薄弱、性格内敛的学生可能难以融入讨论中，故而感到收获远不及课堂学习，讨论课只是徒增负担。这种学生体验的明显差异是值得重视的。讨论课的设计本应更好地接引和激发不同层次学生的学习能力和热情，但现有的讨论形式却使得一部分学生的感受与此相悖。

根据期末调查时学生的反馈情况，体验较好的学生普遍认为其收获体现在四个方面。第一，相互提问促使学生学会关注文本细节，对某些关键概念追求甚解。第二，能够在互相回应和反驳中培养哲学思辨的能力，学会从不同的角度分析问题，关注文本的内在逻辑和论证过程。不少学生表示，由于其他同学关心的问题和思考的角度与自己不同，于是自己开始特别关注文本的论证逻辑，尝试找出论证不清晰的内容，在讨论课上勇敢提出质疑。第三，学生之间的提问能够启发思考、互相弥补、增加理解文本的角度，这也代表了相当一部分学生的感受。第四，讨论课要求准确迅速地总结对方观点并对此给出评价或质疑，极大锻炼了语言表达能力、提炼概括能力和逻辑思维能力，这不仅对于写作能力的提高很有帮助，还有利于哲学思考能力的提高。

相比之下，无法迅速适应讨论课的学生则反映自己在六个方面存在困难。第一，在现有的"提问-解答"讨论模式下，作为初学者的本科生总是希望能够从讨论中获得明确的答案，至少期待问题在讨论课上得到确切的解决，但是，哲学文本的讨论和反思有时是无限的，这很可能导致有些学生较为失望，影响其对讨论课的重视程度，打击其讨论的热情。第二，在实际讨论中,学生一旦发散思考,原本紧扣文本内容的论辩,很容易逐渐变成某种意见的交换,这可能会误导其他学生对文本的理解。第三,在以问题为导向的讨论模式中,由于助教在实际组织中往往会成为问题的回答者和归纳者,助教的学术素养和组织水平难免对讨论效果和学生的学习体验产生直接影响。这要求助教不仅需要具备激发和引导问题的能力,还需要具有回答学生问题的能力,而且,问答的形式最终有可能演变成助教与少部分提问学生之间的单独互动。此外,不同助教给出的回答本身也可能暗含了不同的读书进路和立场,初学者往往难以分辨其中的差异,这可能会左右学生对文本的理解。第四,讨论效果受到文本特点的影响较大,对于文意相对晦涩的文本,学生的提问可能较为肤浅,或是在提出问题后,其他学生因无话可说而保持沉默,导致讨论课的效果不尽如人意。第五,在提问或回答自己感兴趣的话题后,学生的注意力和表达欲可能会减弱,以至于在讨论课后半段时,集体沉默的频率越来越高,这种氛围又阻碍了进一步讨论的展开,形成恶性循环。第六,由于现有模式对课前预习的要求较高,在讨论课后期,有同学陷入畏难情绪和精神倦怠。为了防止这一情况,避免有人不提问、不发言,助教逐渐倾向于采用抽签的方式组织讨论,并对提问数量作出量化要求。但是,这使得相当一部分学生逐渐丧失学习和讨论的热情,提问和互动流于形式。

事实上,多人讨论总会面临一个问题,即表达流利的学生一般能够主动提出思路和总结对方看法,在讨论中进行更多的思考,不适应讨论的学生则难免较为游离。然而,问答式的讨论模式似乎加剧了这一局面,在这种以相互问答为形式的讨论中,只要有活跃的学生给出了答案,讨论就会自然停止,这导致实际上参与讨论的只有几个学生。虽然助教采取了许多措施,例如按照学生水平重新分组,却仍然很难保证不同特点的学生都能充分参与。这是讨论课中难以避免的问题,有学者将其概括为讨论课的"马太效应"。①

---

① 陈艳玲:《浅析讨论式教学法在高校课堂中的运用》,《科教导刊》2011年第15期,第102—103页。

然而，学生之间客观存在的差异不应该成为学习体验两极分化的理由，如果让一部分表达能力较强的学生逐渐控制讨论的节奏，甚至垄断话语权，就违背了以全体学生为主体、公平自由讨论的本质。提问与回答的形式虽然为善于表达和性格活跃的学生提供了更多的表现空间，但学生特点的差异在这种讨论模式下被放大，最终影响了讨论课的体验和效果。

总之，问答式讨论模式所体现出的优势对哲学学术训练而言是必要的，但对哲学思考能力的培养而言仍然是不够的。另一方面，这种模式暴露出许多内在于多人讨论和问答式讨论方式中的问题，这促使我们反思应该以何种模式展开"中国哲学史"的讨论，能否通过反思在"中国哲学史"教学中设置讨论课的初衷，以及中国哲学学习的独特要求，化解这些内在于讨论模式之中的问题，调整讨论方式，量身定制一种适合哲学学科的讨论课模式。

二、讨论课的角色与贡献

问答式讨论模式培养了本科生的学术表达和思考能力，但也暴露出不少的问题。应该说，这些问题在其他学科的讨论课中是普遍存在的，但是，"中国哲学史"讨论课又能否根据学科特点，调整讨论模式，使讨论课不仅在形式上，更在实质和内容上成为课堂教学的补充，更为贴合中国哲学史的学习要求，更好地发挥讨论课的功效。总的来说，把阅读经典的过程安排进课堂讨论之中，或许可以避免讨论课蜕变为相互答疑的场合，在培养本科生学会恰当地提问和解释的同时，弥补课堂教学中原典阅读不足的遗憾。

在课堂教学中增加讨论课的教学方法近年来得到许多学科的尝试，有学者提出"对分课堂"的教学理念，即将课堂时间二等分，一半留给教师讲授，一半留给学生讨论，并把讲授和讨论时间错开，让学生在课后有一周时间自主安排学习，或利用网络和教学平台把讨论放在课后。有研究发现，使用"对分课堂"教学模式最多的课程依次为理工类课程、医学类课程和管理类课程,而文学、哲学、历史等人文社科类课程占比最少。因此,有学者提出"对分课堂"教学模式的学科适用性的问题,质疑人文社科类课程的性质及相关知识的特点导致学生的讨论难以达到课程学习所需的深度和广度,教师的讲授反而对学生的培养起更为重要的作用。[①] 虽然"对分课堂"没有在时间上专门划分出一节讨论课,但同样是在课堂教学之外增加课堂讨论,与"中国哲学史"分组讨论课在性质上是类似的。所以,这种观点其实对哲学教学是否有必要运用讨论课这一教学方法提出了质疑:对于某些较为开放、需要培养思考和反思能力的专业来说,无法保证每个问题都能通过讨论得出唯一确定的结论,在这种情况下,讨论课的设置是否还能发挥效果?为回应这一问题,需要在讨论课与课堂教学的关系中,分析讨论课在哲学专业学习中具有怎样的意义和作用,以探索一种适合的讨论模式。

为什么"中国哲学史"需要设置讨论课?换言之,什么是课堂教学无法涵盖,但在中哲学习中特别重要的内容?一个共识是,讨论课和教学改革的主要目的在于强化原典阅读在中哲史教学中的重要性,引导本科生在掌握理论知识和系统化知识的同时,关注这些理论化和系统化知识的来源,即经典原本的面貌。并且,提高本科生阅读文本的能力,为未来的研究工作作准备。相较而言,哲学专业学生必须具备的思辨能力和反思能力,或许可以通过课堂教学中教师的授课和系统性的哲学训练逐渐建立起来,并不一定要完全依赖精读文本,甚至老师在课堂上的讲授必然比助教和同学对思想议题和概念的解答更加准确,但是,讨论课强化的"阅读的过程"是课堂教学无法提供的。而且,在这个"读的过程"中,学生原有的印象和认识可能在与原典的对照中不断被推翻,反思能力可以得到强化;发现教材和以往研究中较少提及或明显存在问题的内容,文本阅读能力得到加强;在与其他同学的阅读和分享中,学生从预习时没有发现问题的地方发现问题,这有助于提

---

① 冯永辉等:《"对分课堂"教学模式在高校课堂教学中的应用》,《教育文化论坛》2021年第2期,第69—73页。

升理解能力和问题意识。总之，"中国哲学史"的讨论应该在课堂教学之外，培养阅读原典的习惯，引导本科生学会阅读经典，而不应直接以提问和回答为主导。如果说课堂教学是老师将其研究心得或课本中普遍的认识传授给学生，那么讨论课开辟出的"读的过程"就是让学生适当地离开"别人的结论"，最为直观地从文本原貌中感受思想的复杂性。问题式讨论模式虽然极大锻炼了逻辑思辨和表达能力，培养了论证的能力，但是争论总是期待产生一个结果，因而它很容易转变成以获取"别人的结论"为目标，或试图以自己的"看法"来说服对方，从而变成一种意见之间的论辩，这与设置讨论课的初衷是有所背离的。虽然问题式讨论在预习阶段将重心放在梳理文本方面，但是讨论的重心实际上围绕问题展开，讨论时弱化了"读的过程"，这实际上淡化了文本阅读的重要性，弱化了讨论课的必要性。另一方面，对于本科初学者而言，提问与回答的模式很容易使其对具体的思想议题和概念投以更多的关注，但由于基础有限，讨论很可能会变成学生把已经知道的结论用自己的话复述一遍，这难以激发真正深邃的思考，讨论课实际上成为课堂教学的"翻版"，二者的区别更多在于变化了不同的问题和问题的解答者。所以，文本阅读的过程不应该仅仅被设计在课前预习的环节中，由学生独自完成，而应该让细读文本的过程与讨论的过程相互结合，在文本阅读中推动讨论。通过将原典阅读落实于整个讨论的过程中，避免讨论课成为课堂教学模式的另一种重复。这是"中国哲学史"设置讨论课的目的，也是中国哲学学科性质的内在要求。

对比历史学科的讨论经验将有助于更加清晰地说明这一点。有高校历史专业组织"研讨课"，其方式是在教授主持下，围绕师生共同感兴趣的一个问题，通过教授与学生之间、学生与学生之间的交流互动，以小组方式讨论与探究，讨论对象是以往历史研究成果，在比较和分析某一领域不同学术成果之间的差别和研究动态中发现问题、比对史料、展开分析。其中，研讨课面向高年级本科生，教师是对相关领域已有深入研究的学者，能够及时将掌握的学术成果、研究动态传导给学生,研讨课要求提前一周布置讨论问题,每位学生围绕这些问题查找资料、形成书面作业,教师自己也设置若干相互关联、层层递进的问题。① 可见,这种"研讨会"也是问题式的,但是,其讨论目的却与"中国哲学史"讨论课有所差异。一方面,就中国哲学的学习特点和学科性质而言,相较于在争论中解决问题,更需要在读书中发现问题。哲学思考不能以以往研究结论为中心,应该不断反思,这以对文本的扎实阅读为前提。作为哲学思辨而言,结论反而是思考的终结。相较于课堂教学的要求,讨论课不需要再提供一次结论。所以,讨论课应该促使全体学生一起提出问题,而不是一起解答问题。或者说,是通过一起读书来发现问题,而不是通过各种意见的相互否定来培养批判思维或归纳答案。另一方面,就设置讨论课的目的而言,历史学的讨论旨在通过比较各种已有研究成果和理论,发现其与史料相龃龉之处,但是中国哲学的讨论对象应该是文本本身,旨在激发学生对于原典的阅读兴趣,这是问题式讨论难以完成的。此外,就本科课程的特点而言,"中国哲学史"面向低年级本科生展开,那么讨论的过程应该广泛适合零基础的初学者。对于初学者而言,如何进入文本,如何在看似平静的文本中发现问题,是需要加以引导的,而不是自明的,这就需要讨论课能够提供一个相互激发和相互引导的平台,学会阅读文本以及依照文本的自然面貌来提问。所以,把"读的过程"还给讨论课的过程,是符合讨论课设置的目的和中国哲学学习要求的。

可喜的是,在以往期末的学生反馈中,学生对讨论课的期待与讨论课的目标不谋而合,有学生明确表示能够通过讨论课更亲近文本,提高自己的文本阅读能力。不过,现有的模式虽然使学生较为清晰地把握了文章的脉络,鼓励学生独立发现问题,但还达不到对文本结构和内容更深层次的理解,而这种理解恰又是真正的独立思考和反思以往观点的基础。

---

① 曹峻:《建设高校历史学科高年级研讨课探索——以〈中国文明起源研究读书会〉为例》,《历史教学问题》2020年第1期,第135—139页。

因此，通过分析讨论课的角色和意义，我们意识到在讨论课中落实原典阅读的重要性。如何更有深度地做到"以文本为核心"，从而与课堂教学模式形成区别，并能弥补课堂教学的不足，是一个值得思考的问题。如果说课堂教学是从原典到理论，那么讨论课追求的或许是从理论返回原典。在阅读原典的过程中学会提问和讨论，或许可以在一定程度上化解哲学专业讨论课的内在困境。

三、在共同精读原典的过程中启发讨论

如前所述，"提问-解答"讨论模式既有优势，也存在不足。我们或许可以设想另一种模式，即在现有基础上，将"读的过程"安排进讨论课中，在"问"与"读"的关系中寻求平衡，通过共同阅读原典带动提问和讨论，以精读原典推动独立思考和批判性思维的养成。在具体实践中，这需要对现有讨论模式和程序设计进行一定调整，这一调整也体现在助教身份的转变上。

需要说明的是，现有的讨论模式同样要求学生精读文本和注释，但主要强调利用现代译注，关注原文大意，适当参考古代注疏。所以，所谓问题式的讨论模式并不是完全忽略了对文本的梳理，而是把文本梳理放在讨论课前，由学生自行解决。这意味着对文本的阅读处于较为辅助的位置上，讨论效果很大程度上依赖于每个学生的自觉学习。针对这种情况，笔者试图提出另一种可能的模式，即将问题式讨论转变为文本精读式讨论，在课前疏通文本大意的基础上，不固定要求每个学生在课前预先准备问题，不追求讨论课上当场解决问题，也不刻意营造反驳或辩论的氛围，而是在讨论中再一次围绕文本细致地展开领读、概括和讨论，在细读和讨论的过程中，学生自由提问、自由回应，课堂上未能解决或无法准确把握的问题，留待课后线上交流。在具体操作中，课前把原文和相关注疏及代表性解释分发给学生，要求课前阅读。在讨论时，助教依照文意把文本分为几个部分，随机指定一人

朗读部分原文，一人概括相关文意，一人朗读指定注疏，一人或多人选择一种代表性的解释或注疏，复述注疏与原文之间的区别或几种解释之间的区别。随后，助教引导学生根据其中区别，发现和提出问题，并鼓励学生当场概括问题，其他学生自由回应。在讨论到一定程度后，进入文本下一部分的精读，每个学生的任务按座次顺序轮换。在这个过程中，会有新的问题不断被发现，不同基础和特质的学生都有机会公平地享受到不同的阅读体验。同时，"提问-解答"的模式并未被放弃，而是与"读的过程"相结合，形成在读的过程中不断提问，带着疑问继续向后阅读的"读-问"模式。这不仅有助于引导学生学会恰当地提问，更为细腻地读书，在未来学习中不断发现问题，又能避免因为问题未得到彻底解决而产生负面情绪，有利于学习兴趣和热情的激发和保持。相较于问题式讨论的缺陷，调整后的新模式给全体学生公平发言的机会，并且极大限制了某些性格活跃的学生过分主导讨论节奏，不善于表达的学生也可以在概括和比较归纳中有所收获并得到锻炼。另一方面，即便讨论较为晦涩的文本，不同基础和学习程度的学生也都能有话可说，不会出现提出较难问题后无人回应的局面。总之，讨论课虽然鼓励课前思考，提出问题，但是讨论时并不简单地以预先准备好的问题为主，而是重新深入文本，助教与学生共同阅读，在细读原文和注疏的过程中再凝练问题，在重温文本的基础上找出解答思路。

相应地，讨论的内容也可以有所调整。一方面，讨论课的学生参考材料可以在现有原文的基础上，补充以注疏等传统解释或有特色的现代注解，使讨论不仅紧扣原文，还紧扣历代注疏和解释脉络，引导学生在对比重要解释的差异中发现问题，而不是直接从对原文的直观体验和独立思考中产生问题，帮助本科生认识中国古代经典。历代注释与原文的比较能够使学生意识到后世的解释与原文自身含义的复杂关系，也可能刺激学生深入思考原文所表达的思想内涵，同时，不同注疏之间的比较可以促使学生进一步意识到历代注疏不仅是阅读的参考，其本身也是蕴含丰富思想和哲学意味的。

不过,这种材料编排也存在局限,即往往比较适用于注疏史和解释史较为丰富的篇目,尤其是先秦文献和一部分两汉魏晋文献,但是,在宋代以后的文献中,尤其是语录体的文本中,可能会存在一些问题。这需要根据文献的不同特点来调整具体内容,例如将相关文本,或将同一位思想家的不同表述进行整理比较。另一方面,讨论课材料可以紧扣原文和注疏的关系设置问题,为学生的提问提供参考,保证讨论效果,提高学生思考能力。但是,这些设计的问题并不作为讨论的目标和任务,讨论时仍然注重问题的"生成性",即以学生在阅读中主动提出的新问题为主。助教不提前预想讨论中可能出现的问题和答案,而是鼓励学生在重新阅读和讨论中拓展出新的看法,整个讨论是一个内容扎实而充满未知的探索过程。

在这种模式下,助教的身份和任务也需要进行调整,助教从一个把握讨论节奏和方向的主持者,转变为与学生共同阅读的协调者,并且通过以文本阅读为核心的讨论方式,降低对助教学术素养和组织水平的依赖程度,克服因助教的差异而影响讨论质量的情况。如前所述,在以问题为中心的讨论模式中,助教必须具有随机应变、即兴点评学生发言的能力,还要善于引导、总结和归纳学生的答案,并具备较强的组织教学讨论的能力。然而,在实践中,助教的能力和素养难免存在差距,很难保证不同学生在讨论课中的收获和体验是相对一致的。更重要的是,虽然助教在主观上极力避免提供"正确的"答案,但是助教对某些学生答案的肯定和引申,往往消解了其他学生发表看法的热情,也容易给学生带去自身的主观立场。相比之下,在以文本为中心的讨论中,一方面,助教以分配阅读任务和把握阅读节奏为主,以回答问题为辅,并成为组内的阅读者之一,与全体学生共同探讨,其任务从引导学生表达观点和提问以及回答学生问题,变成更为深入的学习,从而以先进促后进。另一方面,一方面,助教本人也可以借助讨论课,再次温习经典文本,获得新的启发。如此一来,身为高年级研究生的助教与低年级的本科学生之间形成了良性互动,讨论课提供了跨年级一起研读经典的机会,助教与学生之间没有形成授受关系和答疑的关系,而是同学之间先进与后进的关系,既避免侵占任课教师的话语权,又发挥配合教学的作用。总之,在教学实践中,助教扮演的角色往往会起到较为关键的作用,讨论模式的改变也可能体现在助教身份的变化方面。

在助教与学生共同阅读文本的模式下,讨论课与课堂学习既分工明确,又互为补充。讨论课对文本的深入阅读成为"课堂之前"的准备阶段,同时,阅读能力的培养以及对阅读原典之方法的掌握,可以成为学生从课堂学习深化为自主研究的动力。就教育的实质而言,以阅读为中心的讨论课使学生可以在学习成绩和论文作业的压力之外,找到纯粹的读书和思考的乐趣,从而激励学生主动学习,丰富新知,修正自己原有的认知,真正促进学生的思辨水平提升。

现如今,"中国哲学史"讨论课取得了较大的成效,但仍然存在一些问题。如何更好地开展讨论课,避免不足之处,仍然是我们要探索的课题。在一定程度上,现有讨论课模式中普遍存在着将"文本"与"问题"、"阅读"与"提问"分化的倾向,我们应该努力协调二者之间的关系,调整讨论模式,进一步全面培养学生的哲学素养。

讨论模式、焦点与助教的角色定位
——"中国哲学史"讨论课的教学实践与反思

杨基炜*

【摘　要】　文章介绍了"中国哲学史"小班讨论课的组织经验与理念。其一是三类讨论模式：协作-对抗型、引导型、带读型。其中，协作-对抗型模式最适宜组织经验薄弱的组织者运用。其二是讨论者关注的三类焦点：字词句段文、文本整体、延伸思考。组织者根据情况来合理运用这三类焦点，能够有效控制讨论节奏、实现讨论目的。其三是助教兼具的三类身份：引导者、裁判者、激励者。清晰的身份定位，是组织者得以实现其讨论目的的基本前提。

【关键词】　中国哲学史；教学；讨论；文本；组织

　　"中国哲学史"教改项目由中山大学哲学系教师李长春主持开展。其课程分为教师授课与小班讨论课。其中，讨论课与教师授课并行不悖，每两周一次，每次由四名助教各带领 7—9 名学生根据已编订的《中国哲学史材料选编》展开讨论。

　　在基本遵循教学大纲的前提下，其讨论功能主要有以下三点：一是刺激本科生主动自觉地阅读哲学文献，获取切己的知识与思考，由是增强其主动

---

*　杨基炜，中山大学哲学系中哲博士毕业，现任教于广东省委党校。

学习能力；二是于讨论过程中，以较规范的方式激发学生的思辨能力，在解读文献的基础上能够自主地推演与想象，由是补充其基础知识并激发其创新能力；三是教学相长，助教在准备与实践的过程中能反哺自身、查缺补漏，借助学生的发言来启发自我、扩宽思路，由是构成本科生-研究生一脉贯通的培养体系。

但组织讨论并非易事，若要实现上述功能，仍需要助教形成合宜且稳定的组织方式与指导思想。经过两年半的实践，笔者根据文本类型尝试了诸种讨论模式，如协作-对抗型、引导型、带读型；又根据讨论阶段的不同选取了不同的讨论焦点，如字词句段文、文本整体、延伸思考等；通过反思助教这一角色的自我定位，尝试在教师与学生之间寻找合适的位置，以期能在讨论课中"名正言顺"，在有清晰定位的情况下，展开更合宜的教学工作。铺陈如下。

一、讨论模式

模式是一种结构，是将讨论秩序形式化的设计。一般而言，处于合理且明白的模式之中，成员能够遵守模式给定的行为规范、扮演相应的角色。但模式仅为一种形式，它不能产出内容，成员甚至会受产出的内容的影响脱离或破坏模式，因此又需要主持人的维系与推进，使整体讨论能依循既定轨迹展开。按助教干预程度等指标，可将业已实验的模式分为三类：协作-对抗型、引导型与带读型。如下表所示：

表 1　模式分类

	干预程度	讨论活跃度	组织难度	时间把控
协作-对抗型	弱	强	低	中
引导型	中	中	高	难
带读型	强	弱	中	易

协作-对抗型是助教干预程度最小的模式。这一模式需要将成员分为两个团队，团队内部相互协作，团队之间相互对抗。该模式对学生的自觉性与积极性有较高的要求，产生的效果也最为明显。具体而言，这一模式可设计为团队学习—发言—点评—回应—自由讨论的类型，每次讨论前，先由助教奠定基调并发布任务，学生据此自觉学习并撰写发言稿，而后将发言的初稿发给对方团队预览。在正式讨论阶段，由该团队脱稿或半脱稿发言，阐明自己对于文本的理解及相关思考，提出相关问题。发言完毕，对方团队根据该团队发言作点评或批评。之后由发言小组对批评进行一一回应，并开启自由讨论环节。

在这一过程中，助教需要承担以下责任：（1）认可发言，鼓励成员，使他们更有信心从而能够积极发言；（2）点出问题，刺激对抗，使双方成员有的放矢，增强讨论氛围；（3）维系秩序，确保讨论始终能在既定轨迹上，不至于在辩论过程中流向无关主题或其他成员无发言兴趣的问题上。这一模式比较关注学生自身的思考，以学生为主体，不需要助教进行过多干涉，以至于因助教自己的思考而打乱讨论节奏。其原因在于，助教与学生的学术背景不同，助教常常会忽略其论点背后的相关背景，这些背景并不一定为学生所了解。当助教贸然抛出自己的观点时，学生会基于师生关系而留意助教所提出的观点，但又因背景的缺失而无法给出有助于讨论的解释。因此，在这一模式中，助教应尽量减弱自身的影响，以推进学生自身思考与发言为己任。

除了上述类型外，协作-对抗的模式也能变形为个体间的对抗模式，即个人准备与发言，其他成员作点评并提问；也可以变形为学生群体为一个整体，内部协作而与助教形成对抗关系；还可划分为三个组别，每次只有两组承担发言与点评任务，余下一组参与自由讨论，此后按序轮换，以此缓解学业压力。

较之于后两类模式，此模式的优点在于：（1）模式的规则性较强，容易上手，适合新任助教组织讨论；（2）发言稿的设定保证了学生会进行充分的准备,而发言稿之间的比较也有助于激发学生的积极性;(3)讨论的目的明确,学生能有的放矢,不容易迷惑;(4)讨论氛围的热烈程度容易把握,助教可通过推动某一观点或指出某一问题来刺激讨论;(5)补救措施容易展开,如助教通过肯定某一问题从而将靶子转移到自己身上,讨论热烈后,再将关注点转移到学生身上。

此模式的缺点在于:(1)讨论内容较难把控,容易出现偏离文本的辩论;(2)前期准备压力较大;(3)助教刺激辩论的方式若不恰当,容易引起不妥的争论,乃至引火烧身,影响后续讨论的开展;(4)助教与学生关注点不同,有时会出现助教不容易融入讨论的情况。

引导型是助教干预程度中等的模式。它要求助教对文本有充分的理解,对讨论方向有清晰的认识,能够把握文本中出现的种种关节点,进而引导学生进行思考、发言与辩论。之所以说这一模式的助教干预程度是中等的,在于整体讨论仍建立在学生解读文本的基础之上。具体而言,在讨论准备阶段,助教点明文本要点,发布相应任务。在正式讨论阶段,助教随机点名学生来逐段或逐句解释文本意思,一旦涉及要点,助教则以引导的方式向学生提出问题,借助于学生的回答来引出更深层的问题。

这一模式也是上手难度较高的类型。它不仅要求助教有较高的文本阅读能力,还要求助教拥有较强的讨论组织能力。在准备阶段,助教需要通篇精读文本,划出其中难点词句、重点观点以及有益于讨论的关节点,并且事先考虑清楚据此所引向的观点或思考。若事先思考并不完全,则讨论阶段或被辩论带偏,或是自己在讨论中茫然无措,无法把握讨论节奏而影响整体效果。以孟子论"推恩"为例,助教可指出"推恩"的问题,让学生先各自依据文本进行解释,再结合上下文,如"恩足以及禽兽"(《孟子·梁惠王上》)与以羊易牛例子的关联,反推孟子举例的用意,又如"推恩足以保四海"、"保民而王,莫之能御"与"今王发政施仁……孰能御之"(《孟子·梁惠王上》)的关联,以"推恩"为线索来统合全章,又反过来解析"推恩"的含义,由此启发学生对此观念的思考。引导方式是多样的,可如上述例子之更新法,即有理由地质疑我们对某一观念的认识,进而更新其认识;也可以提示线索,启发学生寻找相关线索,从而对文本结构有新的认识;还可以补充相关信息,如字词含义、思想背景以及其他知识等,如荀子批评庄子为"蔽于天而不知人……尽因矣"(《荀子·解蔽》),这就需要引入庄子的思想内容、因循观念的时代背景以及荀子的心论性论,才能启发学生关注荀子学说的特点。但助教的工作仅止步于引导,不应越界而代学生思考,以至于转向带读型模式。

引导型模式的优点在于:(1)助教的准备程度影响讨论效果,其效果好坏容易把控;(2)容易进入更深层次的问题域,启发学生掌握其他阅读方法;(3)有助于磨炼助教的阅读能力与组织能力,在教学方面有所裨益。

其缺点在于:(1)无论对助教,还是对学生,都有较高要求,需要有充分的准备和思考;(2)助教的引导若不奏效,容易冷场,影响讨论积极性;(3)若学生不配合,则容易形成依赖心理,使引导型模式转向带读型;(4)讨论节奏与时间难以把控,常常在两个小时内无法讨论完全文。

带读型模式是助教干预度最高的类型,也是学生讨论参与度最低的类型。这一类型一般适用于示范阅读或结构紧密的文本。它和引导型模式都是紧扣文本的类型,几乎均是逐句逐段地解读与讨论。但引导型模式一般无法在一次讨论内完整地处理一篇文本,因此有时会采用带读的方式。顾名思义,带读即是助教带着学生阅读文本,近似于原著选读课程。但在带读中,助教仍需要抛出问题或由学生提出问题以展开小范围的讨论。只是助教能够整体把控时间与节奏,协调讨论与文本解读的时间,使学生能够完整地了解助教解析文本的方法以及经典本身的整体性。这是带读型模式的优点。其缺点也很明显,即学生参与度低,不太能起到讨论效果。

以上三种模式是已实验的主要方式,此外仍有诸多模式未曾尝试。就实践效果看,第一种效果最佳,学生提升速度较快,讨论氛围较佳,广泛适用于各种文本类型。第二种效果一般，容易受助教准备程度影响，但适用于集中攻克文段或短篇文本。第三种模式在特定情况下效果拔群，但仅适用于少数情况，如结构严密的长篇文本。这三种模式也可以互相穿插，如讨论效果不佳，讨论热度逐渐降低而趋于冷场时，带读模式则能起到力挽狂澜的作用。在协作-对抗模式下，若整体讨论浮于表面，或逐渐偏题，则可结合引导式来调整讨论方向。

此外，存在三类对各模式之实践有负面效果的成员状态。一是反对者，二是无视者，三是后进者。反对者是指对模式的接受有抗拒心理并且以敌对心态对待讨论的成员状态。它往往会对讨论起破坏作用，甚至影响其他人的讨论热情、将讨论方向带偏。无视者仅是不遵循模式所给定的规范并且消极讨论的成员状态，并不会对讨论造成实质性的破坏。后进者是积极遵循模式给定的规范，但因个人学习能力有限，跟不上讨论的成员状态。它会对成员积极讨论的持续性产生影响，若成员状态均是后进者时，自主讨论将较难进行。对于以上三种状态，助教也应有意识地进行把控。整体上需以群体效果为准，以维系讨论为主要目标，以尊重他人选择为底线，适当地规范或激励成员。

在诸种激发积极性的方式上，对学生提交的总结进行回复是较为有效的方式。这一交流通道的设立缘由，起初是为了让学生讨论后能有所总结，作出进一步的思考，同时也是为了平衡分数，保证认真学习却刚毅木讷的学生不因口头表达能力而被不公平对待。但是，经过数次实验，这一通道所发挥的作用有时却可以超过讨论本身。如在引导型和带读型的讨论中，学生并不需要呈交文字，因此学生的准备程度参差不齐。但提交讨论总结，能够确保学生阅读了材料，并且认真对待讨论。又如前述成员状态，通过对这些总结的回复与交流，助教能够更了解每位学生的心态与思考程度，也能更有针对性地激励学生。从实践效果看，通过邮件得到肯定和激励的学生，在讨论课上往往有着更积极的表现。

二、讨论焦点

对于同一主题与文本，我们往往能给出种种不同的解读与诠释。其不同又源于解读方式的差异。譬如阅读与讨论《孟子》的文本，我们可以从中国哲学史叙事的角度来分析，揭示其仁义观念在哲学史叙事中的特殊含义；可以从人本主义的角度分析其民本的政治思想；也可以从词源学与文本语境来辨析其中语词的含义；还可以基于个人体验来解释孟子的浩然之气、义内说；等等。不同的解读方式基于不同的前提预设，产生不同的解读成果，由此构成讨论的基础。

焦点是成员心灵共同关注的区域。讨论内容的产出源于成员心灵的运作，其心灵以材料为对象，又受模式与人物关系的影响而保持某一状态，如专注、持敬、激愤等等。若无焦点的限定，成员的心灵难免"各自为政"。因此，为了让讨论更有效率，需要将不同的解读方式限定在同一领域进行，否则，解释的多样性会影响讨论的展开。但它并非对具体解读方式的限制，而是限定成员的着眼点。譬如，将焦点限定在字词句段文，成员能够围绕字词句段文给出贴合文本的解读，而不会贸然跳离文本。当某位成员从哲学史角度来解释字词句段文时，其他成员也能够将之视为理解字词句段文的一种角度。他们也会据此对字词句段文给出各自的思考。但限定也是暂时的。助教能够通过调整焦点来有效地把控讨论节奏，譬如在合适的时机，指出焦点转向延伸思考阶段，成员能够不被文本约束而展开更多有趣的思考。

根据讨论阶段的不同，可选取以下三种焦点：字词句段文、文本整体与延伸思考。

关注字词句段文是最为基础也较易上手的类型。"中国哲学史"讨论课的功能之一，即让学生掌握阅读与解释经典文本的能力，能够自主完成哲学知识的积累与专业能力的训练。对文本材料的解读是一种"学"，是对新信息的获取。若阅读经典材料仅是以此为载体来阐发自己业已形成的想法，则有悖讨论课的设立初衷。学思的有机结合，是讨论课所要达成的效果之一。因此，字词句段文自然成了最基础的关注点。对字词句段文的解释又承接高中语文和历史，学生能够运用既有能力与知识展开初步的分析，这也让讨论更容易上手。

以字词句段文为关注领域，需要注意以下事项：（1）如前所述，焦点是关注区域。对字词句段文的关注，并非将讨论演变成文本翻译，而是让成员关注字词句段文本身，肯定其重要性，进而将讨论奠基于文本之上。（2）拿捏好文本翻译与文本解读之间的界限。高中教育获取的知识有时也会因成员的思维惰性而起反效果，成员会误以为文本翻译即是文本解读，进而误解哲学讨论课的运作与意义。（3）若无必要，尽量减少对字词的新含义的引入。换言之，对字词的解释应立足于文本本身，结合前后文的语境完成解释。因为对于学生而言，引入新含义是输入新信息的过程，而准确消化该信息需要时间沉淀以及对相关背景的了解。引入新含义的妥当方式主要有二：一是授课老师在课堂上所提供的异于既往认知的含义与背景；二是文本前后文能自然推出的异于当前认识的含义。（4）对字词句段文的关注，始于最基本的字词，成于整体的文段。尽量避免流连于某一字词而忽略文章大体。举例而言，《荀子·解蔽》中，"明"这一字词统摄全文，字面意思即明晰、明白，其意象是照见文理的状态，这一意象源自对"明于大理"的分析。结合意象看，"明"便不仅指弄明白、搞清楚的意思。新含义的引入促使读者重新审视全篇文本，如槃水喻之明、大清明之明、明参日月之明以及昭然明矣之明。仅引入一则新含义，既不影响学生的前期准备，也能推进讨论的深度。若广泛引入种种新含义，如"惑"的心之动摇而无从决断义，"家"的一家学派义，"心术"的心灵运作之原理义，则对于知识积累较好者，其启发作用明显，但对于一般学生而言，反而会让他们无可适从，甚至丧失信心。

文本整体是建立在字词句段文之上的关注领域，主要适用于结构紧密、包含设计意图的文本。在前期准备方面,助教需向学生强调文本的整体性。其整体性既指向结构的一体性,也涉及作者-文本-读者的整体性,如注意前后文的呼应关系,寻觅牵连全文思想的线索,揣摩作者设计此文的意图、作者-读者间的经验异同,等等。在正式讨论阶段,助教宜先作示范,或根据学生发言稿的解读程度来点明整体阅读的关注域与操作方法。不然,学生往往茫然不知所措,因为整体阅读与一般阅读经验仍有其距离,而传统哲学史叙事更是将关注点放在由字词句构成的概念与命题,忽略了文本的整体性,也忽略了古今人生经验的异同点。此外,助教也可由文本整体过渡到材料整体。如,在某一学期的讨论材料中,人性论是一以贯之的话题,而最后一篇《论衡·本性》正是对前人论性的一次总结;又如《孟子》涉及的知人心、《庄子·人间世》涉及的化人心、《荀子·解蔽》涉及的心通物理人伦等,它们都与主体间的心灵状态有关;又如《孟子》之王道仁政、《荀子·性恶》之礼义师法、《春秋繁露》中由名号所彰显的政治理念,都是完整的思想序列。关注材料间的整体性,有助于学生温故而知新,明晰讨论课的意义所在。

　　若选择文本整体为焦点,需要注意以下问题:(1)保持对思想的敏锐度,不因寻觅文本结构上的细节而停留在文字游戏上。(2)留意古今经验的不同,防止以今人的经验直接解释文本,或停滞在作者经验中而不作出创造性转化。如"明"这一观念,据《解蔽》文本看,它与光芒照亮黑暗的经验有关,"明理"意味着存在某一自明的光源来祛除黑暗的状态,进而能看清具有区别性或界限的事物。而在现代经验中,"明"更倾向于人眼看待事物的清楚程度,其原因或与光源常存有关;又或者是描述光源的亮度,如阳光、月光、灯光等的明亮。"明理"或"弄明白道理"更依赖于个体的智力和理解力。因此,《解蔽》文本预设了这一自明的光源以及具有界限的事物,前者导向大清明的心灵状态,后者导向隆礼重义的知识。(3)助教的引导应循序渐进,可从寻觅线索、把握前后文关系开始,防止学生因顾及方面较多而不知所措。(4)避免学生对助教的过度依赖,应将重心放在讨论上,如引导学生讨论线索问题等。若助教干预过多,则存在学生放弃自主思考或信心损失的可能,继而整个讨论或是沦为一二人的发言专场,或是助教带读专场。

在讨论的后期或者是讨论思想性较强的文本时,助教可以引导学生进行延伸思考。之所以名之为延伸思考,是因为这一焦点逐渐跳离文本,主张学生根据其中的观点或思想放飞思维、尽情思考。对于哲学讨论课而言,思想是最为核心的。若拘泥于文本,讨论课便偏离了哲学学科本身的要求;若思想是对已有观点的表达,则讨论也不成其为讨论。

当讨论焦点落到延伸思考时,助教应点明延伸的基点,使学生知晓思考与讨论的共同基础。在此之上,把握住学生所提出的任何有趣或有启发性的观点,对其观点进行重复、分析与延伸,关注其他学生的思绪,确保他们能够吸收这一延伸的基点与背景,激发学生们对此进行思考和讨论的热情,再将讨论的主动权转移回学生身上。需要重申的是,这些方式是为了形成焦点、形成可供成员共同关注和讨论的区域。助教所要做的并非引导某位学生的延伸思考,而是要将多数学生的关注区域拉到一起,并且有充足的思考与讨论基础。举例而言,《论衡·本性》是对先前人性论的一次总结,同时也是一学期最后一次讨论,因此笔者将焦点置于延伸思考上。在讨论准备阶段,笔者作为助教,交代了这次讨论的基本板块,一是梳理文本,对人性论史有基本的总结和思考;二是反思人性论,如思考古代思想家论述人性的缘由、"人性"这一观念的内涵以及论说人性论的意义等。在正式讨论阶段,我们先完成了文本的梳理,而后过渡到延伸思考的问题域之中。由于学生对思考背景——人性论史已有基本的理解,后续的讨论均能有条不紊地进行。有时甚至会因学生准备过于充足导致讨论提前结束。

以上是以文本解读为方向设计的讨论焦点,此外仍有种种焦点可供选择。灵活运用焦点,能够让助教轻松地把握讨论节奏,也能保证成员具有共同的讨论与思考基础。概言之,讨论应始终以学生为中心,助教对焦点的控制是为了学生的心灵能共同聚焦于一处。此后则应让学生心灵自由地运作并产生内容。

三、角色定位

助教如何理解自己所扮演的角色以及应承担的责任，牵涉助教的自我定位与成员-助教间的关系。讨论课的助教一般由博士研究生担任，因此他们往往处于两种身份之间：老师（传授知识）与学生（学习知识）。助教既非老师，其知识积累、研究能力以及教学资质均不能与授课老师相提并论，而且其对哲学史知识的吸收与研究尚未达到足以传授知识的水平；也不能以学生身份组织讨论，因为学生身份既不容易形成权威以组织讨论（若助教保持学生身份，则讨论组中难免会出现前述之反对者与无视者等），也无法对自身起到规范作用，因为教学身份会促使人分享较为准确的知识，而这恰恰能使助教保持谨慎与专注的学习与言说状态。因此，助教需要在老师与学生两种身份间找到合适的位置。

助教的具体责任已陈于前，以下将简述助教兼具的三种身份。

一是引导者。顾名思义，引导者是指助教牵引学生的思绪以导向某个区域。它的基本功能主要有三：第一是开宗明义，确立讨论基调与焦点，同时发挥示范作用，以此引导学生了解诸种解读文本的方法。第二是拨乱反正，维系讨论秩序，避免讨论离题或偏离文本。第三是因势利导，或是顺承学生们的讨论话题而进一步引导至更深层次的讨论，或是在协作-对抗模式下引导不同组之间的辩论，或是有意识地引导后进者，使之能跟上讨论节奏。

需要注意的是，助教应避免将引导者身份当作启蒙者或教导者。一方面，引导应尽可能避免引入价值立场，因为助教与学生之间仍是一种不对等的关系。在讨论模式中，学生仍对助教有一定的信任，以至于很容易接受由助教传递的价值信念。但助教并不具备这一资格，其本身仍是在寻觅正确价值信念的学生。另一方面，引导应尽可能避免知识的传授，因为讨论课是为了增强学生的自主学习、思辨与分析材料的能力，应该让学生基于其自身的知识储备与生活经验、根据具体的文本材料与思想背景来进行思考与讨论。因此，助教的引导更趋近于这样一种形式：既是对讨论模式的维护，使成员能自觉依循模式所给定的规则来自主讨论；也是对讨论焦点的调整，使成员心灵能共同聚焦到某一领域，展开有效而平等的讨论。

二是裁判者。讨论是成员借助语言实现其心灵交流的方式，而哲学史讨论课是在此基础上增添了经典文本这一讨论对象，它构成了成员心灵原初的关注区域，也是作为教学一环的讨论得以可能的基础。一般而言，成员的发言是对文本材料的解读，这也就牵涉读者与文本间的阐释关系。比如在古典语文的知识层面，一般学生仍不及已受此训练多年的博士研究生，因此助教在有准确的认识与充足的知识储备的前提下，应当对学生的解释有基本的判断，若其中有常识性的错误，则助教应及时指出并更正。又如，在协作-对抗模式中，学生之间的辩论发言也有其是非对错。尽管判断对错的权力仍为学生所有，但助教应明辨其发言。若有诡辩或引述不当的，助教应及时作出裁定。裁判者是助教用以维系讨论课堂底线的身份。

三是激励者。讨论课的每一次发言，都是学生对其生命体验的表达。他们为此耗费了诸多时间、精力与思虑。其背后，是期待获得提升而持续运作的心灵。助教要做的，是为之提供源源不断的动力。助教每一次恰当的激励，都是在肯定学生曾经付出的努力，也是在支持他们的后续求学之路。在种种激励的方式中，互动交流是最方便也最有效的，譬如通过前述之邮件通道，认真阅读学生的总结，简单复述其观点并指出其中的亮点，鼓励学生敢于采用不同方式去解读文本与思考，在一次次总结中发现其进步之处并加以肯定。对于学生而言，获得关注、自身的努力被肯定以及智识被认可，都能起到良好的激励作用。又如在讨论课上，关注口头表达能力一般的学生，重述其发言，说明其中的要点与逻辑，肯定其思考，也能起到激励作用。

按实践效果看，上述激励方式确实有效，最初发言较少的同学在后续课堂发言以及课后总结方面都有明显的进步。

四、余论

"中国哲学史"小班讨论课已经开展两年有余，历届学生都会提及"讨论课的意义所在"的问题，因为哲学史讨论课既有别于能直接输出知识的课堂授课，又有别于志同道合的学友主动加入的读书会，同时也有别于偶尔一两次的一般讨论课。它所讨论的对象是文本，而讨论结果却没有固定答案，部分学生因而无法理解为此耗费时间与精力的原因。

我的想法是，讨论课是寻找种种可能性的地方。助教并未给学生提供确切固定的知识，而是引入不同的关注域，将文本的种种可能性敞开，让学生有机会尽情地自主思考与反思，既更新其信息处理能力，也刷新其对自我心灵的认识。即便学生未来不从事学术，但他们在讨论课中所养成的自信、专注、谨慎、细心等品质，以及多元视角、想象力等，都有助于其成为优秀的毕业生。

如何开展以经典文本为对象的讨论课？

——"中国哲学史"课程教学改革的经验与思考[*]

李永晖[**]

【摘　要】　为了在"中国哲学史"的学习中加强对经典原文的讨论，中山大学哲学系在课程教学改革中增加了以经典原文为对象的讨论课。讨论课与读书会、研讨会不尽相同，其组织性、延续性由正式教学体系保证。从讨论深度上来说，讨论课对经典原文的讨论可以分为翻译文本含义、解释文本思想、阐述引发观点三个层次。从讨论课的参与者来说，学生的交流对象分为学生、助教与教师三类。其中，学生之间的讨论是讨论课的重中之重，其组织安排需要助教课前分配任务、课上合理安排、课后扩展延伸以达到学生在讨论课上发言时间公平、相互交流有效的效果。助教的任务以过程引导为主、纠正常识为辅。而教师则在课后及正式课堂上吸纳讨论课形成的共同问题，为学生答疑解惑。

【关键词】　讨论课；"中国哲学史"课程；教学改革；讨论方法

　　张载的"横渠四句"言："为天地立心，为生民立命。为往圣继绝学，为

---

[*]　2018 年，中山大学哲学系开展了"中国哲学史"课程的教学改革工作。笔者有幸于2018—2019 学年参加了该课程讨论课的助教工作，现将当时参与其中的经验与思考做一总结。

[**]　李永晖，中山大学哲学系中哲专业博士生。

万世开太平。"① 其中的"为往圣继绝学"一句,指的就是继承历史上圣贤哲人的学问,使其不至灭绝。对于今天的我们来说,在中国哲学的专业背景下,以现代的眼光重新回顾传统的思想,以知识的形式将其传承下去,就是一个"为往圣继绝学"的过程。那么,这一点在课程教学的具体实践中应当如何开展呢？ 2018 年起,中山大学哲学系对"中国哲学史"这门课程进行了教学改革,在原有的课堂教学基础上,增设了讨论课。这一设置既从形式上丰富了学生的学习体验,也从内容上对课堂教学进行了补充。讨论课为中国哲学的教学提供了一个新的实践方式。

一、为什么要讨论经典文本？

在"中国哲学史"的课程学习中,学生首先接触到的学习对象就是哲学史教材。冯友兰在《中国哲学史》绪论中将"写的哲学史"分为叙述式的哲学史和选录式的哲学史。② 目前哲学史的教材主要也是这两种类型:一种是思想导读,其内容中会使用经典文本的片段作为说明思想特色的例证。比如,目前市面上最流行的冯友兰的《中国哲学简史》和胡适的《中国哲学史大纲》。另一种是文献汇编,其内容在导读之外,以展示经典原文的片段为主,对文本片段的译注评述为辅。比如陈荣捷的《中国哲学文献选编》就属此类。前者对经典原文的展示只是挑出最核心或者最能直接表现思想特色的一些片段,其选取篇幅通常都比较短。后者选取的文本篇幅虽然较前者长一些,但受制于篇幅也只能列出一小部分,而不能将经典原文的文章整体全部列出。究其原因,哲学史教材的目的在于引导学生对哲学史上的重要思想进行初步了解,而若要深入学习,则必须回归到经典原文当中。

---

① ［宋］张载:《张载集》,章锡琛点校,北京:中华书局,1985 年,第 320 页。原文为"为天地立志,为生民立道,为去圣继绝学,为万世开太平。"现流行版本为《宋元学案》记载。
② 冯友兰:《中国哲学史》,上海:华东师范大学出版社,2010 年,第 11—12 页。

　　历史上的经典原文在经历变迁之后,很多都存在遗漏缺失的情况,还有许多经典更是早已湮没在岁月的尘埃中。但经过后世编纂者(如《淮南子》刘安以及刘向、刘歆父子等)的重新整理,呈现在现代人眼前的文本亦有内在的逻辑理路。不论这种逻辑是作者还是编者赋予的,其逻辑本身都需要我们现代人重新对其梳理深思。而对整体逻辑的梳理必须建立在对文章整体内容进行分析的基础上。蒯因(W. V. O. Quine)在《经验论的两个教条》中说:"……谈一个个别陈述的经验内容——尤其如果它是离开这个场的经验外围很遥远的一个陈述,便会使人误入歧途。"[①]比如,在《孟子·梁惠王下》篇中有一句话说:"闻诛一夫纣矣,未闻弑君也。"如果只看这一句,人们会得出纣不是君的结论,但这并不符合历史记载。这时就必须要结合原文来看,我们才能明白,孟子之所以提出这种观点,是因为他认为纣在违背了"仁"和"义"的原则之后,其身份从"君"变成了残贼仁义的"一夫",所以纣不再被当作君王。(《孟子·梁惠王下》言:"贼仁者谓之贼,贼义者谓之残,残贼之人谓之一夫。")从这个例子可以看出,对哲学史教材上的文本片段,尽管我们也可以以句子为最小单位分析其逻辑结构,但对于文本表达的思想来说,还是要逐次回归到文章的上下文语境、文章所在的书籍、作者的全部著述,甚至是整个经典世界当中,才能更好地定位这个思想,确定思想与思想之间的逻辑关系,了解思想产生的整体背景,等等。而就"中国哲学史"这门课程而言,我们就要首先迈出从文本片段到以一篇文章为一个整体的第一步。讨论课就是专门针对这个步骤设置的。

二、讨论课的定位与形式

　　在以往"中国哲学史"的教学中,老师负责讲授,学生负责听讲。这也

---

① 蒯因:《从逻辑的观点看》,陈启伟等译,北京:中国人民大学出版社,2007年,第44页。

是大部分传统课堂教学的模式,即以知识灌输为目的,以教师"传道授业"为主要形式的教学方式。但是现代课程教学改革的目的却是要让学生化被动为主动,让学生带着对知识的好奇心与疑问主动进行学习。通过提高学生在教学过程中的参与程度,提高学生的学习效果。讨论课作为课堂教学的补充内容,可以帮助实现这一目的。

顾名思义,讨论课以讨论为主。针对经典原文的读书讨论是学习人文学科的基础。在学生当中,常采用读书会、研讨会的形式组织研读。相比较而言,读书会尽管也可以由学生邀请老师参加指导,但这种形式主要是非正式的、学生出于个人兴趣自发组织的,其延续性也受到参与者意愿等诸多外在因素的影响。而讨论课则是附属于"中国哲学史"课程的正式教学活动,由主讲老师进行整体的统筹规划,召集以博士生为主的在读研究生担任助教,每人分组带领8—10名本科生,以一学年为周期,对课程指定的一些文章进行讨论。可以说,讨论课是脱胎于非正式的读书会,而被纳入正式教学体系中的教学环节,其组织机制和时间延续都在课程体系下有所保证。

讨论课与研讨会有相似之处,但也不尽相同。研讨会主要以特定主题为中心,意图通过深度讨论达成对该主题的进一步理解。但讨论课是以一篇经典文本为中心,追求的是学生对文本本身的理解,目的主要是给学生打下扎实的基础,而更进一步的学习则留待将来。

三、翻译、解释与阐述——文本讨论的深度

在确定了讨论课的任务是通过讨论帮助学生从哲学史教材上的文本片段向经典文本中的整篇文章迈进之后,还需要对讨论经典文本的不同深度作出区分,才能更明确讨论课究竟能够实现哪些目标。

1. 翻译文本的含义

翻译文本的含义,是说当我们以句子为单位想要给经典文本做一古今

翻译时,我们需要根据原文给出文本的字面意思。在原文没有错漏的情况下,文本的含义一般是确定的。因为思想一旦付诸文字,其遣词造句就被文字确定下来了。后世的研究者在翻译时固然会受到古今的用词习惯以及语法差异的影响,不同翻译结果之间亦有好坏之分,但句子本身的含义是确定的。这就是说,一个翻译的正确与否并非公说公有理、婆说婆有理,而是有章可循、可以作出判断的,原文以及原文的上下文就是评判对错的依据。原文与上下文之间所表达的思想必须是合逻辑的,也是要符合整体思想的一致性的。

在这一层面,对文本的讨论要尽量避免解读的主观性,而是要重视文本的整体性。避免主观性一是指要避免把文本含义等同于作者心理,或者说对文本的解读不能超出文本;二是指要避免把自己的观点投射在文本含义之上,不能望文生义。陈汉生在《方法论的反思》中说:"一种解释直接涉及的是一个文本(text),而不是心理(mind)。它的首要任务是认识这个文本的逻辑结构,而不是直接涉及作者的心理状态。"[1] 陈汉生拒绝把文本含义等同于作者心理的理由是:对于早期文本来说,作者是谁并不确定,即使能够确定,也无法保证作者书写的文字与内心的想法就能完全一致。[2] 人类不同于小说中思想透明的三体人,所以才会有口是心非、心口不一、言不由衷这样的说法。这就意味着,我们在解读文本的时候要明确我们所解读的对象是文本,而不是作者内心的想法。解读方法主要就是根据文本的逻辑结构以及上下文的语境来确定句子的含义。正如本文第一部分在说明为什么不能只读句子而是要读上下文时所说,文本的语境对文本的含义具有决定性的作用。徐复观曾特别提到整体语境对于理解文本含义的重要性:

---

[1]　陈汉生所说的"解释"包含了翻译这一层面。参见陈汉生:《中国古代的语言和逻辑》,北京:社会科学文献出版社,1998年,第2页。
[2]　同上书,第2—3页。

　　我们所读的古人的书，积字成句，应由各字以通一句之义；积句成章，应由各句以通一章之义；积章成书，应由各章以通一书之义。这是由局部以积累到全体的工作。在这步工作中，用得上清人的所谓训诂、考据之学。但我们应知道，不通过局部，固然不能了解全体，但这种了解，只是起码的了解。要作进一步的了解，更须反转来，由全体来确定局部的意义；即是由一句而确定一字之义，由一章而确定一句之义，由一书而确定一章之义，由一家的思想而确定一书之义。这是由全体以衡定局部的工作，即赵岐所谓"深求其意以解其文"（《孟子题辞》）的工作，此系工作的第二步。此便非清人训诂、考据之学所能概括得了的工作，这两步工作转移的最大关键，是要由第一步的工作中归纳出若干可靠的概念，亦即赵岐之所谓"意"。这便要有一种抽象的能力。①

　　也就是说，人在阅读时需要按照"字—句—章—书"的次序进行。但在理解时，确定含义的次序与阅读次序正是完全相反的，是按"书—章—句—字"的顺序，通过整体来确定局部的含义的。

　　所以，讨论课在这一层面应当参照现有的译本，经过大家讨论后，对文本含义达成基本的共识。

　　2. 解释文本的思想

　　但在解释文本思想这一环节中，由文本逻辑和语境约束获得的确定性开始发生变化。文本的字面含义可以保持一致，但是不同解释者对同一文本所表达的思想给出的解释极可能是有很大区别的。这是因为不同的解释者拥有不同的知识背景，受不同时代和不同地域的影响，在解释之前亦可能怀有不同的观念预设。可以类比的是"盲人摸象"，当每个人从各自的角度

---

① 徐复观：《中国思想史论集》，北京：九州出版社，2014年，第129—130页。

出发时,就可能会得出不同的判断结果。也就是说,千差万别的个体经验会对人理解和解释事物的方式及能力起到塑造作用。这意味着,与文本含义的翻译相比,对文本思想的解释具有更大的开放空间,也更受到解释者主观因素的影响。当然,针对同一个对象给出解释时,不同解释者的解释之间亦有着共同性和相似性。而且,解释的场域也并非无限敞开、漫无边际的。

当我们在讨论中遇到不同解释时,除了就谁是谁非产生争执以外,还可以进一步作些思考,比如不同解释之间有何异同、产生差异是什么原因、不同解释之间是何种关系,等等。伽达默尔对"前见问题"的讨论可以作为参考:"当然,这并不是说,当我们倾听某人讲话或阅读某个著作时,我们必须忘掉所有关于内容的前见解和所有我们自己的见解。我们只是要求对他人的和本文的见解保持开放的态度。但是,这种开放性总是包含着我们要把他人的见解放入与我们自己整个见解的关系中,或者把我们自己的见解放入他人整个见解的关系中。虽然见解都是流动性的多种可能性(这正好与某种语言和某个词汇所表现的一致性形成对照),但是,在这众多'可认为的见解'(Meinbaren)中,也就是在某个读者能有意义地发现、因而能期待的众多东西之内,并不是所有东西都是可能的,谁不能听他人实际所说的东西,谁就最终不能正确地把他所误解的东西放入他自己对意义的众多期待之中。"[1]

在这一层面,讨论形成的看法开始出现差异。助教要引导学生思考原文与不同解释之间的关系,分析产生差异的原因,从而更充分地理解文本包含的思想,并了解自身在理解方面的不足之处。理想情况下,通过取长补短,可以不断减少自身思考的局限和不足。

3. 阐述引发的观点

经过对前面二者的讨论之后,在阐述由文本引发的观点的环节中,文本

---

[1] 伽达默尔:《真理与方法:哲学诠释学的基本特征》,洪汉鼎译,上海:上海译文出版社,1999年,第347页。

含义以及文本思想的重要性开始下降，因为这一层次是由读者在阅读文本之后阐发自己的思想。尽管读者们的想法可能是由一个共同的文本所引发的，但是引发的结果不再由文本或者作者决定，而是由读者本人决定。以解构主义的激进观点而言，在文本产生之后，读者才是最重要的。

罗兰·巴特在《作者的死亡》中说："文本是由具有双重意思的词构成的。每个人物都可以从一个方面去理解（这种经常的误解恰恰正是'悲剧性'）；然而，却有人可以从两个方面去理解一个词，甚至——如果可以这样说的话，去理解在其面前说话的所有人物的哑语：这个人便正好是读者（在此也可以说是听众）。于是，写作的完整存在状况便昭然若揭：一个文本是由多种写作构成的，这些写作源自多种文化并相互对话、相互滑稽模仿和相互争执；但是，这种多重性却汇聚在一处，这一处不是至今人们所说的作者，而是读者：读者是构成写作的所有引证部分得以驻足的空间，无一例外；一个文本的整体性不存在于它的起因之中，而存在于其目的性之中，但这种目的性却又不再是个人的：读者是无历史、无生平、无心理的一个人；他仅仅是在同一范围之内把构成作品的所有痕迹汇聚在一起的某个人。"[1]

按照罗兰·巴特的观点，文本最终呈现在读者面前时，作者的存在早已销声匿迹。文本本身也需要借由读者的精神空间才能得以被理解、被展开。

就讨论而言，这一环节与文本本身之间的关系亦没有翻译含义和解释思想两个层面重要。但这并不意味着这个环节就不重要。因为人正是通过将自身的理解感悟、日常经验与经典文本中的思想结合起来，才可能使经典文本在现代生活中呈现出其对现代人和社会所具有的意义。陈少明在《经典教育的现代意义》中说："通过经典，我们能知道传统的来源，理解道德的意义，塑造共同体的意义。"[2] 这句话中说到的三个方面，都是把人们自身的经验作为理解经典的出发点才能够得以实现的。所以，即使在这一层面讨

---

[1]　罗兰·巴特：《罗兰·巴特随笔选》，怀宇译，天津：百花文艺出版社，2009年，第300—301页。

[2]　陈少明：《经典教育的现代意义》，《城市国学讲坛》（第七辑）2015年，第44页。

论的内容有可能与经典原文本身相距甚远,但是,阐述自己的与经典相结合的观点仍然是非常有意义的。当然,讨论课的课上时间有限,留给学生自行发挥的时间不能太多,一时不能完全论述的内容可以留待课后再继续。

在翻译文本含义、解释文本思想、阐述自己观点这三个讨论层次中,第一个层面是最具基础性的,可以借鉴现有的译本取得共识,对于有争议的内容要在讨论中通过有力的证据以及严密的论证来进行反驳。第二个层面的讨论有一定开放空间,但也要有依有据,并从他人的发言中多加借鉴。第三个层面则比较自由,主要由学生谈论自己的看法,但由于时间的限制,可以更多地把这一讨论放到课后,课上时间的讨论则以前二者为主。

四、讨论课的交流对象

在 2018 年学生提交的反馈意见中,曾有学生提出这样的问题:如果学生水平不如助教水平,助教水平不如教师水平,那么为什么不直接听老师讲,而是要和水平不足的其他学生进行讨论呢?

对于这个问题,首先要考虑到,学生之所以提出这样的问题,是因为他们在进入大学初期尚不了解以经典文本为对象的思想研读,与以寻求标准答案为目的的应试教育之间存在着很大的区别。当我们以寻求标准答案为目标时,个人的水平高低会对寻求答案的效率有直接影响。但是,当我们希望通过研读经典文本获取文本所表达的思想时,解读文本的能力高低只是解读过程中的一个因素。这样说并不意味着解读文本的能力不重要(事实上,解读能力非常重要),而是要强调它并非唯一重要的因素。为了回答这个问题,我们可以将与学生交流的不同对象区分开来,再明确各自的意义所在。

1. 学生之间的讨论

学生之间的讨论是讨论课最为核心的组成部分。参与讨论课的学生之间,水平大体相近。尽管学生个人对哲学专业以及 "中国哲学史" 课程的兴趣爱好会影响他们参与课程之前对相关知识的了解程度。但从学术角度来说，学生们都还是初学者。那么学生之间的交流，基本是从同一层次开始的。其意义一方面是通过同学们的发言，了解他人的学习进度，对自己起到督促作用。另一方面是不同人的兴趣爱好、关注重点、思考方式都各有差异，通过了解他人的视角，会帮助学生开阔自己的思想视野；借鉴他人的思考方式，可以提高自己的思考水平；从彼此交流的差异中，也能意识到自己的局限和不足。由此，就有了不断提高自己的契机。

2. 学生与助教的交流

以博士生为主的助教群体，经过了一定的学术训练，在基础知识上掌握得更全面，在学习方法上也更有自己的心得。所以，当学生讨论中有常识性错误的时候，助教可以进行指正，在学习方法上也可以提供自己的经验为学生作参考。但是助教在讨论课上并不是主角，不能喧宾夺主。特别是在涉及思想观点差异的时候，不能一味扮演观点的纠正者，把自己的观点当作唯一正确的观点，而是要给同学们提供观点争锋的交流机会。思想研究的特点亦在于此，讨论问题的目的不是为了追求标准答案，而是要在讨论过程中不断了解他人的视角，分析不同观点产生的缘由和支撑背景。使学生在知识上不断扩充，在思考能力上不断提升，才是讨论的根本目的。所以助教在其过程中要做好引导。既要让每位学生都有公平的发言机会，也要让学生之间形成有效的交流和互动。否则就可能导致学生们各自为政，每个人只关心自己的发言，而对别人的发言置若罔闻。

3. 学生与老师的互动

老师无论是在知识上还是经验上都足以指导学生。但在讨论课上，老师一般不参与讨论。老师事先按照一定主题或者一定标准为学生选定重要文本作为讨论对象。当学生们经过讨论之后发现有一些问题难以解决、对部分内容有困惑，或者产生了一些具有共性的问题时，就是老师答疑解惑的合理时机。在课堂上课的过程中，老师就可以把讨论课上形成的典型问题作为讲解的主要内容。正如《论语·述而》所说："不愤不启,不悱不发。"老师和学生的交流,如果能建立在学生有所思考和讨论的基础上,针对疑惑和问题的讲解,最能够达到启发的效果。

所以,从对讨论课上角色的区分中可以看出,讨论课一是不同于以寻求标准答案为目的的课堂,二是三种角色各有作用,学生与三种角色的交流能够获得不同的收获。

五、讨论课的开展过程

讨论课的开展过程主要分课前、课上、课后三个阶段,这与一般课堂没有区别。下文笔者主要就经典文本的讨论课应当如何安排来交流一下自己的经验。

1. 课前准备

每次讨论之前,学生首先需要阅读讨论课指定的文本,通常是经典中的一篇文章。对于作为初学者的大一新生来说,这一过程并不轻松,一般需要花费5—6小时甚至是一天的时间。因为阅读过程中,学生除了要面对阅读文言文的压力,还需要按照助教的要求完成一些任务,包括从问题、内容、逻辑这三个方面对文章内容进行总结复述,并提出与文本相关的三个问题,以便在讨论课上提出,和其他同学相互交流。事实上,在参与过程中,每位助教根据自己的经验和学习方法提出了多种风格的不同要求,本文经验仅为其中一例。而为了让学生们了解不同的风格和学习方法,主讲教师安排每半学期对学生们进行一次重新分组,方便学生和不同的助教交流,也可以尽量避免学生受分组和助教水平的差异的限制。

在讨论内容的引导方面,助教组在主讲老师的安排下,提前为指定文本做了基础的文本注释工作,并在每篇文章前写了一段阅读引导,文章后也提了几个问题。文后问题所起的作用是引导学生对文章内容进行回顾,而学生自己提的问题则反映了学生本人在阅读中的思考深度。思考越是深刻，就越是能够提出有深度、有意义的问题。助教也可以通过学生对内容的复述和提出的问题来了解学生目前的理解程度。

2. 课上组织

在学生完成课前准备任务的基础上，讨论课上的组织形式尤为重要。讨论课上交流的有效与否直接决定了讨论课本身价值的大小。如果讨论课上的交流没有产生相应效果的话，学生就会认为自己不如直接听讲或者是自学。而从组织上来说，最主要的就是要在课上保证学生之间的讨论公平有效。讨论课上的时间有限，如果把课上时间比作一种资源的话，助教就要设法保证这种资源能够公平分配。既不能让有强烈表达欲望的学生占据太久时间，也不能使内向腼腆的学生一直沉默寡言。通常，组织讨论的方式中，一种是让学生按规定时间轮流发言，这样做的优势是能在时间上保证公平分配，但问题是学生有可能只关注自己，不关注他人，导致只有发言没有讨论，失去讨论的效果。另一种方式是将学生分成两组，一问一答，但这受制于学生个人的责任心和课前准备情况，如果有一方没有充分准备，就无法形成讨论，导致课堂时间断档。想要保证讨论课上既有发言又有讨论，就需要进一步进行合理安排。

首先，助教要在课前撰写任务说明发给学生。其中需要明确说明当次讨论课需要讨论的篇目、任务类型、任务要求、任务完成时间、分组名单以及每个人对应的部分。

然后，将文本、任务、学生都分成三组，可以通过以下两种方式划分：

（1）连续划分

文本按顺序分为上中下三部分，三部分按顺序分开即可。

任务分为报告、提问、解答三种。

三组学生分别针对文本的上中下部分内容完成不同任务，即：A组学生就第一部分作报告，就第二部分提出问题，就第三部分解答他人提出的问题；B组学生就第二部分作报告，就第三部分提问，就第一部分的问题作解答；C组学生就第三部分作报告，就第一部分提问，就第二部分的问题进行解答。通过文本和任务的交织，可以做到对每一部分文本而言都有不同学生完成报告、提问、解答的三种任务；对每一个学生来说，也需要对全文的不同部分完成不同任务。当彼此的任务对象有重叠时，自然就会形成讨论。而且每一组不只有一个学生，可以从2—3个不同角度对同一内容进行论述。

表1　连续划分的任务表

任务／文本	文本（上）	文本（中）	文本（下）
报告	A组	B组	C组
提问	C组	A组	B组
解答	B组	C组	A组

（2）重叠进行

文本按顺序分为三部分，但是三部分内容之间有重叠。例如，第一部分为1—2页，第二部分为2—3页，第三部分为3—4页。

任务分为报告、提问、解答、评论四种，但在分配任务时分为报告＆提问、提问＆评论、解答＆评论三组。

三组学生同样按照连续型的任务分配方式，分别针对文本的一二三部分完成不同任务。

表2　重叠进行的任务表

任务／文本	第一部分（1—2页）	第二部分（2—3页）	第三部分（3—4页）
报告＆提问	A组	B组	C组
提问＆评论	C组	A组	B组
解答＆评论	B组	C组	A组

这样做的好处是就同一部分文本内容，能有更多学生发表自己的看法，讨论会更集中；坏处是当分配的任务有重叠时，能够讨论文本内容的课上时间会比较少，所以更适合一些篇幅较短的文本。

3. 课后延伸

课后时间，一方面是继续探究讨论课上未能完全得到解答的问题。其中具有共性的问题可以向老师反馈，由老师进一步答疑解惑。另一方面是针对自己阐发观点的部分继续发挥，鼓励学生用文字形式把自己的观点写下来，作为日后学习思考的思想资源。

六、总结

讨论课的目的就是帮助学生从初识哲学史教材中的文本片段跨越到理解经典文本中的一篇文章。通过划分翻译文本含义、解释文本思想、阐述自己观点这三种不同的讨论类型，能够更明确地看出讨论课在不同层次上应该实现的目标以及讨论过程中的重点。讨论课以学生之间的交流为主，助教负责讨论任务的划分与分配、课上的引导和组织安排工作，老师则在课后以及课堂上完成答疑解惑的工作。讨论课的三种角色各有其意义所在，通过合作交流，能共同提高学生的知识水平和思考能力。在具体的组织安排中，每位助教的风格各不相同，优点亦是各有千秋，本文经验仅是其中一例。笔者能够在"中国哲学史"课程教学改革之初参与其中，深感荣幸。

教学求新

在文化边界上"做哲学":比较哲学视野下的哲学教育

潘大为　曹坚　江璐　梅谦立　郑淑红　朱刚[*]

【摘　要】 全球化趋势与中国"一带一路"倡议对中国的哲学教育带来了挑战。在哲学本科教育中推行全英文教学,是提升本科教学质量,培养兼具哲学素养与跨文化能力的优秀人才的一个重要途径。面向非英语母语学生的全英哲学教学对课程设计和教学法都提出了新的要求。本文介绍哲学本科全英课程的教学策略和技巧,讨论跨文化对话背景下哲学教学对哲学实践的意义。

【关键词】 比较哲学;哲学教育;教育哲学;全英教学;跨文化能力

引言

在当代哲学研究中,比较哲学(comparative philosophy)是在视角和方法论方面都独具特点的新兴领域之一。比较哲学关注不同哲学传统间——在中文和中国研究语境内,往往被等同为中西哲学传统——的交流与对话。交流对话的目的,不是在消解多元性的基础上建立一套想象的齐一性标准,

---

* 本文作者均为中山大学哲学系教师。

也不是让分属不同哲学传统的哲学家或哲学派别一决高下。相反,不同哲学传统的会遇,在理想情况下,不仅能够增进人们对其他哲学传统、其他社会和其他文明的理解,也能够帮助我们理解自身,从而培育更具整全性的哲学问题意识,获得有意味的哲学洞察。

从现有研究看,比较哲学以对不同哲学传统的经典文本的跨文化诠释为主。这种跨越文化边界的交叉访问,客观上构成对哲学作为一个静态概念的突破,可以说是站在文化边界上“做哲学”。不过,“做哲学”本身,意味着哲学作为实践(praxis)有其行动品格,这种行动品格内在地蕴含现实关切。以诠释为手段、从文本到文本的研究,对这一实践面向可能难于周全,事实上也很少涉及。如何在文化边界上更好地“做哲学”?“做比较哲学”还有哪些可能方式?我们提出一种思路,即以哲学教育为切入点,将国际化哲学教学视为一种“做比较哲学”的方式。具体地说,即以面向本科生的全英文授课的哲学课程为媒介,在教与学的实践活动中探讨抵达文化边界、思考哲学与文化关系的可能路径。

在中国课堂以全英文授课形式进行哲学教学,不是简单地换一种语言,而是意味着课程设计和教学法(pedagogy)的全面重组。这种重组要求我们重新审视哲学教育的底层逻辑,思考教育场域中的“哲学何为”。我们在这方面的探索基于中山大学“中西哲学(宗教)全英专业骨干课程群建设项目”(2016—2018)。在这一项目中,我们不满足于个别全英课程的单兵作战,而是以哲学学科建设为着眼点,把全英文教学范围扩大到七门本科课程,覆盖中国哲学、西方哲学与宗教学方向的主干课程,并尝试由面向哲学生的专业课程延伸到向非哲学专业学生开放的公选课程。在项目执行过程中,我们遇到了一些共性问题。这些问题一方面反映出当前中国的哲学教育一些有待完善之处,另一方面也提示我们以此为契机,对“做比较哲学”乃至“做哲学”作更深思考。

一、"教哲学"与"做哲学"

本节讨论"做比较哲学"的前置条件,即作为一种"做哲学"方式的哲学教育。

哲学教育是哲学人才培养与选拔的主要方式,[①]是传承学术、传播思想、弘扬文化的首要手段,是人文学科连通学术与现实、以优秀思想成果服务社会的重要途径。在现代学术建制内,以哲学为职业、成为哲学家,通常意味着需要接受长期、严格和专门的训练,并以哲学教学与研究作为职业生涯的主要内容。也就是说,哲学教师的角色是职业哲学家身份的固有部分。在职业层面,"教哲学"构成"做哲学"的一个基本要素,"做哲学"很大程度上就是"教哲学"。

"教"与"做"的这种体制化镶嵌关系对哲学在当代世界的存在方式和回应世界的方式影响深远。我们对这一关系的两个方面作一区分:

第一个方面涉及"教"作为意向性活动的属性。一种常见观点是,教育行业与医疗、照护等行业一样自带道德负载,即陶行知所说"学高为师,身正为范"。教师被期待遵循特定的行为规范。这类规范不但包括一系列显明的职业伦理原则,在很多时候还包括某些隐含的、对从业者个人生活的规范性要求。这种期待,从某些教育哲学家的立场看可能过于严格,或正当性存疑,但整体而言尚是在操作性方面的和外在的。

与此同时,哲学教学往往还涉及对教师的另一种期待:由于哲学知识本身固有的反思性、切己性特征,哲学家或哲学教师往往被期待表现出对哲学事业的更深切投入。这或许更多的是一种内在的呼召。参照马克斯·韦伯的著名区分,我们把前一种期待称为"作为职业的哲学",把后一种期待称

[①]　郭湛:《中国哲学教育的改革与未来》,《中国大学教学》2017 年第 3 期,第 13 页。

为"作为志业的哲学"。① 如果说哲学作为职业意味着从业者与意向对象的交遇，那么哲学作为志业，则要求从业者作为意向主体在教学活动中主动寻求一种意义充实。

在这个意义上，理想的哲学教育包括、但不限于知识传递或信息流动；它要求我们允诺更多。它不仅要求作为教师的哲学家具有特定的知识甚至才干（savoir-faire），而且抱持一种特定的生活之道（savoir-vivre）。这也是为什么人们或许很难想象"作为一种生活方式"的物理学或医学，却对皮埃尔·阿多（Pierre Hadot）所说的"作为一种生活方式"的哲学② 常怀敬慕。中国哲学传统历来推重"为己""成圣"之学，可以说也是这种哲学观的反映。

第二个方面涉及"教"的意向对象。哲学教育的本质究竟是一种精英教育，还是面向所有人？如果说爱智慧并非少数人的专属特权，那么哲学教育的涵盖范围，也不应以修读哲学专业的学生群体为限；成为职业哲学家或前现代式的"大师"，也不必然是哲学学习者的唯一正当目标。就这一点而言，尽管现代哲学教育在中国出现（以 1912 年北京大学设立哲学门为标志）已近一个世纪，但是当代中国的哲学界对哲学教育"是什么"和"为什么"的思考和讨论，受学科建制等因素影响，仍是很不充分的。在近年的高等教育改革中，已有哲学界人士意识到这一问题，提出哲学教育应面向所有学生，③让哲学教育突破专业教育范围、成为通识教育的组成部分。④ 这提示中国的哲学教育正在回归哲学作为爱智之学的本原。

中国的哲学教育目前集中于高等教育阶段。在全球化背景与中国"一带一路"倡议下，大力提升本科教学质量，探索国际化高水平办学模式，是中国高等教育的一个发展方向。在本科哲学教育中，将专业学习与跨文化

---

① 马克斯·韦伯：《学术与政治》，钱永祥等译，桂林：广西师范大学出版社，2010 年。
② Pierre Hadot, *Exercicesspirituels et philosophie antique*, Paris: Etudes Augustiniennes, 1981.
③ 卢晓东：《从哲学教育管窥高校综合改革内涵》，《光明日报》2014 年 12 月 23 日，第 013 版。
④ 江怡：《哲学通识教育的现状、挑战和出路》，《中国高校社会科学》2017 年第 1 期，第 23—26 页。

能力（intercultural competence）的培养相结合，正是这个方向的探索。国际化哲学教学作为一种"做比较哲学"的新方式，也正是要在这样一个时代背景和现实需要的基础上才成为可能。

二、讲历史与看未来

"做比较哲学"涉及语言与思想的双重变换。从语言哲学角度，语言与思想的关系是一个复杂问题。在跨文化交流中，对异文化的译介也常被称为文化转译（cultural translation）。不过，合格的翻译从来不是词到词的机械替换。在中国课堂以全英文授课形式进行哲学教学，需要做出的调适也远大于对西方课堂的简单移植，或把既有的中文课程内容简单地翻译成英文。这种调适构成我们在 21 世纪中国的哲学课堂"做比较哲学"的一个基础。这种调适既有其绵延不绝的历史脉络，也有逻辑和现实的必然。

　　中西比较哲学的历史渊源可追溯到第一次西学东渐时期，即 16 世纪至 17 世纪以利玛窦、艾儒略（Giulio Aleni, 1582—1649）为代表的来华天主教传教士对中国哲学传统的研究，以及中国人通过他们对欧洲哲学传统（主要是中世纪晚期-文艺复兴早期的经院哲学）的接触。这一时期的中西思想交流，在正反两方面，都堪称三个世纪后作为哲学学科出现的比较哲学的先导。正的方面是，这一时期的传教士普遍对中国文化表现出相当程度的尊重。其中对中国哲学传统有深入了解者如艾儒略，甚至有意识地试图通过创造性诠释，将中西哲学的某些对位概念和对位理论——典型的即亚里士多德-阿奎那主义的灵魂论和宋明理学的人性论——进行融合。这与当代比较哲学家阿伦·斯托尔内克（Aaron Stalnaker）主张的以"桥梁概念"（bridge concepts）[1]为媒的比较哲学方法不无相似。

---

[1]　Aaron Stalnaker, *Overcoming Our Evil: Human Nature and Spiritual Exercises in Xunzi and Augustine*, Washington, D.C.: Georgetown University Press, 2006.

从现代哲学视角看,负的一面则是,他们对中国哲学传统的关注是出于传教需要,有强烈的基督宗教本位意识,有时不免削足适履。极端例子是索隐派(figurists)传教士对汉字和中国上古史的诠释。这种诠释意在将中华文明纳入犹太-基督宗教神学叙事,但因过于离奇,甚至在天主教会内部也被认为有滑向异端之嫌而受到谴责。①

值得一提的是,"哲学"的概念在汉语世界首次出现,正是在艾儒略以中文撰写旨在向中国人介绍欧洲教会教育的《西学凡》一书("哲学"这个汉文词则是19世纪末日本学者的贡献)。他参照作为晚明中国社会思想正统的理学,将拉丁文*philosophia*意译为"理科"并附音译"斐禄所费亚"。②这也提示我们,哲学在中国,作为学科建制意义上的存在,本身是文明对话的产物。就历史脉络而言,中国的哲学课堂教学,不论采用哪种语言,本身就是一种逻辑上和事实上的"西学东渐"。

学哲学、教哲学不意味着文化意识上的"西风压倒东风",采用全英教学也不等于文化上的投降主义。狭隘民族主义情绪对于21世纪中国加入全球化、有效应对其机遇和挑战不但无益,而且有害。怎样以经过反思的、建设性的方式在中国课堂做好比较哲学,这是我们关注的重点。

三、换语言与换思想

以全英文授课形式在中国课堂进行哲学教学,之所以是一个格外有启发性的"做比较哲学"的尝试,是因为在这种教学活动中,比较哲学在范式层面的一些基础性问题,以空前鲜活、切近的方式暴露在哲学研习者面前。第一个问题即概念资源(conceptual resources)。

---

① Nicolas Standaert, *Handbook of Christianity in China*, Leiden: Brill, 2001, Vol. 1, pp. 668-676.
② 艾儒略:《西学凡》,载黄兴涛、王国荣编:《明清之际西学文本:50种重要文献汇编》第一册,北京:中华书局,2012年,第233页。

　　英语是国际学术界的首要工作语言。对全英教学来说,在涉及西方哲学传统的教学内容时自不存在"弹药"匮乏之虞。大部分中国哲学经典文献也已有可读的英译本(包括全译本和节译本)。以现代西方语言(英、法、德语)出版的对中国哲学传统的介绍性著作数量虽少,也可堪借镜。问题在于,它们的概念框架是否充分考虑了不同哲学传统的多元性存在? 是否足以适应 21 世纪全球社区内中国与世界对话的需要? 从学科史角度,以上问题绝非无关紧要,而是直指比较哲学作为一个哲学学科的合法性和发展道路,是需要认真对待的严肃问题。

　　比较哲学作为学科出现于 20 世纪初,是比较宗教-宗教学研究的一个连枝之果。早期比较哲学家在考察不同哲学传统时,往往以欧洲哲学传统作为理所当然的出发点和价值基准,带有强烈的欧洲中心主义色彩。伴随二战后西方人文学界对殖民话语的反思,公开的欧洲中心主义-西方中心主义论调在当代比较哲学研究中开始失去市场。如果我们把视野放宽到文化研究领域,不难发现,自 20 世纪后半期起,新一代对自身文化和西方思想界均有相当深入了解的非西方研究者群体的崛起,把针对西方人对西方以外世界的异国情调的想象和一厢情愿的景观化解读的批判推到一个新高度。标志性人物是《东方学》的作者、美籍阿拉伯裔学者爱德华·萨义德(Edward Said)。在国际哲学界,一个动向是"全球哲学(史)"意识的苏醒。[1]非西方哲学传统,例如亚洲哲学、伊斯兰哲学以及近年的非洲哲学,作为多元化教育的一部分开始在西方大学的哲学和哲学史教学中占有一席之地。

　　需要指出的是,对"东方"(在中西比较哲学和汉学研究中主要即中国)的东方主义式的理解尽管在表面上已被抛弃,但西方中心主义并不易根除。它可能演变为更隐蔽的形式,甚至以一种反东方主义的先锋姿态继续出现。近年北美汉学界关于中国思想中的心身问题的争论,尤其是以森舸澜

---

① 奎纳尔·希尔贝克:《一种全球性哲学史的观念》,牛婷婷译,《哲学分析》2019 年第 1 期,第 111—118 页。

（Edward Slingerland）[1]和潘大为[2]为代表的看法分歧就是一例。对非西方的哲学研习者来说，一味求"同"，食"洋"不化，在最糟糕的情况下，甚至可能演变为普遍主义幻相下的自我矮化，而这在思想上是贫乏无趣的。简单地把西方语言（在本文讨论范围内主要指英语）的概念资源全盘照搬到中国课堂，看似便利，但或许未必是最佳做法。批判性地选取概念资源，为我所用，可能是在中国课堂"做比较哲学"的更恰当选择。

四、教什么与怎么教

全英课程教学涉及的第二个基础性问题是方法论。这里说的方法论，既指比较哲学作为一种哲学研究采用的、一般意义上的方法论，也包括以全英文形式在中国课堂从事哲学教学时的特定考量。后者可说是前者在哲学课堂的"具身化"。

方法论在比较哲学中是一个历久不衰的议题。与其他现代哲学领域相比，比较哲学领域在方法论上的众说纷纭、言人人殊，可谓是一个相当别致的现象。讨论的焦点可概括为"可通约性（commensurability）问题"：不同哲学传统，就其各自采用的语言、概念、关注的问题、所处的脉络和历史而言，在多大程度上是可比较的？[3]

比较哲学研究者——典型代表是安乐哲（Roger T. Ames）[4]——普遍相信不同哲学传统间的互译互补不仅可能，而且必要。他们对上述问题的回

[1]　Edward Slingerland, "Body and Mind in Early China: An Integrated Humanities-Science Approach", *Journal of the American Academy of Religion*, Vol. 81(1), 2013, pp. 6–55.
[2]　Dawei Pan, "Is Chinese culture dualist? An Answer to Edward Slingerland from a Medical-Philosophical Viewpoint", *Journal of the American Academy of Religion*, Vol. (85)4, 2017, pp.1017–1031.
[3]　David Wong, "Three Kinds of Incommensurability", in Michael Krausz (ed.), *Relativism: Interpretation and Confrontation*, Notre Dame: University of Notre Dame Press, 2011.
[4]　David L. Hall & Roger T. Ames, *Thinking through Confucius*, New York: State University of New York Press, 1987.

答则构成一条长长的光谱,从认为不同传统存在某种无法穿透的不可理解性(incomprehensibility)与不可翻译性(untranslatability),[①] 到认为比较哲学以达成关于特定议题的跨传统共识为目标的乐观论调。[②] 对本文主题来说,尤有借鉴意义的是安靖如(Stephen Angle)对两种比较哲学的区分[③]:一种是"扎根的全球哲学"(rooted global philosophy),指一个哲学家在某一特定的、有生命力的哲学传统内工作的同时,对其他哲学传统的刺激与洞察保持开放;另一种是"建设性参与"(constructive engagement),聚焦于两个有生命力的哲学传统间的刺激与洞察的互动。传统意义上的比较哲学研究大多属于后者、或者说狭义的比较哲学。我们所主张的在哲学教学中"做比较哲学",则属于前者即广义的比较哲学范畴。

"扎根的全球哲学"在哲学教学中如何实现? 在上节对概念资源的讨论中,我们已经论证了中国课堂全英哲学教学不应是一边倒地本土化,而是以中西哲学传统的相互尊重、批判借鉴为基本路线。无论课程的内容是西方哲学还是中国哲学,均是如此。具体而言,这一路线贯彻于哲学教学的两个要素:课程设计和教学法。前者涉及"教"的内容,也就是"教什么";后者是"怎么教"。在中国语境下,"教什么"的考量常表现为一个更有针对性的问题:教哲学,还是教哲学史?

目前中国哲学教育占主要地位的做法是更强调哲学史。代表是两门哲学本科专业必修主干课程:"西方哲学史"与"中国哲学史"。这种做法可追溯到两个来源:一个是苏联教育模式的影响,强调以马克思主义唯物史观为指导对西方哲学传统的介绍与诠释;另一个是史学在中国传统"经史子集"思想版图中的枢纽地位,尤其是中国传统学术强烈的以史弘道意识与"予夺

---

① Samuel Fleischacker, *Integrity and Moral Relativism*, Leiden: E.J. Brill, 1992.
② Bo Mou, "On Constructive-Engagement Strategy of Comparative Philosophy: A Journal of Theme Introduction", *Comparative Philosophy*, Vol. 1(1), 2010, p. 3.
③ Stephen C. Angle, *Sagehood: The Contemporary Significance of Neo-Confucian Philosophy*, New York: Oxford University Press, 2012.

褒贬"做法。不过,以问题为"经线"与以史为"经线"并不对立。好的哲学研究和哲学教学应能兼顾问题与历史。不贯穿问题意识的哲学史、尤其是通史教学,可能沦为看似客观、实则偏狭的"史实"陈列柜;忽略历史维度、一味强调问题拆解,则有丧失人类心灵纵深,使哲学探究窄化为技术工种的危险。一个有趣的现象是,项目组同仁在各自承担的课程中不约而同地采用了以问题/主题为主线、以哲学史-思想史材料为辅线的做法。从我们的教学实践看,以问题为"经线"可能是一种更易操作的做法,相对灵活,扩展性也更强。实际上,比较哲学研究的主要形式就是以问题或问题域为中心,例如亚里士多德伦理学与孔子伦理学的比较①、朱熹与艾克哈特(Meister Eckhart)的诠释学的比较②等。

从教育哲学角度,"教什么"的问题往往也关系到"怎么教"。也就是说,教学内容与教学法并非两不相干,而是互为表里。在一次面向哲学系本科生的讲座中,本文的第一作者向听众提出一个问题:你们花很多时间学"西方哲学史",也花很多时间学"中国哲学史",这两门课是什么关系? 回答是诚实而令人惊讶的:没有关系。在课程教学大纲范围内,有意识地引入比较哲学维度,按中西比较的思路设置问题,引导学生分析讨论,这或许会有助于学生建立更为开放的视野,打造与国际一流哲学教学研究接轨的高水平课程。

五、开口说与学习听

教育不是单方强加或一厢情愿;它需要双方彼此敞开,互相"看见"。以上分析主要是教师角度的考虑。另一类挑战则来自学生一方,包括两点:

---

① Jiyuan Yu, *The Ethics of Confucius and Aristotle: Mirrors of Virtue*, New York: Routledge, 2007.
② Shuhong Zheng, "Above the Literal Sense: Hermeneutical Rules in ZHU Xi, Eckhart, and Augustine", *Dao: A Journal of Comparative Philosophy*, Vol. 16(1), 2017, pp. 253-276.

第一,自由表达与公开讨论,对中国学生来说往往是一种陌生的经验。这一点也被有中国课堂经验的西方哲学教师注意到。[①]正如对中国哲学传统有深入了解的研究者倾向于同意的,中国的思想文化并不缺乏批判精神,也不缺乏思辨深度。中国课堂传统上强调教师权威、纪律与整齐划一。然而,对事实性知识与齐一性的过分重视,可能很难有足够空间让学生自由探索;鼓励批判性思维则对概念性知识的传授提出更高要求。[②]

全英课程的目的之一,是要让学生有机会使用一门外语(英语)进行专业表达和交流。我们认为,课堂讨论对全英课程而言尤其重要,不仅在于它是哲学训练的一种有效方式,还在于它让学生有机会在实践中提升自己用非母语表达自己的哲学思考的能力,为他们提供一种站在文化边界上"做哲学"的体验式学习(experiential learning)场景。然而,全英文授课方式使原本就薄弱的课堂讨论环节变得尤其困难。学生的拘束心理,加上语言能力的限制,导致他们很可能只是被动地听,而不能积极主动地学习。尽管中国学生的外语(在本文讨论范围内主要指英语)学习在义务教育阶段占据可观比重,但从课堂表现与考试情况看,中国大学生对外语(英语)的掌握整体而言仍不尽如人意。尤其是口头表达,不敢开口是普遍现象。若完全采取教师单方面讲授的方式,可能并不能达到预期的教学效果。相比之下,讲授与讨论兼顾,以讲授为主,间以课堂讨论,在有条件的情况下让学生就感兴趣的问题/主题进行课堂演示,可能是一个更好的选择。

第二,学生不仅需要听老师讲,还要学习倾听其他人。从教育哲学角度,我们怎么理解人,就会有什么样的教育。高质量的课堂互动不仅发生在教师与学生之间,也发生在学生之间。学生需要学习倾听、接纳不同的观念,在尊重他人的同时提出自己的看法。这种经验在个人层面和文化层面

---

① Shlomo Sher, "Teaching Value Issues in China to Chinese Students Enrolled in American Universities", *Teaching Philosophy*, Vol. 36(4), 2013, pp. 373–397.

② Jennifer Wilson Mulnix, "Thinking Critically About Critical Thinking", *Educational Philosophy and Theory*, Vol. 44(5), 2010, pp. 464–479.

都是非常宝贵的。从跨文化交流角度，这意味着既要有跨文化同理心，也要有批判性的文化意识，既不妄自尊大、也不崇洋媚外。这对培养学生的跨文化能力至关重要。对于哲学研习者来说，意识到思想与经验上的复杂性和多元性尤其重要，是文明交流与文明对话对哲学教育的必然要求。

结论

在中国课堂以全英文授课形式进行哲学教学是一个新生事物，需要在实践中不断总结经验，逐步形成清晰系统的教育理念和行之有效的教学模式。站在文化边界上"做哲学"，把文明交流与文明对话带到哲学课堂，是培养有国际视野和开阔眼界的哲学人才的可行途径，是建设立足时代、面向未来的一流本科教育的重要举措。我们的探索和思考供同道参考。

"藉展览理解中国":"习之堂儒学馆"的收藏及其展览

周春健[*]

因受家庭影响,笔者素喜收藏,自幼即着意搜罗古籍、手稿及其他旧物若干。近年来,在教学科研之余,笔者试图探寻传统文化在现代社会之有效生存方式,于2014年正式创办"习之堂儒学馆"。定名取自《论语》首句"学而时习之",意在强调传统儒学之践行特色。"习之堂"之创建,目的在于以实物形式展示儒学历史之变迁,并试图为中华优秀传统文化的创造性转化和创新性发展贡献绵薄之力。

自2019年以来,在中山大学哲学系的大力支持下,"习之堂"开始有序整理相关藏品,连续推出四场专题展览,受到社会广泛关注。四场展览的举办,都包含着一定的学术意识,皆是从古今中西的宏观视野,以一种"展览"的艺术方式呈现传统文化之现代际遇。从更广意义上说,藉"习之堂"系列展览,可以理解华夏中国。

---

* 周春健,中山大学哲学系教授、博士生导师,主要从事四书学、诗经学、文献学研究,发表论文90余篇,著有《元代四书学研究》《诗经讲义稿》《经史之间:中国古典学论集》等。

图1　冯天瑜先生题写"习之堂儒学馆"馆名

一、两种"儒学困境观"与"习之堂儒学馆"的创建

自萌生念头到最终创建,"习之堂儒学馆"的创办差不多经历了 20 余年的光景。1998 年,笔者考入湖北大学古籍所攻读硕士研究生,所学专业为古典文献学,这是我梦寐以求的治学方向。读研期间,一方面追随老师参与了《尔雅诂林》《中华大典·语言文字分典》等大型科研项目,对古籍文献有了更深切的体会,收藏意识逐渐增强;另一方面,又在老师的指导下研读了《左传》《诗经》《论》《孟》《老》《庄》等先秦经典,培养起了对中华传统尤其是儒学的更深沉的情感。于我而言,《论语》首句"学而时习之",不惟是儒家精神的精要表述,也渐而成为自己不懈的人生追求。可以说从那时起,逐渐萌生了以一种特殊方式弘扬儒学的朴素想法。

2014 年夏,笔者携小女赴曲阜参加一个为期一周的儒学夏令营。说来惭愧,自己虽是山东人,彼时却是第一次来到孔子故里。除去参加夏令营的相关活动,还瞻仰了孔庙、孔府、孔林"三孔",带给自己的震撼是强烈的。在结营仪式上有一个环节,即让每个家庭写下三个愿望,清晰记得自己写下的第一个愿望,便是要创办一家"习之堂儒学馆"。可以说,曲阜之行是"习之堂"创办最重要的契机。

当然,"习之堂"的创办不仅仅是情怀,背后还有一些学理上的思考,其中最直接的,便是如何理解两种著名的"儒学困境观"。

其一,"博物馆说"。美国学者列文森(1920—1969)曾对孔子及儒学在现代中国的命运作出观察,在《儒教中国及其现代命运》中,列文森指出："与儒家推崇的孔子不同，共产主义者时代的孔子只能被埋葬、被收藏。现在，孔子对传统主义者已不再起刺激作用，因为传统的东西已经被粉碎，孔子只属于历史。"[①] 又认为："陈放在博物馆中的孔子仍然没有发言权。……对许多革命者来说，孔子在今天仍然是智慧的象征，而且越是年长的革命者，越会更多地肯定孔子所具有的聪明和智慧。但孔子也只是属于周朝人物而已。"[②] 这就是著名的"博物馆说"，其核心观点便是认为孔子及儒学在现代中国，只能是陈列在"博物馆"中的旧物，不会对现代社会产生任何影响。

不过，"博物馆说"只能说是列文森对 20 世纪 60 年代中期以前的中国儒学发展的观察，[③] 他的学说固然富于洞见，但似乎还不太真正了解中国的儒学史，也不太了解孔子及儒学对中国社会产生的实际影响。因此，"到了 60 年代中期，中国大陆爆发了文化革命，且又一次揭起了批判传统的狂澜，列文森困惑了：为什么早已死亡的历史陈迹会引起人们如此广泛的兴趣并值得人们用如此认真的态度去对待它？即便是对传统的批判完全是服务于现实政治斗争中某种功利的目的，它至少表明儒家传统所具有的象征意义，仍然能够在现实生活中发生重要影响。"[④] 为列文森著作中译本作序的郑家栋也认为，列文森对待现代儒学存在一个认识上的"误区"。这提醒我们，儒学在现代社会并非只有"博物馆式"的存在价值，而且即便是"博物馆式"的存在方式，依然有其重要意义。与儒学相关的诸多旧物，虽属"流年碎影"，依然在很大程度上影响着现代中国人的思想观念。

鉴于此，2014 年自曲阜回到广州，我便有意识地集中搜罗与儒学相关之古籍、手稿、信札、碑拓等旧物，并在位于中大校内的工作室专辟空间纳藏，

① 列文森：《儒教中国及其现代命运》，郑大华、任菁译，北京：中国社会科学出版社，2000 年，第 342 页。
② 列文森：《儒教中国及其现代命运》，第 342—343 页。
③ 《儒教中国及其现代命运》所录文字止于 1965 年。
④ 郑家栋、曹跃明：《传统的挽歌及其误区——从列文森的〈儒教中国及其现代命运〉谈起》，《哲学动态》1992 年第 1 期，第 21 页。

又请朋友设计Logo，正式创办"习之堂儒学馆"。相关展品，以《周易》八卦为序厘为八类：

图2 "习之堂儒学馆"内景

一、乾：儒家道统篇（儒家道统人物之画像、拓像、雕像、弟子图等）

二、坤：儒学经籍篇（代表性儒学经籍，四书五经、十三经注疏等）

三、震：六艺器物篇（礼乐射御书数之六艺实物，玉器、青铜仿品等）

四、巽：童蒙科举篇（"三百千千"读物、八股文钞、状元卷等）

五、坎：儒学厄运篇（历代反儒反孔资料，焚书坑儒、批林批孔等）

六、离：儒学外传篇（《论语》之俄、英、法、韩、日、西班牙等译本等）

七、艮：现代儒学篇（中国儒学史，儒学研究专家手稿信札、音频视频等）

八、兑：儒学游艺篇（儒学为主题之书画艺术作品，手抄四书五经等）

"习之堂"的收藏与分享，不仅促进了笔者在儒学方面的研究与思考，也为生活带来了无限乐趣，并且得到了海内外友人的鼓励与赞许。2016年1月24日，广州气温骤降，极度严寒，中午时分，大雪漫天，纷扬飘洒，蔚为奇观！据广州本地人讲，此景为羊城近百年所未有。当天下午3时，在中大锡昌堂 708 室,举行了"习之堂儒学馆"开馆仪式,由我为中哲专业诸位师长作一专题报告,并举办了一场"习之堂"藏品微型展。当日之场景,至今犹历历在目!

其二,"游魂说"。历史学家余英时先生(1930—2021)在 20 世纪末,曾有多篇文字专门谈儒学之现代困境。比如 1988 年在《现代儒学的困境》一文中指出:"儒学不只是一种单纯的哲学或宗教,而是一套全面安排人间秩序的思想系统,从一个人自生至死的整个历程,到家、国、天下的构成,都在儒学的范围之内,在两千多年中,通过政治、社会、经济、教育种种制度的建立,儒学已一步步进入国人的日常生活的每一角落。……儒学决不能限于历代儒学经典中的教义,而必须包括儒学教义影响而形成的生活方式,特别是制度化的生活方式。"[1]1994 年在《现代儒学的回顾和展望》一文中,余先生更是进一步指出:"'建制'一词取其广义,上自朝廷的礼仪、典章、国家的组织与法律、社会礼俗,下至族规、家法、个人的行为规范,无不包括在内。凡此自上而下的一切建制中都贯注了儒家的原则。这一儒家建制的整体,自辛亥革命以来便迅速崩溃了。建制既一去不返,儒学遂失其具体的托身之所,变成了'游魂'。"[2]这就是著名的"游魂说"。其基本观点是,儒学的根本特征在于践行而非"托诸空言"的论说,践行的依托在于"建制",而一旦建制被毁,儒学便成"游魂"。2014 年 9 月,余英时在"新亚书院创办 65 周年座谈会"上,又提出所谓"死亡之吻"说,其实质与早年"游魂说"实一脉而相承。

应当说,余英时先生对儒学史的判断是准确的。尽管有学者认为"儒学的产生并不以政教制度为必要前提,某种政教制度的瓦解也不代表儒学的消亡。作为政教制度之基础的儒学在辛亥革命前后已经解体,作为生活经

---

① 余英时:《现代儒学的困境》,载氏著《现代儒学的回顾与展望》,北京:生活·读书·新知三联书店,2012 年,第 54 页。
② 余英时:《现代儒学的回顾与展望:从明清思想基调的转换看儒学的现代发展》,载氏著《现代儒学的回顾与展望》,第 178 页。

验与价值观念的儒学则一直存续"①,但与余先生的论断并不矛盾。余英时"游魂说"的提出,主要是将儒学视为政治哲学,而非仅是观念儒学,而儒学作为政治哲学,恰是儒学在古典中国非常本质的特征。

如何在现代中国焕发传统儒学既"修己"又"治人"、既"内圣"又"外王"的重要作用?这固然是一个极其宏大的课题,而且受着意识形态等诸多因素的制约,但从根本上说,还是要回到儒学践履的本质上来,还是要立足于生活日常,将传统儒学精华转化为现代生活经验。于是,几乎与"习之堂儒学馆"的创建同时,我又尝试在家中为妻女二人开设"国学小讲堂",基本形式是:每日晚睡之前20分钟,为妻女讲授国学常识及经典作品二三则,并专门编成毛笔手写讲义一函六册,题曰《学而国学小讲堂》。全书共计一百讲,基本涵盖了重要国学知识点及代表性作品。边编讲义边讲授,前后持续一年有余。在授课的20分钟内,有意既依照传统"私塾"规矩,又以一种现代可接受的方式讲授,既团结又紧张,既严肃又活泼,那种体验是充实而满的。

图3　周春健著《学而国学小讲堂》书影

① 曾海龙:《从"断裂说"与"游魂说"看观念儒学的存续》,《现代哲学》2021年第6期,第155页。

应当说，"学而国学小讲堂"既是"习之堂儒学馆"的自然延伸，又是"习之堂儒学馆"的有益补充，二者实为一体。"学而国学小讲堂"的设置，其意义绝非仅是增益儒学知识，更重要的用意在于，这也是传统儒学家庭观念在现代社会条件下的一种践履，其目的是通过这样一些点滴努力，"躬行实体，自得于心"，最终能让"游魂"还家。

"习之堂儒学馆"和"学而国学小讲堂"的理念与做法，得到了广州市文化馆的大力支持。自 2019 年 3 月 1 日始，文化馆在广州市范围内全面推行"国学进百家"活动。在广州市文化馆看来，这两种模式在现代社会均有着较强的示范意义，均有助于中华优秀传统文化的继承与弘扬。

二、三个"百年"系列展览——藉展览理解现代中国

中山大学哲学系所在的锡昌堂大楼，一楼多功能厅具备展览功能。2019 年以来，在哲学系的鼎力襄助下，"习之堂"先后在这一空间办过四场展览。前三场有一个共同的主题，即为"百年"。"习之堂"试图通过"百年讲义""百年家书""百年弦歌"等不同主题，藉展览以理解现代中国。

1. "爝火不息——习之堂藏老讲义百种特展"

2019 年 5 月 13 日，习之堂藏"百年讲义"展开幕，这是"习之堂"藏品的首次正式展出。展览的基本用意在于，从文教角度展示近现代中国之演化，试图通过展览进一步增强民众尊师重道的意识，以及在现代教育体制下养成更为良好的师生关系。举办此次展览的相关思考，较为集中地体现在展览《弁言》中，兹录如下：

"讲义"一词，本指"讲解经义之书"，后多指教师授课所编教材。古时授徒，常径以刊印之通行典籍用为讲义。近代以降，因钢笔之发明，而师者多手书之，生徒多笔记之。书写纵慢，态度从容；

笔钞劳力，纸墨余香。

晚近廿载至于今日，现代科技一日千里。放眼庠序之中，笔墨书写竟趋罕觏。讲堂之上，师者多幻灯展示，生徒惟手机拍影，便捷固然，却失切磨与温情。

吾素喜收藏，近年来创办"习之堂儒学馆"，著意搜罗百余年来中国及域外师生讲义手稿五六百种，涉及学校一百余间，极珍宝之。究其因，一则其具独特之文献价值，可补学人正式著述之阙；二则由其工整笔迹甚或反复涂抹，宛若可见当时课堂授受之亲切场景，于今日之师与生、教与学，抑或有所启迪焉。

本次展览，乃从馆藏老讲义中精选百种，以飨有缘诸君。据其不同类型，厘为六类：一曰"前代遗珍"，二曰"域外拾零"，三曰"师者手笔"，四曰"生徒钞记"，五曰"下庠片羽"，六曰"油印撷英"。

"潜德幽光，爝火不息"，惟愿诸君顺随眼前之流年碎影，感知纸墨书写之温度，品读从前静慢之时光……

图 4　陈志平先生题写"百年讲义"展名

展览开幕后，《南方日报》《广州日报》《南方都市报》《羊城晚报》《新快报·收藏周刊》等各大媒体纷纷报道，《收藏周刊》记者还专门撰文，称此次展览在一定程度上带动了收藏界关于讲义手稿收藏的小小热潮，令人备受鼓舞。6月19日晚，笔者还邀请陈少明、罗筠筠、杨小彦、吴重庆四位教授，专门就"百年讲义"展做过一期学术沙龙，题为"谈艺问哲——习之堂藏老讲义百种特展四人谈"。诸位老师从哲学和艺术的角度对展览进行理论解析与思想提升，艺术展览与学术研究更好地融合在了一起。

2019年8月31日，党和国家主要领导同志视察中山大学，与中大哲学系教师有一深入座谈。座谈会之前还专门观看了"百年讲义"展并多所肯定，参观展览的相关镜头，还登上了当晚的央视新闻联播。

2. "家家咸正——习之堂藏家书百种特展"

2020年9月26日，孔子诞辰前夕，"习之堂"藏品的第二场专题展览在锡昌堂开幕，此次展览主题为"家家咸正——习之堂藏家书百种特展"。与"百年讲义"展览不同，此次"百年家书"展重在关注家风家教，关注文字书写与语言表达，侧重从家庭伦常角度展示传统观念在普通中国家庭中的实际存在状况，以见百年中华思想之演进。笔者所撰展览《缘起》云：

> 家书是家教、家风的重要载体，是家庭教育的重要方式，自古以来受到人们的重视。无论是清代的《曾国藩家书》，还是近现代的《梁启超家书》《傅雷家书》等，均对国人的家庭教育产生了很大影响。

> 2016年12月，习近平主席在会见第一届全国文明家庭代表时指出："中华民族历来重视家庭。正所谓'天下之本在家'。尊老爱幼、妻贤夫安，母慈子孝、兄友弟恭，耕读传家、勤俭持家，知书达礼、遵纪守法，家和万事兴等中华民族传统家庭美德，铭记在中国人的心灵中，融入中国人的血脉中，是支撑中华民族生生不息、薪火相传的重要精神力量，是家庭文明建设的宝贵精神财富。"在这次讲话中，习主席便大力倡导全社会要注重家庭、注重家教、注重家风。

> 现代社会科技发达，节奏加快，人们早已习惯了使用手机微信交流，于"书写"这一传统方式慢慢淡忘，家人之间情感的表达也愈来愈粗糙，愈来愈易逝。蓦然回首，其实传统颇值得驻足回眸，用心品味。正如诗人木心所言："从前的日色变得慢，车、马、邮件都慢，一生只够爱一个人。//记得早先少年时，大家诚诚恳恳，说一句，是一句……"

> "习之堂儒学馆"自创立以来，一贯注重对中华优秀传统文化的

继承与弘扬，收藏学人手迹、传统书札逾千种。2019 年 5 月，曾于中山大学成功举办"爝火不息——习之堂藏老讲义百种特展"，受到社会广泛关注。

兹从"习之堂"藏品中，精心挑选清末民国以来传统家书百余种，以见百余年来中华文明风气之演进，以见普通家庭之血缘亲情及家风家教。所选诸家，虽非尽为名流，情感却更真实；虽非皆属书者，辞翰不输方家。举办此次展览，是弘扬中华优秀传统文化的重要方式，对于推进新时代中国特色社会主义先进文化建设，应当有特别的意义。

展览主题定为"家家咸正"，出自三国时期著名经学家王肃解说《周易·家人卦》之语，所谓"家家咸正，而天下之治大定矣"。以之为主题，既表明婚姻家庭在天下治理体系中的重要地位，又试图引导当今社会努力做到"家家咸正"，营造健康向上的家庭文化氛围。

百种家书，厘为五类：一曰"父兮生我，母兮鞠我"，主要展示父母对儿女之教导关爱，以及儿女对父母之孝顺敬重，以强调"父子有亲"之伦理意义。二曰"凡今之人，莫如兄弟"，主要展示兄弟姐妹之间血缘上之手足深情，事业上之相互支持，以强调"兄友弟恭"之伦理意义。三曰"君子之道，造端夫妇"，主要展示夫妇之间相濡以沫、相敬如宾之亲情与态度，并强调婚姻家庭在社会构成中之重要地位。四曰"立身行道，家奉严君"，主要展示作为子女后辈，当永远铭记先人教导，立身行道，慎终追远，努力营就好各自家庭事业。五曰"先严手泽，躬行传承"，则主要收录先君（讳云亭）当年致吾书信以及吾致小女书信数通，以见一家三代家庭文化之传承。

初心如磐，未来可期！愿我们一起为继承弘扬中华优秀传统文化贡献力量！

此次展览，不仅继续得到广州各大媒体的关注，还登上了《人民日报》及"学习强国"客户端，可见传统文化在现代社会之蓬勃生命力。西南大学一位教育学方向的博士生还特意来信，索要相关家书文献，计划以之作为研究对象撰写博士论文。在半年前获悉"百年家书"展览讯息后，广州出版社的编辑朋友慧眼独具，当即邀约出版《百年家书》一书。就在"百年家书"展览的开幕式上，《百年家书》样书终于面世，受到嘉宾及广大读者的喜爱。中山大学资深学者冯达文先生为本书作推荐语曰："回归家庭，体味天伦之乐；心系家教，培育担当精神。"

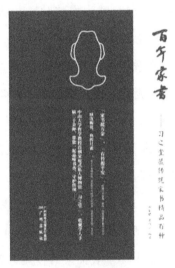

图 5　广州出版社《百年家书》书影

3. "百年弦歌——习之堂藏现代乐教文献展"

笔者 2009 年调入中山大学哲学系以来，每年都会开设"诗经导读"课程。授课过程中，越来越深切体会到周代礼乐文明背景下诗教乐教的重要作用。在周代，乐教的核心即为诗教。历经三千余年，乐教诗教无论在塑就个人情性还是在培成民族品格方面，都发挥了极其重要的作用，所谓"温柔敦厚，诗教也"（《礼记·经解》）。而且，在我看来，自古典乐教至现代乐教，其内在精神一脉相承。加之自幼受先父影响喜好音乐，故而于 2021 年 4

月16日，又董理习之堂相关藏品，策划了一场别开生面的"百年弦歌——习之堂藏现代乐教文献展"，侧重从音乐教化角度反映百年中国之嬗变，强调"声与政通"，重视"用耳之道"。展览《前言》有言：

　　孔子云："安上治民，莫善于礼；移风易俗，莫善于乐。"乐由中出，声与政通，音乐在政治、伦理、道德、情感乃至信仰诸方面，都发挥了重要教化作用。情深文明，乐者合同，乐教又是人文化成的终极形态，故孔子曰："兴于诗，立于礼，成于乐。"

　　从古典乐教到现代乐教，其内在精神实一脉而相承。在中国现代革命建设进程中，曾经涌现出大量脍炙人口、为老百姓喜闻乐见的经典音乐作品。这些作品培育时代新人，塑就时代新风，成为社会文明建设的宝贵精神财富。现代条件下，更需要大力弘扬现代乐教，依仁游艺，陶身淑心。

　　然而，随着现代化进程之突飞猛进，无论中西，乐教传统都受到强烈冲击，现代乐教逐渐呈现出功利化、世俗化、技术化的趋向。今人之音乐审美与"用耳之道"，也在一定程度上失却了谐和与壮美的品格。这一现状，需要反思和改变。

　　"习之堂"素来注重现代乐教文献的搜集与整理，相关藏品已达数百种。今择其要者厘为五类：
　　一曰"声与政通"，主要展出现代乐教理论之相关文献；
　　二曰"歌者无疆"，主要展出现代音乐名家之相关资料；
　　三曰"情深文明"，主要展出现代经典曲目之相关实物；
　　四曰"岭南春早"，主要展出广东现代乐教之相关文献；
　　五曰"父亲的歌"，主要展出先君云亭先生之音乐手稿。
　　百年弦歌，乐和天下。藉展览理解中国，此亦为弘扬中华优秀传统文化的重要方式。

图 6　"百年弦歌"展览海报（林夏设计）

其实在三四年前，笔者就已将现代乐教作为自己新的学术研究方向，也曾经在广州大剧院、广州图书馆、广州文化馆等场合，面向市民讲授"从《诗经》祭祀诗到现代经典歌曲《绣金匾》"等课程，宣扬乐教观念。笔者也曾撰写过《〈绣金匾〉与中国现代革命》等学术论文，发表在《现代哲学》等核心期刊上。2019 年 3 月 1 日，在广州市文化馆"国学进百家"启动仪式上，笔者先作《从古典乐教到现代乐教》的学术讲座，继而举办了一场微型演唱会，可谓理论与实践的结合。当时演唱的五首歌曲，分别为《想起周总理纺线线》《北京颂歌》《敢问路在何方》《最美的歌儿唱给妈妈》《儿行千里》，歌曲选择基本按照现代中国的历史分期，表演方式则为"讲唱会"，即首先将某部作品的创作缘起及乐教义涵略作解说，再示范演唱。此一形式较为新颖，颇受民众欢迎。

三、"风月同天：东亚汉文书写展"
——藉展览理解古典中国

"百年讲义""百年家书""百年弦歌"三个"百年"系列展览，分别从文教、伦常、乐教的角度反映了近现代中国的实际面目及演进历程，可以视为一个相对完整的展现。接下来要做一个怎样的展览？笔者曾思忖良久。

恰好，2017 年寒假，笔者曾访问日本东京大学 40 余日，其间在东京的神保町、秋叶园古旧书肆及京都、奈良、大阪等地，淘得日本古籍、手札、信函、书画若干；又曾于 2019 年暑期，带领哲学系学生前往韩国首尔游学，与首尔大学、延世大学、成均馆大学师生有相关学术交流，其间也曾在多处旧书市场淘得韩国古籍手稿若干。加之此前在国内也曾收藏有越南汉文典籍、文书数件，于是想到要举办一个"东亚汉文书写展"。

不过，最直接促使笔者举办这样一个展览，并将主标题定名为"风月同天"的，还属一个文化事件的刺激。2020 年初，武汉爆发新冠疫情，在从日本而来的捐赠湖北的救援物资的包装箱上，题有"山川异域，风月同天"的汉文诗句，引发国人热议，这在某种意义上可以视为一个"文化事件"。它带给国人的反思是：国人的语言表达，何以能够永葆一种典雅的品质？窃以为，语言表达的品质，恰是一个国家、一个民族文明品质的重要体现，须严肃对待之。

图 7　陈初生先生题写"风月同天"展名

鉴于此，2021 年 11 月 10 日，"习之堂"举办了第四场专题展览，题为"风月同天——习之堂藏东亚汉文书写特展"。展览《缘起》云：

中华文化，博大精深，源远流长。

中国文字，涵摄天地，声形兼美。

六千年前，仓颉依类象形，创制文字，华夏民族从此告别蛮荒岁月，步入文明时代。

秦末，赵佗于岭南创建南越国，汉字始传入越南北部。最晚至汉代，汉字传入朝鲜半岛。魏晋时期，日本应神天皇时，朝鲜半岛百济国儒学博士王仁携汉文《论语》及《千字文》讲学日本，是为汉字传入东瀛之始。

文字乃文化之载体，随着汉字传入，中国周边民族或国家亦受到中国文化之巨大影响，渐次而形成东亚汉字文化圈、东亚儒教文化圈，绵延迄于晚近。

庚子新冠之疫爆发，日本友人在支援中国物资包装箱上，印有"山川异域，风月同天"、"青山一道同云雨，明月何曾是两乡"等汉文诗句，引发国人热议。由此，一可唤起盛唐时中日友好交往之文化记忆，亦可触发国人之文化反思——现代中国之汉文书写及语言表达，如何永葆典雅之品质？

2019 年 5 月，习近平主席在亚洲文明对话大会上指出："文明因多样而交流，因交流而互鉴，因互鉴而发展。"其视野，乃是人类命运共同体。

今董理习之堂藏东亚汉文书写藏品数十件，以为中外文明互鉴之一助。展品依日本、韩国、越南三国厘为三组，每组又有诗文信札等不同类型若干。

"他山之石，可以攻玉"，藉展览理解世界，藉展览焕发文明！

展览反响依然强烈，有参观者称："这一别样展览，让我们深切体会到了李泽厚先生所说的'华夏美学'。通过这一展览，使我们对上古礼乐、孔孟人道、庄生逍遥、屈子深情等华夏美学精神有了更直观的了解。"《人民日报·艺术频道》客户端报道称："2021 年 11 月 10 日，由中山大学哲学系、东西哲学与文明互鉴研究中心、广东哲学学会主办，习之堂儒学馆承办的'风月同天——习之堂藏东亚汉文书写特展'在中山大学南校区锡昌堂开幕,展览通过中山大学哲学系教授、习之堂主人周春健收藏的数十件日本、韩国、越南诗文信札,呈现中华文化在东亚文明进程中的深远影响。"

当然,较之三个"百年"系列展览,此次"东亚汉文书写展",视域已不限于国内,而是放眼整个东亚汉字文化圈、东亚儒教文化圈;定位亦非一般意义上的"文化自信",而是着眼于文明交流、文明互鉴。其视野,面向的是人类命运共同体。通过这一展览,不仅可以理解古典中国,还可以理解世界文明。

四、美育实践,立德树人

"习之堂"的相关展览,其作用或影响不仅体现在艺术展览层面,锡昌堂展厅,某种意义上已经成为中大哲学系卓有成效的"第二课堂",成为哲学系"立德树人"的重要场所。2021年11月8日,中大哲学系启动第24届哲学月,主题定为"通向世界的中国哲学","风月同天——习之堂藏东亚汉文书写展"因主题相近,被列为哲学月系列活动之一。在锡昌堂展厅,曾经上过新生入学第一课,曾经举办过支部主题党日活动,也曾经配合相关课程开展过现场授课,均取得了良好效果。近年来,国家大力提倡德智体美劳"五育并举","习之堂"举办的系列展览,正是将"五育并举"落地实践的一个成功尝试。在"风月同天"展览开幕式上,中大哲学系主任张伟教授曾经对"习之堂"相关工作多所鼓励,他认为:

> "习之堂"举办的系列展览,都是试图通过实物展览形式,探索中华优秀传统文化在现代社会的创造性转化和创新性发展,这些展览带给年轻学子的,是文明品质的塑就,是家国情怀的培养,正所谓"睹乔木而思故家,考文献而爱旧邦"。

图8　中大哲学系第24届哲学月海报

如何通过相关文献的收藏与展览推进教学科研？这是笔者一直思考的问题。比如在"百年弦歌"展览的推动下，2021年秋季学期，笔者在中大哲学系为研究生开设了一门新课，题为"现代乐教十五讲"，主线即按照百年中国乐教史的分期，择取每一时段经典音乐作品，将作品的时代背景及乐教意义揭示出来，并且与古典乐教精神作内在关联。在我看来，现代乐教之"乐教"，并非仅指音乐"教育"，而重点指音乐"教化"；现代乐教之"现代"，主要是指立足于当下所处之现代境遇，努力理解传统乐教与现代乐教之间的张力与异变，试图将传统乐教在政治、伦理、情感等方面的优长，在现代社会焕发出来，使音乐更好地发挥"移风易俗"的教化作用。

"现代乐教十五讲"的课程框架，大端如下：

上编：理论篇

一、乐·乐教·现代乐教

二、中国古典乐教的基本精神

三、"科学"观念与清末民初的中国音乐学

四、"学堂乐歌"的兴起及其教化意义

五、"新音乐运动"中的"救亡"与"启蒙"之争

六、两个《文艺座谈会讲话》及现代乐教嬗变

下编：作品篇

七、《送别》与李叔同的乐教思想

八、《教我如何不想她》与"五四"精神

九、刘天华、阿炳二胡曲与"国乐"承传

十、《黄河大合唱》与边区乐教新貌

十一、《白毛女》与中国"新歌剧"

十二、《绣金匾》与中国现代革命

十三、《东方红》大型音乐舞蹈史诗及其影响

十四、《乡恋》春晚风波与八十年代的声音美学之争

十五、从《歌声飘过三十年》到《歌声飘过四十年》

一个学期下来，同学们皆称这一课程"令人耳目一新"，收获颇丰。同时，笔者还申报了下一学期的全校通识课程，试图将现代乐教的知识与观念传达给更多年轻学子。接下来，笔者还计划将展览与教学科研进一步结合，最终完成现代乐教的所谓"五个一工程"：即一门课程、一部教材、一组展览、一组歌会、一组访谈。

五、"怀古"情怀，古今中西

陈少明先生曾写过一篇文章，题曰《从古雅到怀古——一种价值哲学的分析》，这是陈先生近年来倡导"做中国哲学"方法论中关于"物"的哲学的

一篇力作。在他看来,古物的价值在于唤起人们对历史的生命情感体验,而这样一种怀古情怀,是人类重要的精神现象,它在审美之外另有精神空间。陈先生说:

> 它(怀古)是生命意识的一种表现,或者说是一种生命或生活的本体论意识。……怀古不是寻找历史真理,真理追求客观,怀古寄托情感,哪怕历史信息错位,也不妨碍情感现象的真实;怀古也不是审美,美在形式,但怀古追思具体的经验;怀古也不是道德觉悟,道德固守善恶的界线,但怀古会超越善恶,一件被用来作恶的古器,依然有收藏价值;怀古也不是宗教,宗教超越俗世,但怀古是俗世经验的向后延伸。……当怀古者把历史抽象化,而将自己置身于其中,于是具体与抽象,个人与人类,在感受上融于一体,它就产生追求超越的精神渴望。历史的使命感,也是特殊的类宗教感。①

陈先生这篇"分析哲学"意味浓厚的专业学术论文,毋宁可以看作所有收藏行为的哲学指导。由此说开去,吾之创办"习之堂",亦非仅出于对"古物"的兴趣爱好,更在于一种"怀古"情怀的哲学追寻。如陈少明先生所言,观鉴古物,是对历史的生命情感体验;怀古情怀,其实质是一种价值哲学层面的精神追求!

需要指出,怀古不是复古,怀古是一种哲学追寻,复古则属一种立场倾向。尤其在今日之中国,所处境遇已经从当年的"三千年未有之大变局"②嬗变而为"世界百年未有之大变局",无论对待传统还是西方,都应该有新的态度与气度。陈少明先生曾经提出"后经学时代"的说法,其义实为"西

---

① 陈少明:《从古雅到怀古——一种价值哲学的分析》,原载《哲学研究》2010年第4期,第102—108页;又收录于氏著《仁义之间》,贵阳:孔学堂书局,2017年,第220—231页。
② 李鸿章语。

学时代"。在他看来,"凡传统必反,与凡经书必信一样,也是排除异端心态的表现。走出经学时代,除了否定尊卑固化的社会秩序外,更重要的是反对思想定于一尊,破除思维只会复制或模仿的习惯。走向后经学时代,不应以与整个经典文化决裂为前提,而是创造性地运用传统思想资源,面对未来。"①

对于这一说法,笔者表示赞同,今日之讨论儒学或传统,包括相关收藏及展览行为,实质应该包含古今中西多个维度。就传统与现代的关系而言,现代一定是包含自家传统及外来文化的现代,传统也应该是面向现代及未来的传统。

图9　陈少明先生著《走向后经学时代》书影

2020年3月27—28日,中山大学哲学系举办了"心性与道体"学术研讨会,来自全国各地的专家学者,围绕心性与道体、中西形上学传统与当代哲学的困境、当代中国哲学的可能性等议题展开了深入探讨。《道体学引论》一书的作者、复旦大学哲学系丁耘教授有一段精彩发言:

---

① 陈少明:《走向后经学时代》,广州:中山大学出版社,2020年,第2页。

　　当前中国的哲学界是最有"世界性"的，诸多学派已在此集解完毕，只待厮杀，也是此意。人类历史，创新一般是边缘突破，而非中心突破，中心只会越弄越繁琐。中国消化佛学与马列主义，都是边缘突破。整个西方哲学可能也会有此命运。可以期待，在不远的将来，非但儒家与佛老的传统，而且伟大的欧洲哲学传统，以及当前日益泛滥的科学主义思潮，都会在中国哲学界内部通过论争得到整合。竖说九世，横说三千，俱在当前一念。无尽映现，无穷互鉴，只收在当前一鉴。竖说古今，横说中外，亦俱在当代中国。这才是中华文明复兴的真正力量。[①]

　　应当说，这是中国哲学界关于"世界百年变局"下中国哲学何以自新的最有"冲击力"的论断之一。毫无疑问，这一说法的视野是宏阔的，气魄是雄伟的，观察也是入微的。不过对于绵长深沉的中国传统来讲，能够真正实现"反本开新"的道路又是漫长的。尤其对于作为中国传统文化主体的儒学而言，其"学而时习"、注重日常生活经验践履特色的彰显，又需要久久为功方得实现。由此说来，无论"习之堂儒学馆"的收藏及展览，还是"学而国学小讲堂"的编纂与讲授，皆不过是实现中华文明复兴道路上的不息爝火，尚需更多同道之共同助力，方能星火燎原。

六、"甘苦习之堂"

　　"习之堂儒学馆"自开馆及举办系列展览以来，一直得到诸位师友的关爱与提携，笔者亦受到了莫大的鼓励。广东省社科院哲学与宗教研究所孙海燕兄是山东同乡，擅长诗文写作，曾为"习之堂"撰联云：

---

① 李猛等：《新中国的形而上学》，《开放时代》2021 年第 5 期，第 47 页。

谈书说剑，喜春服既成，岭海游从六七子；

约礼博文，惟弦歌不辍，草堂珍重十三经。

　　海燕兄撰联对仗工整，立意高远，在己自然愧不敢当，却能明白海燕兄对"习之堂"的勉励之意。现任教于西北政法大学哲学与社会学院的李智福兄，当年尚在中大哲学系读博，听闻"习之堂"之创办经历，曾在"习之堂"开馆时赠诗曰：

尼山传薪火，岭表振斯文。

木铎序天地，黉宫纳古今。

　　吾本不擅作诗，仍作五言打油以和智福兄曰：

斯文泽被长，百代数茫苍。

天地一指事，甘苦习之堂。

　　这里所谓"甘苦"，绝非个人创办"习之堂"之苦乐感受，乃指中华传统在现代社会实际境遇之真实况味。立足现代，回眸传统，展望未来，惟有备尝甘苦，方能历久而弥新！

在"耕读研学"中弘扬劳动精神

王莉婧　张清江　张伟*

习近平总书记在全国教育大会上明确指出,教育要培养德智体美劳全面发展的社会主义建设者和接班人,并特别强调:"要在学生中弘扬劳动精神,教育引导学生崇尚劳动、尊重劳动,懂得劳动最光荣、劳动最崇高、劳动最伟大、劳动最美丽的道理,长大后能够辛勤劳动、诚实劳动、创造性劳动。"这一论述突出了劳动教育在"五育并举"中的重要地位和作用,是对马克思主义有关人的全面发展理论的新发展,对于新时代中国特色社会主义教育有根本性的指引作用,并为落实新时代劳动教育提供了根本遵循。2020年,《中共中央　国务院关于全面加强新时代大中小学劳动教育的意见》《大中小学劳动教育指导纲要(试行)》等文件的先后发布,为全面构建体现时代特征的劳动教育体系和广泛开展劳动教育实践活动,作出了顶层设计和全面部署。全面贯彻党的教育方针、抓好新时代劳动教育,成为落实立德树人根本任务的重要内容。这里的关键问题在于,如何在实践中落实这一部署,以真正发挥劳动的综合育人效果,使劳动精神真正得以弘扬。本文基于中山大学哲学系"耕读研学"的创新探索和实践经验,对大学生劳动教育的具体落实提供经验上的介绍和反思,以期对新时代劳动教育的有效开展提供有益启发。

＊　本文作者均为中山大学哲学系教师。

一、劳动与人的全面发展

在马克思主义经典理论中，劳动是人类特有的基本社会实践活动，它创造了人类生存所必需的全部物质条件，是人的生命存在和全部社会活动的前提，是人类全部社会关系形成和发展的基础，也是促使社会历史发展的根本推动力量，用恩格斯的话说，"劳动创造了人本身"，它是整个人类生活的第一个基本条件。在马克思、恩格斯看来，劳动不但创造了人的物质生活，满足人最基本的生存需要，实现社会财富的创造和积累，而且充盈着人的精神世界，人最终要通过劳动来实现人之为人的自由本质。马克思在《资本论》中说："未来教育对所有已满一定年龄的儿童来说，就是生产劳动同智育和体育相结合，它不仅是提高社会生产的一种方法，而且是造就全面发展的人的唯一方法。"因而，生产劳动在根本上关乎人的全面发展，是人类生存论意义上的基础活动，它与资本主义制度下的异化劳动相对立，是人的智力与体力的有机结合和自由发挥。

在中华文明的悠久传统中，勤劳始终是备受褒扬的优秀美德，《左传》有言"民生在勤，勤则不匮"，"天道酬勤"更是我们耳熟能详的表达。中国人对勤劳的推崇，不仅来自农业文明中劳动在物质生活方面的重要价值，更包含着精神转化的深刻意涵：劳动所关涉的身体活动，跟人格养成和道德发展紧密相关，因而具有基础性的教化意义。《孟子》的名句"故天将降大任于是人也，必先苦其心志，劳其筋骨，饿其体肤，空乏其身，行拂乱其所为，所以动心忍性，曾益其所不能"，清楚地将身体劳作与心志修养、能力提升密切关联在一起，其包含的身心关联论述，成为儒家修身学的重要主张。朱熹理学也强调，"洒扫应对"等劳动行为，包含着"精义入神"的性命之理，这些事上磨炼，是格物穷理的重要步骤。正是在这一思想传统中，晚清名臣曾国藩教导其子侄要保持"勤敬"品格时说，"子侄除读书外，教之扫屋、抹桌凳、收粪、锄草,是极好事,切不可以为有损架子而不为也"。"耕读传家"的中华古训,并非把"耕"和"读"作为各自独立的两种行为,而是有着相互支撑、相互促进的内在关联。因而,对儒家传统来说,劳动关乎个人的精神发展和德性养成,是"为己之学"必不可少的组成部分。

可见,无论是在马克思主义的经典主张中,还是在儒家思想的传统论述中,劳动都不是单纯的体力活动,而是跟人的全面发展、尤其是德性养成紧密相关。因而,劳动教育也就包含着要在劳动活动中促进身体和德性各方面发展的内在要求,用今天的话来说,即是要发挥其"树德、增智、强体、育美的综合育人价值"。新时代的劳动教育,更要注重在实践中通过价值取向与实践的结合来实现人的全面发展,要在劳动教育中涵摄德育、智育、体育和美育,它必定包含着理论学习和实践锻炼的综合内容,包含着身与心的共同成长。

二、"耕读研学"及其特色

基于新时代劳动教育的价值理念,结合哲学学科优势,中山大学哲学系精心设计了"耕读研学"课程体系。该课程体系主要由四个部分组成:

"耕"指在农业基地参与农业种植、采摘、分装等耕作任务,同时实现集体生活劳动自理,并开展一定的社区义务劳动等。通过专业的农技师设置由浅入深、由轻及重的耕作教学内容,让学生兼顾农业知识和技能的学习掌握,在生产过程中直接经历物质财富的创造过程,体验从简单劳动、原始劳动向复杂劳动、创造性劳动的发展过程,感受劳动创造价值的直接经验,体会平凡劳动中的伟大。

"读"指在专业教师指导下学习马克思主义哲学、中国传统文化等弘扬积极劳动价值观的经典文献。通过发挥哲学专业优势,指导学生深入研读劳动经典文献,剖析马克思主义劳动观和中华优秀传统文化中劳动价值理论的学理基础,落实社会主义劳动观理论教育,落实个人修养及价值观教育,并在理论联系实践中使学生建立劳动价值认同,最终强化马克思主义劳动观的引领作用。

"研"指运用社会调研的专业方法,在乡村基层开展考察调研,了解乡村的人情风貌、国情社情,厚植学生家国情怀。通过集中讲授乡村社会调研的方法和意义,指导学生形成访谈提纲,明确调研目标,并最终形成书面调研报告。通过实地走访和入户调研,拓宽学生对乡村社会状况的认识,以此让学生深入了解实施乡村振兴战略前后农村生产生活方式的变化,加深对党领导中国人民打赢脱贫攻坚战伟大意义的认识。

"学"指认真学习新时代劳动教育理念,以综合学习与生活劳动教育相结合,使学生形成正确、积极的社会主义劳动观和价值观。通过集中的课程将生产劳动、劳动理论学习、社会调研、日常生活劳动融为一体,极大增强劳动教育学习效果,有效提升学生的劳动价值认同,促使学生在亲近自然、感受自然中,学会带着哲学的理论和眼光更加切实地关注生活、思考生活、热爱生活,学会尊重每一位平凡的劳动者。

该课程体系的设计,涵盖马克思主义劳动观教育、生产劳动教育、社会调研、日常生活劳动等方面,一方面通过发挥学科优势,落实社会主义劳动观理论教育,另一方面通过发挥农业基地平台优势,开展生产劳动和日常生活劳动,使学生既能够强健体魄,树立正确的价值观,培养优秀品德和实践能力,也能够体验基层社情民情,理解个人成长与社会发展的内在联系,厚植家国情怀。其主要特色是:

(一)强调"耕读研学"不同部分之间的内在贯通与协调促进。充分发挥耕、读、研、学等不同部分各自的育人功能,并将之贯通成为具有内在统一性的有机整体,力图在一个集中、特定的时空场景中,让学生通过劳动的基础路径展开自我学习和身心实践,提高学生劳动素养,培育其劳动精神。

(二)强调经典、社会与自然等不同维度的共同涵养和相互支撑。在

"耕读研学"的课程体系中,学生要触及经典、社会和自然等不同维度,并由此获得不同身心智慧的涵养育化。在自然中感受美,在调研中了解社会,在经典中学习知识和精神价值,在与他人的相处和实践中克服自我的封闭性,这些都对塑造学生整全人格具有积极正面的价值。

(三)以劳动实践延伸至知识传递、家国情怀和创新精神的综合培育。
"耕读研学"不是单纯的劳动实践,还包括知识内容的传递和对社情民情的切身关注,对于培育学生的家国理解和爱国情怀具有重要意义。此外,对生活经验的真切感受,对于哲学反思和构建意义非常重要,也会成为思想创新的实践动力。

因而,"耕读研学"课程体系可以最大限度发挥哲学的理论优势,将这一优势与社会生活实践关联在一起,在经典、社会与自然的共同涵育下,将专业理论与学生的身心发展、社会实践有机融合,引导学生崇尚劳动、尊重劳动,培养正确的劳动价值观和良好的劳动品质,培养他们的家国情怀、创新精神和实践能力。这一课程体系的实践,真正体现了劳动教育的综合育人理念,为人文基础学科如何落实新时代劳动教育提供了一条创新路径和思考方向,对于推动新时代劳动教育的开展具有重要的借鉴和启发意义。

陕西师范大学哲学书院"劳动哲学与时代精神"课程设计

石碧球　哲学书院通识教育课程组*

【摘　要】　陕西师范大学哲学书院的"劳动哲学与时代精神"课程着眼于劳动教育这个时代问题,在哲学上深挖与劳动教育有关的存在、技术、教育、家庭、正义等问题,配合对于中西历代著名哲人有关劳动之论述经典的阅读,同时在实践上积极推行师生一体的农业劳动与工业劳动,从而增强学生的动手能力,实现知行合一,促进优秀拔尖创新人才的培养。

【关键词】　劳动教育;时代精神;书院制

一、前言

为充分发挥哲学学科在拔尖人才培养中的基础性作用,陕西师范大学依托七十年来形成的文化传统和学科优势,积极对标基础学科拔尖学生培养计划 2.0 和"新文科""新工科"重大战略需求,于 2019 年 6 月正式揭牌成立全国首个以学科为归属的书院——哲学书院,在"哲学+"人才培养方

---

*　本文作者均为陕西师范大学哲学书院教师及课程组相关参与者。

面进行了积极的探索,形成了独具特色的学科制书院育人模式。

哲学书院每年面向全校选拔 100 名左右非哲学专业的文理工各学科学生进入书院,进行为期两年的哲学通识核心课程的学习。书院为学生开设"哲学基础与前沿""哲学经典导读""伦理与文化生活""逻辑与批判性思维""科学与宗教文明"五大模块近 40 门课程。通过系统的哲学课程学习和要求,使非哲学专业学生在完成所学专业的基础上,培养跨学科素养,从而使跨学科复合型人才培养目标可以落到实处。

"劳动哲学与时代精神"课程隶属于五大模块中的"哲学基础与前沿",本课程基于劳动在整个人类生活中、尤其是在现代生活中的重要意义,依托中西历代哲人对于劳动问题的经典论述,深入贯彻《中共中央　国务院关于全面加强新时代大中小学劳动教育的意见》文件精神,开展了以课堂教学、沙龙与耕读实践多元一体的劳动教育实践活动,力图实现学生在德、智、体、美、劳等五方面的全面发展。

二、课程开设的意义及组织形式

恩格斯曾说:"劳动创造了人本身。"劳动的发展推动了人类及其文明的发展。伴随着人类社会的劳动内容、劳动类型与劳动关系的持续发展变化,关于劳动的哲学研究也一直在不断扩展。尤其在现代社会,公私边界的模糊化、技术革新与产业变革、新型劳动的涌现等无疑对传统的分配制度、伦理关系与价值观念,甚至人类理解自然与自身的方式等带来了诸多挑战,同时也丰富和深化了人们对劳动的内涵、地位、价值等的认识与理解。本课程以马克思主义劳动哲学为中心,融合不同哲学传统与流派的思想智慧,从"真""善""美"等不同维度来对"劳动"这一主题进行全面系统的哲学考察,以引导学生从各个角度审视与反思各种劳动现象、问题与理论,促其在变与不变中思索劳动与人、自然的内在关联,并将这些思考应用于自身的实践选择。

本门课是哲学书院诸位导师尤西林、丁为祥、袁祖社、宋宽锋、赵卫国、戴晖、寇东亮等基于自身的研究专长与兴趣，共同为同学们精心准备的哲学盛宴。具体将主要采取学术讲座的形式，采用"小班教学＋小班讨论"的教学形式，每班不超过 30 人，每个讨论小组不超过 10 人。除了以老师讲授为主的课堂讲授外，还有不少于 3 次的课外研讨课。每次小组研讨课，以启发、阅读、论证和交流为主要形式，让不同学科专业的学生在对话交流中进行思维碰撞，充分发挥哲学能量，实现价值引领、知识教育和能力培养的有机统一。

同时辅之以"南山耕读"的劳动实践，劳动实践活动属于哲学书院的第二课堂活动的一部分，第二课堂活动学术性与趣味性兼具，可以创造性地形成德智体美劳全人育人形式，全方位、多维度地将哲学教育贯穿到书院跨学科育人的全过程，服务复合型人才的培养。"南山耕读"就是"劳动哲学与时代精神"课程延伸的第二课堂，古罗马哲学家鲁福斯曾呼吁哲学家过一种农夫的生活，我国自古则有"耕读传家"的文化理念，本门课在某种程度上便是对"耕读"哲学生活的一种探索与践行。

三、课程大纲及主要内容

"劳动哲学与时代精神"课程共计 14 讲，前三讲属于概论性质，从导入、历史、本质等方面阐释劳动，从第四讲到第十四讲，通过哲学的各个主要方面，结合劳动自身的问题展开讨论，具体从技术、修身、幸福、教育、价值、正义、家庭、性别、自由、文明等 11 个维度展开，具体内容如下：

第一讲为"作为人类本体的劳动——劳动哲学导论"，主讲教师是资深教授尤西林先生，具体内容如下：劳动是人类维持生命新陈代谢特有的方式。它是人对物质对象的加工改造（自然科学与技术）、群体协作（社会科学）与主体自我意识（人文科学）三重统一的有机系统。全部人类行为及其文化都根源于上述劳动系统,并在与劳动的互动关系中获得价值意义。劳动的人类学本体地位受到人工智能的挑战。需要回应的两大问题是:(1)人工智能是否可能取代人类劳动?(2)不劳动的人的生存意义是什么?①

　　第二讲为"劳动的观念史",主讲教师为石碧球副教授,内容如下:劳动观念的变迁折射出时代思想和社会心理的深层变动。本讲拟以马克思劳动学说为中心,聚焦中西劳动观念的产生和发展过程,对中西哲学传统中有着深刻影响的劳动观念进行一种概念史的考察,力图在此基础上科学阐释劳动概念在存在论、认识论、价值论等维度上的丰富内涵。②

　　第三讲为"劳动与存在",主讲教师为尹兆坤副教授,内容为:劳动是人的最基本的存在方式之一,不管是古希腊赫西俄德的《劳作与时日》,还是《诗经》中的《七月》都在揭示——劳动是人最原始的生存体验。在这种生存体验中,劳动把人与天地万物紧密地联系在一起,随着时间的演替,人在劳动所建立的这些原始的联系中,既辛劳,又在实现人之为人的各种本质活动。我们可能已经用越来越少的时间去从事劳动,甚至闲暇倒成了现代人的主要生存方式,然而在闲暇中,不再为生活所迫恢复原始的劳动倒成了其基本的追求目标。③

　　第四讲为"劳动与技术",主讲教师为赵卫国教授,简要内容为劳动与

①　黑格尔:《精神现象学》上卷,贺麟、王玖兴译,北京:商务印书馆,1979年,第127—132页;马克思:《1844年经济学哲学手稿》,中共中央马克思恩格斯列宁斯大林著作编译局编译,北京:人民出版社,2000年;马克思:《资本论》,载中共中央马克思恩格斯列宁斯大林著作编译局编译:《马克思恩格斯全集》第23卷,北京:人民出版社,2002年,第208—209页;尤西林:《自由劳动与中国当代休闲形态》,《中国高校社会科学》2020年第4期,第136—145页;尤西林:《生命与时间(上、下)》(清华讲座与讨论),见https://mp.weixin.qq.com/s/GVLCZ-9s7JviW1A5zlE4RQ; https://mp.weixin.qq.com/s/13nqaTFNfF7B7wronMyPgA。

②　马克思:《1844年经济学哲学手稿》;汉娜·阿伦特:《马克思与西方政治思想传统》,孙传钊译,南京:江苏人民出版社,2007年;余英时:《中国近世宗教伦理与商人精神》,台北:联经出版,1987年。

③　吴雅凌:《劳作与时日笺释》,北京:华夏出版社,2015年;李学勤主编:《十三经注疏·毛诗正义》,北京:北京大学出版社,1999年;马丁·海德格尔:《存在与时间》(中文修订第二版),王庆节、陈嘉映译,北京:商务印书馆,2015年。

技术，一个看似平常的话题，其实蕴含着丰富的内涵。劳动，被古代贵族看作羞于从事的活动，被现代人时而看作摧残生命的异化，时而又想象为自由自在的创造。在希腊语中，技术和艺术本身就是同一个词，技术往往被视为匠人们的手艺，但也不乏高手庖丁解牛之艺；艺术通常被看作高级的活动，但大多艺人也仅仅处于卖艺层面。古代技术简单落后，但可以享受生态大米和环保蔬菜，现代技术让人上天入地，但将人控制在各种系统和指标中。异化劳动和自由劳动、技术和艺术到底如何统一，这一问题本就错综复杂，而劳动和技术又是什么关系，几乎已超出智力可作解答之范畴。本课即尝试提出这些问题。[①]

第五讲为"劳动与修身"，主讲教师为丁为祥教授，简要内容为：中国人的耕读传统由来已久，自始便包含着劳动与修身的双重内涵。从宋代的"平民社会"起，耕读正式成为士人的一种重要而普遍的生活方式。北宋张载以耕读为"治生之业"；在明代，从陈白沙到王阳明，无不是成熟耕读生活的践行者。耕读传统就是"目视耳听，手持足行"的知行合一、就是"慎独与诚意"统一之下的据德立业。而这一传统，可以上溯至孟子"劳心、劳力"的社会分工和庄子"得之于手而应之于心"的心手并用。可以说，据德创新是我们这个时代所需要的开创精神，而耕读修身正是据德立业的功夫，也应当成为我们据德创新的精神底气。[②]

第六讲为"劳动与幸福"，主讲教师为袁祖社教授，简要内容为：幸福是迄今为止人类一切有目的的自主活动的最高目标，在自由自觉的活动中并通过这种活动满足、创造并不断实现自己多方面的需要，是人类的至福。劳动创造幸福，幸福是劳动美好德性的实现。从理论层面讲，合理、平等的劳动关系背景下，劳动者在劳动过程（生产和交往）中，在劳动产品的拥有和

① 马克思：《1844年经济学哲学手稿》；尤瓦尔·赫拉利：《未来简史》，林俊宏译，北京：中信出版社，2017年；海德格尔：《林中路》，孙周兴译，北京：商务印书馆，2018年。
② ［元］舒天民：《六艺纲目》，上海：商务印书馆，1937年；丁为祥：《发生与诠释：儒学形成、发展之主体向度的追寻》，北京：人民出版社，2015年，第1—3章。

享受中,同时拥有和感受幸福。但是在历史上和现实中,由于不平等的雇佣劳动关系的存在,尤其是近代社会以来,受启蒙现代性指导的资本逻辑对于生活逻辑等的僭越,导致劳动过程中劳动者并不总是感到普遍的幸福,而是视劳动为苦役或者不得已的强制性义务,劳动过程中劳动者主体不是积极、主动的自我肯定、自我认同和自我满足,而是充斥着消极意义上的疏离和被剥夺、被排斥的感觉。①

第七讲为"劳动与教育",主讲教师为胡金木教授,简要内容为:教育同生产劳动相结合是马克思主义的重要理论观点,也是关于教育的根本原则,期望通过教劳结合来促进人的全面发展。可见,劳动具有重要的育人价值,对人的身体、技能、智力和品德等各方面都有重要的促进作用。在具体的劳动教育中,我们认识到劳动教育要义在于通过劳动培育学生全面发展,这不等于简单具体劳动技术的学习,要做到与学习融通,坚持对教劳结合思想内涵的根本遵循;与生活沟通,深掘"具身性"劳动教育情境;与社会联结,彰显劳动教育的时代价值。

第八讲为"劳动与价值",主讲教师为寇东亮教授,简要内容为:一、劳动与财富的"价值形式":拜物教批判;二、抽象劳动与现代"价值"哲学:抽象统治批判;三、雇佣劳动与劳动力"价值":自我所有权批判;四、劳动解放与新财富观。②

第九讲为"劳动与正义",主讲教师为宋宽锋教授,简要内容为:正义论是政治哲学的主要论域之一,而对劳动的政治哲学思考也不可避免地关涉正义的论题。人类总是在一定的社会经济制度的前提下展开合作性的劳动,而作为前提的社会经济制度本身就存在正义与否的问题。与此相关联,劳

---

① 马克思:《1844年经济学哲学手稿》;马克思:《资本论》;马克思:《雇佣劳动与资本》,中共中央马克思恩格斯列宁斯大林著作编译局编译,北京:人民出版社,2019年。

② 马克思:《商品的拜物教性质及其秘密》,载中共中央马克思恩格斯列宁斯大林著作编译局编译:《资本论》第1卷,北京:人民出版社,2018年;西美尔:《货币哲学》,陈戎女、耿开君、文聘元译,北京:华夏出版社,2020年。

动的收益和负担在人们之间应该怎么分配？劳动是每个人所拥有的一项基本权利吗？或者劳动是人们不可推卸的一种社会性义务？劳动之所以应该作为人的一项基本权利，是因为劳动乃是人的本质力量的自我确证或者人们获得社会承认的主要方式吗？个体的工作选择是否涉及正义的考量？等等。本讲将尝试追问和回答上述问题。①

第十讲为"劳动与家庭"，主讲教师为王辉副教授，简要内容为：以黑格尔为代表的关于劳动的传统观点认为，劳动是艰苦的，但它带来自我的解放。从阿伦特的立场来说，讲劳动，就是讲人的社会性。人的最小的社会性表现为家庭（oikos），即家庭是最大的私人领域或最小的公共领域。家庭之劳作表现有二：个体生计之维系和物种生命之繁衍。前者为家政，后者为性，合称即为"饮食男女"。这两者保留了最多的动物性要素。阿伦特认为，这种劳动属于前政治的阶段。它基于人的动物性而保留了暴力，因而是为动物性所控制的，是不自由、不平等的。但是，它是政治生活和公共领域的自由政治实践的前提条件和基础。福柯的权力理论佐证并深化了阿伦特所说的前政治阶段的特质：家政和性，都无一例外地表现着权力关系，并为其所构成。如果在黑格尔和马克思的意义上，劳动获得解放；那么在福柯的意义上，劳动恰恰促进了压制与规训的完成。劳动与家庭的关系，恰恰表现为生命与权力之间关系的一个缩影。②

第十一讲为"劳动与性别"，主讲教师为于江霞副教授，简要内容为：出于各种文化、制度与环境因素，劳动在很多社会中都有强烈的性别化倾向。这使得女性的各种劳动很难从市场价值的角度被承认、被衡量，进而造成了诸多的不平等和不公正。本讲将尝试追踪以往劳动（哲学）研究中的"性别

---

① 约翰·罗尔斯：《正义论》，何怀宏等译，北京：中国社会科学出版社，2009年，参考阅读该书的第十一节"正义的两个原则"；罗伯特·诺奇克：《无政府、国家与乌托邦》，姚大志译，北京：中国社会科学出版社，2008年，参考阅读该书的第七章"分配正义"。
② 米歇尔·福柯：《性经验史》，佘碧平译，上海：上海人民出版社，2016年；汉娜·阿伦特：《人的境况》（第2版），王寅丽译，上海：上海人民出版社，2021年；比尔基埃等编：《家庭史（全三卷）：现代化的冲击》，袁树仁等译，北京：生活·读书·新知三联书店，1998年。

盲点",主要从女性主义哲学,尤其是马克思主义女性主义的角度分析性别分工的根源及其困境,并考察各种"新"型劳动的哲学内涵及其可能带来的伦理、政治与社会影响。①

第十二讲为"劳动与审美",主讲教师为戴晖教授,简要内容为:现代人生活在为商品所覆盖的世界,人作为劳动力也是商品。马克思揭露了商品世界的虚伪,为社会生产的自由和人的自由指明了方向。马克思把审美的本质归结于自由的生产劳动,于是改造社会经济基础不仅是实现劳动自由的前提,也是重新获得美的生活规范的必要条件。人在非资本主义的生产劳动中曾经具备以美为规范的居住方式并且积累了丰富的艺术类型,黑格尔在《精神现象学》中创造性地阐述了作为精神自我意识教养的劳动和相应的劳动者宗教。②

第十三讲为"劳动与自由",主讲教师为寇东亮教授,简要内容为:一、作为"物质变换"的劳动与必然王国的自由;二、作为"谋生手段"的劳动与偶然王国的自由;三、作为"第一需要"的劳动与自由王国的自由。③

第十四讲为"劳动与文明",主讲教师为袁祖社教授,简要内容为:劳动与文明之间是一种双向同构、相互依存的关系,相机互生,互为前提,辩证同构。劳动为文明奠基,文明升华、玉成劳动。劳动是一切形态的文明的基础,劳动创造、变革、推动并实现特定人类文明的发生与进步。劳动理念、劳动工具的改进、劳动方式(生产与分配)的变迁,决定着人类文明形态的变

---

① 马克思、恩格斯:《马克思恩格斯文集》第4卷,中共中央马克思恩格斯列宁斯大林著作编译局编译,北京:人民出版社,2012年,第35—95页;阿莉·拉塞尔·霍克希尔德:《心灵的整饰:人类情感的商业化》,成伯清、淡卫军、王佳鹏译,上海:上海三联书店,2020年,第八章"性别、地位与情感";上野千鹤子:《父权制与资本主义》,邹韵、薛梅译,杭州:浙江大学出版社,2020年,第三章"家务劳动论争"。

② 贺伯特·博德:《黑格尔〈精神现象学〉讲座:穿越意识哲学的自然和历史》,戴晖译,北京:商务印书馆,2016年;《美学原理》编写组:《美学原理》,北京:高等教育出版社,2015年;王杰主编:《审美人类学》,北京:人民出版社,2021年。

③ 马克思:《工作日》,载中共中央马克思恩格斯列宁斯大林著作编译局编译:《资本论》第1卷;徐志伟、王行坤主编:《"后工作"理论》,上海:华东师范大学出版社,2022年。

革。文明作为人类的存在方式,不仅仅是人类劳动实践的智力成果,在更深层的意义上,被正确理解的人类文明,更是深刻、全面地表征着一种与人类进化内在一致的优良的生存秩序、较高的生活品质,以及高远的精神境界。劳动与文明价值观的生成与确立之间因此具有深刻的同构性,脱离劳动谈论文明,缺少了历史与理论的深度,必然陷入抽象。同时,缺少先进文明引领的劳动,难免野蛮。全面呈现并深度挖掘人类劳动的文明质素,其目的在于建构一种代表了人类未来演进方向的新型的"劳动文明"。①

四、小结

综上,陕西师范大学哲学书院立足哲学思维,贯彻《中共中央　国务院关于全面加强新时代大中小学劳动教育的意见》文件精神,紧抓对于时代具有重要意义的劳动问题,广泛利用校内优质师资,开设了"劳动哲学与时代精神"课程。结合内容丰富的第二课堂活动,包括有关哲学家论劳动的哲学沙龙,以及在南山的耕读实践活动,使劳动教育贯彻到课堂上,贯彻到学生的生活中去,为在高等院校中开展劳动教育提供了良好的经验,为学校的优秀拔尖创新人才的培养作出了巨大贡献。

———————————

① 马克思:《1844 年经济学哲学手稿》;马克思:《雇佣劳动与资本》;马克思:《资本论》。

理论深耕

教学的知识权力问题：以在线教学的虚拟空间为例

黄鼎元[*]

【摘　要】　教育哲学的研究中，后现代的教育哲学侧重面向之一为教室空间，知识与权力之间的关系。这种知识与权力之间的建构，因为在线教学的模式受到挑战。近两年又受疫情的影响，教学现场大量从实体转为在线，致使教学的技巧与教案设计受到挑战。本文将从法国哲学家利奥塔关于知识和语言游戏的建构出发，再次思考边沁与福柯对于教学空间与权力之间关系的论述，并指出其对后现代教育哲学的讨论议题能有何建议。

【关键词】　教育哲学；空间符号学；知识；课程符码再脉络化

一、前言

在教育哲学研究的领域中，对后现代教育哲学的讨论中有许多值得发展的议题。后现代教育哲学议题广泛，例如通过马克思主义、女性主义或多元文化观点来重新思考教育、教学场域、师生角色与关系，等等。在众多议

---

*　黄鼎元，台湾辅仁大学，全人教育课程中心暨教育领导与发展研究所助理教授及项目教学人员。

题内,教育场域,也就是教室及学校空间的设置,包括其中作为空间符码的课桌椅摆设、教室分布方式等,其中一种讨论方式是将其联结于身份及权力加以讨论。特别若从福柯(Michel Foucault)对规训与空间关系的分析来看,教室空间内的教学关系和权力支配及被支配有关。但是在疫情后,教学方式其一主流由实体改为在线,这种权力间的支配关系是否面临因为空间转变而产生了改变的状态? 为此,本文将从教学中的空间、身份与权力的关联作为出发点,通过后现代教育哲学的理论来思考教育场域的空间问题。为能讨论上述议题,本文将通过以下各部分加以论述:首先,我们将讨论教学空间与知识权力分配间交织的关系,思考远距教学在教学空间上的影响;其次,我们将通过利奥塔(Jean F. Lyotard)在《后现代状态》(*The Postmodern Condition: A Report on Knowledge*)中对知识商品与语言游戏关系的分析,思考互联网上知识对教学权力的影响,并特别根据他对语用学的分析,说明教学现场与教育空间的权力关系;最后,我们将以伯恩斯坦(Basil Bernstein)对教育机制的分析,思考授课教师在此网络教学的教学场域中扮演何种角色。

二、教学空间与知识权力分配

教学行为可以发生在许多不同的场合,不论是我们熟悉的校园或教室空间,或是在线教学时的虚拟空间。教学空间,特别是实体的教室,被认为是师生关系直接产生的场域,且空间关系上因为教学与被教学之间的知识与评鉴支配而产生权力关系。但是这种实体空间与权力的关系,因为网络/远距教学的教学方式而发生改变。

(一)空间、身份与权力

空间与身份及权力有密切关系。空间作为一个文本,能使我们理解其内（物理意义上之）相对物。因为作为背景的存在，空间对其中的使用者及存在其中的物理客观存在所产生和接受的意义具有强制力。作为背景的空间，其特定范畴被从社会角度划分为场域，也就是特定团体的特定意义可被凸显的场域，例如无障碍空间，或性别专用空间。[①] 我们在此提出两个范例，说明空间-身份-权力间的关系：

1. 布尔迪厄（Pierre Bourdieu）对柏柏尔人（Berbers）方位的理解：在《阿尔及利亚1960》（Algeria 1960）一书中，布尔迪厄向我们展示了空间在承载意义的情况下，可以带有一种意义展示上的颠倒。[②] 柏柏尔人传统房屋中以方位标示男女的对立，以门坎为界形成颠覆世界，并以主梁与横梁交错表示社会意识形态。柏柏尔人白天/夜晚对比于男人/女人和房子的内/外及高/低之间的关系与行动上的差异，这在男主外女主内的范例上都可适用。为此，建筑范例标示出权力进入的可能，空间符号成为一种社会语言/规则统治的宽松样式。布尔迪厄在范例中另外加上时间因素，使原本空间的结构与权力被颠倒。经过霍奇与克雷斯（R. Hodge/G. Kress）对布尔迪厄原图的简化，柏柏尔人房屋可区分为两个部分[③]：

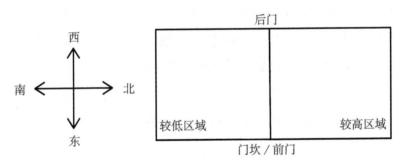

图 1　柏柏尔人房屋简化示意图

对于这种房屋与方位的概念，布尔迪厄建构起时间与空间上的对比结

①　罗伯特·霍奇、冈瑟·克雷斯：《社会符号学》，周劲松、张碧译，成都：四川教育出版社，2012年，第75页。

②　P. Bourdieu, *Algeria 1960*, Cambridge: Cambridge University Press, 1979, pp. 133–155.

③　罗伯特·霍奇、冈瑟·克雷斯：《社会符号学》，周劲松、张碧译，第72页。

构:男人/女人、白天/晚上、屋内/屋外。我们在下图可以看到屋内外的对立性,屋内还包括干燥/潮湿之间的对立。根据这种空间与方位的建构,性别/身份在空间内获得/遵守相对应的权力。[1]

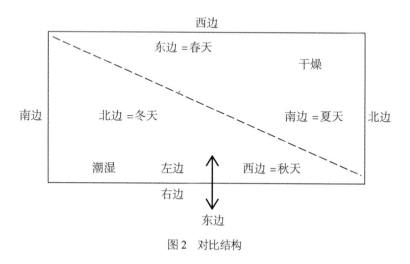

图2　对比结构

2. 前庭草坪权力的展现:空间与权力关系的展现,其中之一特例发生在美国住宅的前庭草坪(Lawnscape)上。在美国,部分住宅前设有一片草坪,玛瑞丝克(Sarah Marusek)在讨论空间符号学的过程中提到,即便一个房子前面有一片草坪,这个房子的主人也不一定拥有对这片草坪的权力。她引用雅农(Dvora Yanow)的文章指出,空间是一种语境化的元素,能传达社会、政治、文化等意义,而不只局限于建筑物,因为权力在空间中被创造时不仅在于空间的建构或用途,还包括这个空间对意义的传达与争论、反应及参与的过程。[2]

上述两个案例让我们注意到,空间-身份-权力间关系密切,此外,从电梯中的避让与站位也可看出这种关联性。依此前提,我们可以将这种关系应用在对教室内部权力的分析上。

① 罗伯特·霍奇、冈瑟·克雷斯:《社会符号学》,周劲松、张碧译,第152页。
② Sarah Marusek, "Lawnscape: Semiotics of Space, Spectacle, and Ownership", *Social Semiotics*, Vol. 22(4), 2012, pp. 447-458.

（二）教室的空间与权力的分配

教室的空间作为规训的场域，其结构反映特殊权力机关场所中对知识与权威间的权力建构。庄文瑞指出，教室在设计上通过特殊结构的安排，让所有人一见到教室的空间即可理解此处被设置为教室：虽然教室内部的空间尺寸、课桌椅摆设方式，还有采光程度彼此并不一样。这样的结构，其目的在于强化教室作为学习场所之作用，所以不论教室内桌椅如何被安排、讲台的高低与否、讲桌摆设位置、黑板的设计等等，都在整体上形成一定的特定结构。[①]

这些结构放置在一个又一个被隔离的空间内，这些空间彼此孤立无法相连，其隔离分野是通过门窗作为空间符码加以区分。门窗的关闭与否与教室内人员在精神与心理上的疆界化（territorization）无必然关系，只要在制度上被编入此空间内即可让属此空间的成员在身份上产生认定。更进一步，属于此空间内的成员视自身具有服从之义务，顺服于授课或教学权力上被赋予权力的支配者而成为权力的被支配者——在此空间（及其编码过程中），老师与学生同样产出对自身身份权力的认知，并通过教室空间建构起权力上支配者/受支配者之身份。我们可以视这种身份认同为根据教室结构所建构出的中心化（centralization）概念，并将教师支配权力的身份视为整间教室的权力中心所在。

将教师确立为权力中心的，不只是教室空间的建构，还包括设备与规训条件的配合。从外在来看，校园围墙的再疆界化会强化身份与角色的认同，各间教室的存在如同全景监狱里的各间牢房。巡堂者即起到狱卒之作用，用意在督促授课教师（及课室内学生）遵守校园的规则。我们在这里可以看见建构在课室内的老师与学生，以及校园内的学校与老师之间的双重的

---

① 庄文瑞：《校园的知识/权力分析》，《东吴哲学学报》1997年第2期，第198—202页；另见黄鼎元：《远距教学中的反语言现象：以哲学课程为例》，台湾辅仁大学哲学系第17届哲学教材教法学术研讨会（远距在线研讨会），2021年6月5日。

权力支配与被支配。为此,校园作为一授课空间成为赋予特殊权力的场所,特别通过校规、上下课时间、放假天数的多寡,或是特定节日的纪念性等规训的作用得到强化——此为规训的条件,并延伸至制服、各项竞赛等相关条件。庄文瑞认为,这种权力/权威/知识的关系,随着严谨的制度化而更稳固。任何进入此权力宰制体系的个体,都必须遵守校园内制定的规范内容:在此,我们注意到身份与权力在空间场域中的交错关系。①

(三)转向虚空间的师生结构

上述教室空间的概念,意味着当教室权力中心化后,教室内的各种设施将转化为权力宰制的符码:包括课桌椅方向、讲台、讲桌,甚至电子化设备均是如此。以课桌椅为例,课桌椅的相同方向使学生身体统一朝向黑板,从而通过身体的规训建构教师权威。这种身体规训包括老师站着而学生坐着,即通过站与坐、高与低的差异,建构起身份与阶级的落差。② 但是,此处空间与权力的关系其前提是在实体教室内,因为实体教室才有空间及其相对应的符码让知识通过空间符号建立起所需要的权威。

2020 年后,受到疫情的影响,原本的线下课程(被迫)改为采用在线进行方式。虽然虚拟网络授课仍有师生关系,也有讲授与学习活动,但是在线授课方式却与实体教室内课务活动有所差异。原本建构权力权威的符码,例如讲桌或讲台不复存在,即便有讲桌或讲台,当授课教师以坐在桌前的方式讲授时,其与学生在身高位置方面的相对性与网络视频博主相近,此时建构授课教师权力的符码从实体空间转换为虚拟的权力宰制,例如分数的应用。网络授课所用平台与实体授课所用校园场域不同,致使教学端出现过往未曾想过的现象:从技术层面(老师网课不会操作或忘记打

---

① 庄文瑞:《校园的知识/权力分析》,《东吴哲学学报》1997 年第 2 期,第 204—205 页。
② 参见黄鼎元:《远距教学中的反语言现象:以哲学课程为例》,台湾辅仁大学哲学系第 17 届哲学教材教法学术研讨会(远距在线研讨会),2021 年 6 月 5 日。

开麦克风）到个人问题层面（如老师在镜头前抽烟或背景传来不雅声音），致使媒体呼吁需要为网络课程订定相关法律规范[①]。这些现象的背后，蕴含着授课教师在离开经由实体空间建置的权力支配后，显露出的教学活动中知识与权力间关系的不平衡。与此同时，虚拟的教学空间虽然是虚拟的，但作为教学方式仍具有教与学的互动，以及空间的相关特性：用盖恩斯（E. Gaines）的论点来说，空间作为一个语词/术语，是用以描述存在于其他重要现象间的相关面相，然而与此同时空间却是沉默而被忽略的背景。物理空间作为第一义是无法被认知的，唯有通过作为符码（例如摆设）的第二义始可获得被诠释意义结果的第三义。[②] 因此，网络虚空间虽然虚拟，却仍然可被我们视为一种沉默背景——此点可在那些描述进入网络"空间"的作品中看出。

三、利奥塔的角度：知识与权力的建构

若虚拟网络空间成为新的教学场域，那么在此间教学活动中，知识传递的权力基础或过程是否有所改变？如果教室内空间及其符码对知识权力的建构如此重要，那么这种知识权力为何会因为空间而被建构？我们在此援引法国哲学家利奥塔的理论，说明论述形式对教学产生的影响。

（一）教学作为叙述知识的语用学

利奥塔在《后现代状态》中提到两种讨论事实陈述的语用学：一种是叙述知识的，另一种则是科学知识的，前者可被认为是教学，后者可被认为是研究。利奥塔主张，叙述知识与科学知识的语用学彼此互为因果：研究需要

[①]　例见朱宁宁：《规范网课缘何需要一部专门法律》，《法治日报》2021 年 3 月 23 日，http://www.legaldaily.com.cn/index_article/content/2021-03/23/content_8463610.html。

[②]　E. Gaines, "Communication and the Semiotics of Space", *Journal of Creative Communications*, Vol. 1(2), 2006, pp. 173–181.

教学,教学则为研究的必要补充。教学过程中,知识的生产获得保障,因为其预设了学生作为受话者而不知道老师作为发话者所知道的内容,同时还预设了学生可以通过学习成为跟老师一样有能力的专家。这两个预设还要求第三项预设:有一些陈述,为他们而进行的辩论和提出的证据被认为是充足的,所以可以不断传递下去。

考虑到利奥塔对两种语用学的讨论和对高等教育内的状态的陈述,对于高中以下的教育,我们可以暂且不论科学知识的语用学,仅把重点置于叙述知识的语用学。叙述形式在传统知识表达中占有主导地位,且作为一种形式可视为知识的完美形式,利奥塔从五方面描述了叙述知识的特点[①]:

1. 那些作为民间故事讲述的,是所谓正面或反面的养成,也就是英雄追求的成功或遭遇的失败。

2. 叙述形式不同于知识论论述的发达形式,它自身能接纳多种不同的语言游戏,以及陈述方式所具有的许多类别,从而带来实施能力的标准。

3. 叙事的传递需要遵守规则,这些规则确定叙事语用学,可以通过特定或相同的程序开始他的叙事。叙述者因为自己曾经听过这个故事才获得了讲述的能力,听叙述的人通过听这个故事也可能获得相同的权威。叙述历来都是转述,虽然这样的转述无法建立合理的普遍化,因为占据发话者位置的那个人,其权力建构在双重事实上:一是曾经占据受话者位置,二是被一个叙事者讲述过姓名,亦即曾经在其他叙述单位中处于故事被指涉的位置。

4. 叙述形式遵守一种时间的节奏,能在叙事时建构起时间作用,让叙事者找到自己的社会关系。

5. 推崇叙事形式的文化,正如不需要回忆自己的过去,也不需要特殊程序来准许叙事。

---

① J. F. Lyotard, *The Postmodern Condition: A Report on Knowledge*, Geoff Bennington & Brian Massumi(trans.), Manchester: Manchester University Press, 1984, pp. 16-23.

这种叙述形式的语用学作为教学内容正为教学仪式所需，并在实体教室内构成知识与讲述权力的基础。利奥塔以卡西纳瓦人的讲述为例，一个讲故事的人于开始时带有固定公式（"下面是X的故事，和我历来听到的一样，现在由我讲给你们听。"）；讲述过程中表现出固定的震动性与音乐性，表现出晦涩但固定的吟唱，并以年轻人为对象，即便这些年轻人不一定能理解；到了吟唱结束时，这个讲故事的人同样又以固定公式结束（"X故事在这里结束，给你们说故事的人是某个卡西纳瓦人人名，在白人那里被称为如何的白人人名。"）。

（二）作为仪式的需求

利奥塔所指出的教学行为中的那种叙述知识的语用学，在卡西纳瓦人那里是一种仪式性的知识传递，但教育现场也是一种可被重复与模仿的教学仪式。伯恩斯坦指出，仪式作为终极经验的表达，存在于学校作为教育机制的场域内。他在1966年的论文《教育的仪式》（Ritual in Education）中，针对教育现场仪式现象作出了观察与说明。[①] 伯恩斯坦认为，学校通过工具性与表意性秩序分别建构出共识性与分化性仪式。学校的仪式化是传递单一意识形态和维系社会整合的主要手段之一，且学校本身就象征着未来的社会秩序。当学校本身可以作为一种社会形式时，学校将以一种固定或认定的属性为学生进行安置与分组，仪式化也将高度发展。若学校确实以这种固定属性作为秩序化关系的基础，就会发展出明确的垂直性与水平性社会组织：伯恩斯坦认为这种结构为阶层性结构（stratified structure）。此处所谓的仪式是一种限制型符码，通过高度累赘的沟通体系传达意义，带有冗

[①]　B. Bernstein, H. L. Elvin & R. S. Peters, "Ritual in Education", *Philosophical Transactions of the Royal Society of London. Series B, Biological Sciences*, Vol. 251(772), A Discussion on Ritualization of Behavior in Animals and Man (December 29, 1966), pp. 429–436. 该论文后来收录于1975年出版的《阶级、符码与控制》第3卷第2章（Basil Bernstein, *Class, Codes and Control, Volume 3: Towards a Theory of Educational Transmission*, London: Routledge & Kegan Paul, 1975, chap. 2.）。

长的沟通形式。其特性是无需言语却带有高度浓缩的意义。例如水口洋在《学校礼仪活动的存在价值》一文针对日本学校的仪式进行分析时,便提出仪式的存在本身,对师生来说具有多重作用:以集体行动为前提展开的教育及身心成长,通过对团体的归属感建立个人自主与实践的态度,以致最终能以意识到自己是一个人的方式生活。[①]

在教育场域内,仪式的存在符合福柯所言,让身体习于规训的结果。福柯认为,通过特定教育仪式,身体可以通过时间的顺序得到检核与顺服的训练。因为身体通过一整套连续性的活动,将针对时间权力的建构确立为可能的结果,身体作为零件可通过规训组合为各样时间系列的组合时间,但是此类可度量力量的合并,需要一套精确的指挥系统,通过信号传递达成身体动作的完成。[②] 所以学校使用时间表、钟声或特定教室间的移动,以至于每一个学生的身体都成为一种独特且可供摆放、移动或链接于其他身体的项目。上课的仪式也具有相同意义:从老师进入教室开始,班长的发号施令,每一节课课堂内活动如何通过教案加以组织,最后下课前整理与发号施令传达本节课程结束的信号。这些仪式配合教室的空间符号使学生的自我监视得以建构并发挥作用。

学生在教室内的自我监视来自福柯对监狱空间的权力理解:这种理解不是犯罪学式的或矫正教育类别的,而是空间符号式的认知。福柯以边沁(Jeremy Bentham)的全景监狱(panopticon)为例,说明身体如何因监狱相关的每一个空间符码对象产生自我监视,每一项物件如何通过权力的阶层化建构,让身体得以顺服。从边沁到福柯,从监狱到课堂教室,规训得以建立的权力来自于实体空间的要素。现在,这些要素因为网络的使用而失去了建立的依据。

---

① 水口洋:《学校における儀式的行事の存在価値》,《教育研究》第 55 期,国际基督教大学,2013 年,第 43—53 页。
② 参见米歇尔·福柯:《监视与惩罚:监狱的诞生》,王绍中译,台北:时报出版社,2020 年,第 312—319 页。

（三）网络的叙述形式问题

当教学使用网络这一虚空间时，虽然教学行为仍然相同，但因为缺乏实体空间用以建构权力的符码对象，致使教学权力没有可依附之处。我们注意到，福柯提及空间使用与身体规约之间彼此相关。[1] 身体的规训要求空间上的封闭性质，例如监狱，较早期的监狱通过对身体的控制形成刑罚，并依轻重分为坐牢、拘禁以及地牢（并通过孤独、光线剥夺与食物限制加以强化）。当空间使用被应用于身体规约时，封闭与否的性质是相同的。虽然有些封闭性质较不明显，如修道院或是寄宿家庭模式，或是那些以强制力量进行的封闭状态，例如军队所设置的营区。现代公司的 OA 隔间与打卡上下班制度即是开放式的封闭，通过时间规范与有限的空间让职员遵守公司的规约或要求。

网络教学缺少这种空间封闭性的权力建构：原本空间封闭性并非固定或不可少的，而应以更为灵活的方式进行，例如通过分区控管的方式让每个人有自己的位置且该空间只属他自己。但当我们观察不论是 ZOOM 还是任何一款视讯软件的屏幕配置时，都可以注意到，屏幕本身的分割是随意的，并不固定，那种空间封闭的建构虽然在屏幕上构成了会议或工作的样态，但实际上，由于缺乏肢体上的互动，并不存在由空间符码建立起来的权力关系。

在此，我们不应以为虚空间就是因为缺少实体而无法建构教学权力。福柯所谓规训中的所有项目都可互换有其意义：重点不在于空间本身，而在于针对安排方式所选取的"技术"。空间的作用在于成为定位方式，可以将身体个别化，空间调配身体的方式是将其配置在某处而不是让身体身处某处。例如教室座位的安排，是通过一定的理由（性别、身高或考试分数）来确定调动的可能（多久换一次位置或谁可以坐在哪个地方）。因此，远距教

---

[1]　米歇尔·福柯：《监视与惩罚：监狱的诞生》，王绍中译，第 272—286 页。

学的问题并非只是因为不在实体教室内所以缺少教学上的权力,而是来自教学行为中的符码传递。

四、再思边沁与福柯的教师权力中心:
以伯恩斯坦为例

后现代教育哲学面对的新议题之一,是网络教学活动中的知识权力问题:当学生能够在网络上轻而易举搜寻到教师课上传递的知识时,老师的作用究竟为何? 虽然边沁乃至福柯通过实体空间的建构让我们注意到,教室空间是以教师为权力中心的,但在虚空间的网络教学中,此类权力中心受到了挑战与翻转。

(一)不再自我监视的教学

根据福柯的说法,个人虽然是主体,但主体或是人的概念都是现代知识推论机制下产生的结果,所以我们需要进一步推论得出其中的权力机制,也就是人如何通过制度化的空间,包括学校、医院、工厂或军队被权力建构为主体。这些建构的手段包括时间表、监控的行为、对服从的奖励、对反抗的惩罚、为提高效率而产出的标准规范,以及各种通过分割或区别建立起来的检视或测验。不论是学生、工人还是军人,都受这些规范的塑造,包括囚犯也是一样。① 所以建构的艺术可被视为战术应用,让被定位的身体、被编码的活动、被形塑的才干,以及各种力量结果通过人为设计所增强的机制,成为规训实践的最高形式。② 此类规训具有组合程序,其内容包括通过空间配置、活动编码以及时间累积产生力量的组合。在实体空间内,即便规训的权力被隐藏,但显露出来的被检查对象却成为权力加以观察的

① 参见刘放桐等编:《新编现代西方哲学》,北京:人民出版社,2000 年,第 436 页。
② 同上书,第 318 页。

客体，在系统的标准化下被训练或矫正。①

现在，这种自我监视因为空间从实体进入虚拟而失去被控管的可能，作为上课地点的家庭与教室其空间诠释的第三义已经不同，因为学校教室是一种用于通过意识形态建构官方知识的教学场域，带有权力分配的意味。教室内的知识传递原本带有的知识再脉络化，现在也因为网络信息管道的传递而产生改变。

（二）教育阶级作为一种复制

在说明再脉络化的意义前，我们须先理解提出此概念的伯恩斯坦是如何理解教育机制的。他对教育机制提出的问题是：知识的教学是否具有任何普遍性原则，又在什么情况下使教学沟通成为可能？为此，他提出教学中具有官方的与地方的两种知识：这两种知识可以对应于聚集型（a collection type）以及整合型（an intergrated type）两种不同的课程符码。虽然伯恩斯坦提出问题的时间点是 20 世纪，但他的讨论此时仍然适用：在线教学的使用如何改变空间、身份与权力间的关系。②

1. 课程符码的建构

伯恩斯坦将课程符码区分为聚集型与整合型两种，其中聚集型符码指那些在关系上封闭的不同课程，即在内容上可以清楚界定、相互隔离的不同课程。其课程要求学习者搜集经过认可的内容，以满足某些评量标准。而整合型符码则指内容彼此间没有分开、处于开放关系的课程。课程具有不同的统整程度，聚集型符码符合目前大部分高等教育课程的建构与讲授模式。伯恩斯坦在提及聚集型课程时特别提及，课程中讲述者经由专业化训练，获得如宗教"秘思"（myth）一般的特定知识，致使传递者认为自身传递

---

① 参见刘放桐等编：《新编现代西方哲学》，第 355—364 页。
② 巴索·伯恩斯坦：《教育、象征控制与认同》，王瑞贤译，台北：学富文化，2005 年，第 40 页。

的知识具有绝对神圣性,且对于该学问具有忠诚性与绝对权力。[1]矢泽雅认
为,伯恩斯坦在讨论聚集型课程符码时倾向于认为知识内涵阶级建构的过
程在教育过程中逐步强化。不过这种强化的最强阶段出现在中等教育阶段,
至高等教育阶段后则开始逐渐弱化,可是在教育历程的最后阶段却出现单
一科目的究极神秘性(ultimate mystery)。[2]究极神秘化意味着在单一科目
内出现被培养且具忠诚心的传递者,而这类传递者之被挑选与被培养则是
在中等教育结束时,通过聚集型符码采用的考试制度产生。明显的例证是
大一新生对自己科系的认同与否,以及转系时发生的忠诚心重塑。

2. 教育机制的基础规则

不论哪一个阶段,教育机制都与语言机制有关,而语言机制又受到意
识形态的影响,此论点可以从韩礼德(M. A. K. Halliday)的研究中获得证
实。受语言机制影响,教育机制也同样有相对稳定性作为内在规则,且此内
在规则也受到意识形态的影响。伯恩斯坦认为,教育机制具有三个彼此关
联的规则[3]:

A. 分配规则:分配规则以两种知识的形式——“不可思考性”的进入机
会(新知识的可能性)与“可思考性”的进入机会(官方知识)——分配不
同的意识形式给不同的团体。两种知识是相对的,且会随时代改变,并且在
原则上,不可思考性知识是由教育上层加以控管。这些规则可以说明进入
新知识的合法生产场域,但反之不必然。

B. 再脉络化规则:再脉络化是在知识分配后构成特定的教育论述,建构
可思考性的官方知识,并建构教育论述的构成与运作方式。强调再脉络化,

---

① 巴索·伯恩斯坦:《阶级、符码与控制》,王瑞贤译,台北:联经出版,2007年,第90—91页。
② 矢泽雅:《B. バーンスティンの教育知識コードについて》,《名古屋学院大学论集(人文·自然科学篇)》第46卷第2号,2010年,第29—39页。
③ 教育机构内的三个基本规则,伯恩斯坦在多篇文章都有提到。例如1986年被收录的论文《论教学的论述》(On Pedagogic Discourse),该篇论文后来被收录在《阶级、符码与控制》第四卷第五章,第185—243页。参见巴索·伯恩斯坦,《教育论述之结构化》,王瑞贤译,台北:巨流图书,2006年。

是因为教育论述与其说是一种论述，不如说是从生产场域挪用论述，再将其附属于同一组织和同一关系。这个历程中，原始的论述通过意识形态的过滤成为新的教育论述形式，从而成为一种教导论性论述，并镶嵌于一种支配的规约性论述中。再脉络化的重要功能是创造教育的基本自主性，其结果不仅是构成教育论述，也是作为运作方式的教学理论。教育机构作为再脉络化的场域，包括了一个官方再脉络化场域，且由国家创造与支配，从而建构并监督国家教育论述。

C. 评鉴规则：此处，规则提供传递与学习所需的准则，从而建构教学评鉴。作为规则，它们可以提供调控教学层次的教学实践，并界定所需要的标准。

为此，教育机制是意识的一种象征性调控者，但在此机制中的问题是：此机制是谁的调控者，又将何种意识传达给了谁？我们能确定的是，教育机制是文化生产、再制和转化的条件，其效能由机制的内在和外在团体之比较而决定。

（三）新型态的再脉络化论述

伯恩斯坦在《阶级、符码与控制》第三卷到第五卷中，通过文化再制理论对教育的基本概念进行了解释：教育涉及多个面向，包括课程符码与场域内的控制。他通过社会语言学的基础，发展出一套说明教学实践、支持者、社会阶级定位、功能与意识形态之间关系的理论。[①] 这一理论被应用在学校中会产生可见/不可见的教学方式，前者指师生关系阶层明确且学生知道组织规则与评鉴过程的实践，后者则表示学生并不清楚的实践状态。可见与不可见之间在形式上的冲突与意识形态有关，并发生在生产、流通和交换的经济基础内。另外，这种冲突也可发生在象征控制场域内，并直接实践于具

----

① 巴索·伯恩斯坦：《教育、象征控制与认同》，王瑞贤译，第170—176页。

有专门沟通形式的场域,例如大学或研究中心这一类地点。

在社会与象征控制的体制下,教育论述的建构可以区分为三个场域:生产场域为新知识建构之所在,再制场域是学校教学实践发生的地方,两者之间存在一个名为"再脉络化"的场域,即从生产场域挪用论述,再转化为教育论述。再脉络化内存在两项原则:去定位化原则(选择一个论述)与再定位原则(让该论述成为场域内的一个论述)。这些工作可以完成意识形态的转换,并在教育机制内形成文法与阶层间互相关联的规则。当伯恩斯坦提到"再脉络化"时,他提及共同能力模式的内容为其中的教育论述,以方案、主题、经验范围及一种组群为主的形式出现。这种模式强调习得者之间的差异而非阶层上的划分。由于注重团体所有程序的共通性,可通过根本的相似性关系区分出三种类型:第一种以个人家庭为主,所有人皆享有共通性程序;第二种定位于地方文化,如阶级、种族或区域的群众类型;第三种根据第二种而来,专注于阶级/团体间的机会、物质和象征,进一步区分为单一性学科、区域性学科以及一般性学科。①

提及知识的教学,伯恩斯坦注重再脉络化中共同模式(作为教学基础)与表现模式(作为教学实践)的输出与预期建构特定文本或技能。其中他提到作为范畴的论述、时间与空间三个项目,其分类如下表所示:

表1　范畴之分类

范畴	共同能力模式	表现模式
论述	强调方案、主题与经验范围,重视学习者之间差异	强调学科、技能和程序的专门输出形式,重视学习者彼此阶层排列
空间	虽有范围明确的辅助学习场所,但较少特别界定,且少规约空间界线	明确建构教学空间,进出与移动受清楚规约界线限制
时间	无明确时间作为模式内容,不建构明确未来	为现在时态,由教师安排特别时刻作为教学参考的能指

① 巴索·伯恩斯坦:《教育、象征控制与认同》,王瑞贤译,第78—84页。

上述表格中的每一项目，都表现出象征控制行动者控制着论述性符码，而生产、流通与交换行动者支配着生产符码。生产场域、象征控制场域、其中的行动者、意识形态与相关的意识形态研究或社会化形式是有关联的。这些内容被放置于对不可见教学的建构与支持上，具有可被预期的关系。现在，虚拟教学让学科从表现模式移向共同能力模式的方向。知识传递方式不再与过往相同，特别在时间与空间的模糊性上，开始缺少规约的限制。为此，知识的权力被转变为从空间对象的建构转移至尚未建立起的网络教学规约。在此情况下，"再脉络化"成为师生知识间的冲突：如果可以从网络上获取已完成再脉络化的知识，又为何需要教学中的官方知识？这一问题又将我们引回到伯恩斯坦符码提出的必要性问题，吉田直哉认为，当伯恩斯坦提出这个问题时，面对的是新旧中产阶级间的有机性与连带性关系的转变。[①] 这个关系的转变，对于研究今日网络上的知识传递同样适用，并有待作进一步探讨。

五、结论

我们从边沁/福柯对空间的理解出发，举例说明了空间-身份-权力间的关系；之后，通过利奥塔对后现代叙事用语的陈述，说明教室内教学与知识权力的建构与叙述知识的语用学有关；进而，通过伯恩斯坦对课程符码的解释，说明虚空间中知识权力的转变。严格来说，这样的研究只是对现存现象提出一种教育哲学方面的理解，并期望能成为完整研究的前导。在虚拟空间中，老师的作用不能只是维持对知识的纯粹叙事，而是通过配合远距及网络所需内容的教学技巧，重新建立来自知识专业的规约。网络与远距授课已日渐成为被大众接受的教学方式，但与这种教学方式相关的研究却尚有

① 吉田直哉：《B. バーンスティンの「教育コード」理論の形成過程》，东京大学大学院教育研究科基础教育学研究室·研究室纪要第 38 号，2012 年，第 56 页。

许多需要思考的议题,如网络教学的正义、政策与实践。除此之外,专业知识权力的转变与师生互动的种种问题,也尚待更进一步的思考与厘清。面对这样的问题,伯恩斯坦的提醒值得我们特别注意,当大学授课教师通常接受了聚集型课程的训练、大学课程仍具有聚集型课程特性时,教学、课程、评量其实是一个整体,受到权威与控制形式的影响。而课程与权力的争夺其实根本上是不同社会秩序概念与道德的冲突。①

---

① 巴索·伯恩斯坦:《阶级、符码与控制》,王瑞贤译,第98页。

以学生学习成果为本位的课程设计

——以"哲学基本问题"课程为例

陈德兴[*]

【摘　要】 以学生学习成果为本位的课程规划,应属当前高等教育强调以学生为中心、以能力养成为目的所汇聚之课程改革趋势。此趋势首要聚焦于"学习目的"的确立、"学习成果"的精准描述、"学习证据"的设计与规划、各种"检核准则"与"评量标尺"的规范与制定。近年来,笔者开设的"哲学基本问题"课程,即依此串联所有教学策略之规划与学生学习成果之评核工作,希冀能提升修课学生学习成效以及对教师教学专业效度的肯定。文中分述以学生学习成果为本位的课程规划的学理基础、"哲学基本问题"课程专业范畴的学理基础、课程形成的发想、课程目标的锚定、教学策略的规划,特别是学习成果的检核工具的研发,并于余论中提出教学策略的精进面向。由于论旨的设定,本文旨在呈现吾人在课程规划面向的几点心得,未涉及学习成果检验的教学计量专业。

【关键词】 学习成果本位;课程设计;哲学基本问题;评量标尺

---

* 陈德兴,高雄大学通识教育中心教授。

一、以学生学习成果为本位的课程规划的学理基础

随着台湾高等教育两阶段评鉴工作的脚步,大部分学校与校内各级教学单位对于自身的办学定位与育才目的已有初步的文字定位。理论上,各课程依机构所订定之核心能力指标的关联性为各课程之"目标"(goals),据此目标依各课程的专业范畴与特定学习期望来论述不同的"学生学习成果"(student learning outcomes),以此成果规划各个课程的学习"证据"(evidence),进一步订定各种学习证据应具备之可评估的品质与"准则"(criteria),及此准则中不同水平之"标准"(standards)。学生学习成果本位评估模式的落实,在于期待教师有所行动以导致有价值的学生成就,其最终目的仍在于提升教师的教学效能,以及增进学生的学习成就。①

以学生学习成果为本位的课程规划,与前述五个词汇所属的步骤,至为关键。以下分点论述:

1. "目标"(goals)之设定,标示着一个学校的办学对学生广泛且长期的学习期望之描述,因此须与校内各级机构的使命、价值或愿景相符合,以作为学生学习努力的目标;通过校、院、系等各级"基本素养"与"核心能力"指标的分层演绎,将此"目标"落实在正式课程的开设与非正式课程的经营,以完整的学制落实机构的办学使命。聚焦于课程而言,每一课程虽是独立完成学分的授予,却也都需在此分层的能力养成架构中有其开课的定位,以证成其存在的必要性。

2. "学生学习成果"(student learning outcomes)系指依前述育才目标的设定,依各个课程在学制中的定位,及其专业范畴等考量,来论述对于

① 苏锦丽:《美国世界毒症中心采行的学生学习成果本位评估模式》,《评鉴双月刊》2009年总第22期,第37—41页。

学生的学习期望。该项旨在描述我们期待学生在完成学位或课程之后，能在"认知面""情意面"或"技能面"等面向获得什么样的能力提升。详而述之，即期望学生在"认知面"将获得属于记忆（remember）层次或理解（understand）层次，又或应用（apply）、分析（analyze）、评鉴（evaluate）、创造（create）等哪一个层次的学习成果。[①]

3."证据"（evidence）的设计，旨在引导学生呈现其学习成果，以证实其修习该课程后确实有达到教师所预期的学习成效。由于每个课程希冀学生获致的学习成果常常是不同层次的，并且是多元的能力描述，因而也常需要多种证据来体现学生的学习成效。故此，证据的设计常着重于通过多元作业的设计与评测的规划，引导学生按图索骥、有方向的学习，并系统地呈现学生在学习后可表现出来的、可被观察到的与可被评量的行为，借以体现学生学习成效，让教师有实际的依据可以评量成绩。另一方面，有计划的学习证据也能让教师适时掌握学生学习状态，借以修正其教学内容与步调。此应是教师的教学理念落实到学生的学习历程中的关键。

4."评分准则"（criteria）是以教师本位的专业视角出发，预期学生在各项"证据"中应体现的质量要素，以评断学生是否有掌握到该证据所欲呈现的关键内容。"准则"的设定除了一方面着意呼应机构长远的育才目的与本课程的教学目标，同时亦着意落实本课程在机构的能力养成规划蓝图中、在此学制的教育历程中对学生学习成效之设定；不论是认知、情意、技能，还是各种不同层次的能力养成设定。"评分准则"象征教授权威性的专业判断，这些质量要素的设定能增强教授对学生达到的水平进行决断。

---

① 绽放团队于1956年提出《认知领域教育目标分类手册》（教育目标分类，手册1：认知领域），并将认知领域教育目标分为本文所述六个主要类目，该手册被翻译成不同的语言，广受教育各界采纳。参见郑蕙如、林世华：《绽放认知领域教育目标分类修订版理论与实务之探讨——以九年一贯课程数学领域分段能力指标为例》，《台东大学教育学报》2004年第15卷第2期，第250—251页。

5. "标准"（standards）意味着上述"评分准则"的展开，围绕着此准则来描述不同程度的学习成果表现，并以此做最终的成绩的计量。

以学生学习成果为本位的课程规划，应属当前高等教育强调以学生为中心、以能力养成为目的所汇聚之课程改革趋势。此趋势首要聚焦于"学习目的"的确立、"学习成果"的精准描述、"学习证据"的设计与规划、各种"检核准则"与"评量标尺"的规范与制定。笔者开设的"哲学基本问题"课程，即依此串联所有教学策略之规划与学生学习成果之评核工作，希冀能提升修课学生学习成效与对教师教学专业效度的肯定。

二、专业范畴的学理基础

在学院的哲学概论课程中，通常涵盖"三史六论"等九个基本部门。"三史"呈现的是哲学问题的纵向发展，一般即所谓中国哲学史、西洋哲学史和印度哲学史；"六论"探讨的是哲学问题的横向切面，分别指的是逻辑、知识论、形上学、伦理学、价值哲学和哲学概论等六种。此中逻辑与知识论是哲学的"入门"，形上学一般被定位为哲学的"体"，伦理学和价值哲学（涵盖社会学哲学、美学等）则被认为是哲学的"用"；此些范畴若就对象来说，可以聚焦为知物、知人、知天等三种面向的探讨。基于综合大学一般科系的学生对此领域的学习属性，以及笔者任教学校通识课程分类规划的侧重，我们特别在"哲学基本问题"课程中将前述范畴凝聚为两种面向的关怀："定位宇宙、安排人生"①。

本课程开宗明义，所谓的哲学问题，即是探索宇宙和人生的本质的问题。不论是理性追求的"真"、意志追求的"善"、感性追求的"美"，或是灵性追求的"圣"，都是哲学探索所要追求的对象。作为专为非哲学系学生所

---

① 邬昆如先生语，多见于邬先生晚年著作。参见邬昆如：《士林哲学》，台北：五南图书，1996年，第105页。

设计的概论性课程，主要在为学子们呈现先哲对天人之际探问之初衷、哲学问题提出的原型，及其思辨进行之进路。通过基本哲学问题之引介，引导同学理解这些本属我们所共有的问题是如何在哲人的智慧中反复传唱，并尝试在问题的还原与解构后进行意义的新诠释，进而求定位宇宙、安排人生的意义落实与生命安顿。

三、课程形成的发想——从真实问题的反思出发

教育的目的在教人，在作育英才。教人之前得先识人，识人之后才能从人的本质处引而申之、扩而大之，而后才能期待学子通过知人、知物、知天的学养深化，成为古人所言的真君子，今人所谓的好公民。当今社会的变化，可谓急骤；芸芸众生能在百倍速的时代厘辨此下的因果已属不易，遑论价值观的淆乱、生命意义的安顿等人生课题。社会上的生存竞争，令绝大多数的人争逐名利，以此来自我肯定、哗众取宠；不得志者或焦虑、或消沉、或自捆绑于意识形态中而愤世嫉俗。当古老而优美的情怀、智慧与德性的追寻不再是生命安顿的居所，灵魂遂在富丽堂皇的名利华厦里颠沛流离。我们同意开放社会原本就容得下多元文化的存在，我们更期待此存在的状态能适为汲取先哲智慧的养分，在世道巨轮的运转下往更良善的方向进化。

我们相信教育永远是值得寄托的良药，只要其对众生的体质有精准的掌握。现今学子常被批评没有独立思考能力，或被说成是对未来茫然无知的一个群体。这样的现象可能来自过往教育中对生命的本质、存在的意义等问题的疏离，对学子独立面对问题、独力解决问题的态度缺乏启迪，长此以往，所能预见的将是价值观的混淆、缺乏道德勇气与追求自我完成的想象与责任感。

生命的历练一如行舟，专业犹帆，通识的涵养则是舵，哲学则是此时空

场域中汇聚无量智慧的古老地图。于此图中,有哲人圣明烛照的真理坐标,也有文明进化的磁力线,更重要的,是有如苏格拉底式的真理态度、孔孟对人性意义的探寻,还有老庄师徒对宇宙的洞察与生命的逍遥情怀……我们不敢奢求在此3学分的课程里填鸭过多不切实际的理想,只求沉淀当前教育过早分流后过多的专业意见,将问题拉回与生命最贴近的核心,将意义还原到问题的原型,然后用苏格拉底式的问学态度,瞻望先哲的智慧,引导学子在知识的堂奥里完成对自我价值的想象。

四、课程目标

伴随着台湾高等教育改革的浪潮,笔者任教的学校以"学习者"为中心发展属于本校学子应有的"基本素养"与"核心能力"指标,其目的在启发我们的学子朝着全人格的方向发展,以塑造符合现代化社会所期待的优质人才。在本校对相关概念的定义中,"基本素养"系指学子内在应有的人格特质,"核心能力"则指此人格特质所外显之行为张力。由此内外关系之互诠与演绎,本校通过"校训"所纲举之精神,期许学子涵蓄自身应有的"人文素养""公民素养""伦理素养""科学素养"与"专业素养"等特质,以此素养发展做人处事应具备之"知识力""社会力""品格力"及"创意与洞察力"等能力,再由上而下,依次落实到各级单位的人才养成理念。本校"核心通识课程"的规划,正是通过校定基本素养的演绎,将课程规划为思维方法、伦理、公民、科学、文化、美学素养等六大向度,以低度选修的学分规划来深耕素养的学术厚度;此外,通过"博雅通识课程"、多元的非正式课程与潜在课程的经营,以融渗各个素养间所能链接的广度。本校核心通识课程六大向度与校定基本素养、核心能力指标之关联,详见表1。

表 1　高雄大学核心通识六大向度与校定基本素养、核心能力指标关联表

校训	校定基本素养	核心通识六大向度	核心课程	校定核心能力	通识核心能力指标
博学	人文素养	思维方法	哲学基本问题 逻辑思维与论证	知识能力	• 探索自我与发展潜能 • 独立思考与解决问题 • 运用科技与资讯 • 生涯规划与终身学习 • 多元文化与国际视野 • 积极态度与团队合作 • 尊重生态与伦理关怀 • 组织、规划与实践 • 鉴赏、表现与创新
		美学素养	艺术概论 艺术史概论 台湾艺术史		
弘毅	公民素养	公民素养	法律与人生 服务学习课群	社会力	
		文化素养	探索台湾课群 世界文明史概论 全球化与多元文化		
崇德	伦理素养	伦理素养	环境伦理 科技伦理 企业道德 法律伦理 工作场所道德	品格力	
创新	科学素养	科学素养	科普读物导读 科技与社会 科学史概论	创造力	
	专业素养				

（一）与本校核心能力培养目标的关系

本课程系本校通识教育正式课程规划中，核心课程分类里的"思维方法"子类下的一门，其所欲回应校订"基本素养"指标（主要为"人文素养"），所欲成就学子的主要能力为"知识力"，亦即"学会如何学习的能力"，俨然为其他素养与能力之先导与统合。

（二）与本校通识教育核心能力培养目标的关系

本校通识教育"核心能力"指标共有九项。基本上，每一课程之规划，必有其特定能力项目所欲培养之标的,大部分课程都能对应若干项指标,较少有能对照全数指标者。本课程依课程属性主要希望能达成以下几点具体目标,来培养学子的相关能力:

1. 探索自我与发展潜能:

(1)能通过对哲学问题的探索,对自身的经验或存在境遇进行观照或反思;

(2)能将所思有条理地加以描述或表现。

2. 培养独立思考与解决问题的能力:

(1)能对论题与论点进行批判性思考;

(2)能对论题与论点进行必要的检证与考察;

(3)能在对议题进行研究之后,提出自己的见解。

3. 尊重生态与伦理关怀

(1)能理解应用伦理学所欲探讨的伦理冲突;

(2)理解生态间的复杂与链接的完整性,理解物种存在之间的息息相关,进而拥有对整个生态的关怀态度。

此外,在与其他核心能力养成目的——如"鉴赏、表现与创新"、"组织、规划与实践"、"运用科技与资讯"、"积极态度与团队合作"等——之协调方面,亦在教学设计与学习成果的规划中有相当的着墨。

五、单元规划

第一周　课程介绍:何谓哲学?哲学的起源?

第二周　讨论:几个假设性的问题。(通过几个假设性问题的讨论,让学生熟悉课堂中讨论问题的要求与模式。)

第三周　宇宙论:我们所认识的/如何认识这个世界?

第四周　知识论:知识有效性的三个条件

第五周　知识论：苏格拉底式的无知与柏拉图的"洞穴譬喻"

第六周　知识论：亚里士多德的"范畴论"与怀疑论者

第七周　知识论：讨论《深夜加油站遇见苏格拉底》

第八周　知识论：讨论"真理的超越特性"

第九周　形上学：生而求知，一个通往终极实在的思想进路

第十周　形上学：中国哲学的形上关怀——天道论、致虚守静与气化宇宙论

第十一周　伦理学：伦理学的基本问题

第十二周　应用伦理学：个案讨论

第十三周　应用伦理学：思想实验：电车难题与船难难题

第十四周　规范伦理学

第十五周　科学、宗教与神学：讨论《接触未来》（CONTACT）

第十六周　科学、宗教与神学：讨论《这个男人来自地球》

第十七周　美学：悲剧美学的形式要素

第十八周　期末作品奖析，课程停赛号

六、教学策略规划

在课程经营策略方面，本课程试着走出传统教师本位的设计内涵，将课程经营的注意力从教师对专业知识的传输，转移到学生如何接受课程，并为此发展出一套教学工具与教学方法。[①] 因此，本课程在近年来发展并精熟以下六种主要策略，来引导学生经营自己的学习历程，兹分述如下：

（一）对话式教学

以苏格拉底式的对话方式教学为精神，针对各单元主题设计对话策略，

---

① 詹姆斯·L.拉特克利夫、肯特·约翰逊、杰里·加夫主编：《通识教育课程改革》，吴壁纯、詹志禹译，台北：政大出版社，2010年，第91页。

引导同学进入问题的核心，并理解问题的内涵与外延。课程中遵循三个原则进行对话：

1. 良善态度：有问必答，要求良好的问学态度。

2. 创意问答：除非是选择性问题，否则同一个答案不得出现第二次。

3. 论理精神：鼓励同学尽可能以"三段论式"表达自己思考的脉络与完整的想法。

（二）指定文本阅读报告

为提升通识课程的学术浓度，本校自执行 2007—2010 年教育部门以通识教育为核心的全校课程改革计划以来，律定所有核心课程皆必须在课程中搭配阅读计划，借以引导学生通过系统的文字阅读来深入议题，同时强化批判思考与书写的能力。本课程分两个阶段引导学子撰写阅读心得报告：

1. 第一阶段：提供哲普书单供学子选择读物，撰写心得，并于规定时间内上传教学平台。

2. 第二阶段：从第一本读物中选择一个最有兴趣的主题，寻找第二本书做深度阅读，并于规定时间内上传教学平台。

3. 分组互动，开放讨论：学生分组对组内同侪的阅读心得进行阅读与互动，并开放他组有兴趣或阅读同一本书籍的同学参与延伸讨论。

4. 教师与教学助理尽可能在点阅每一则讨论后给予正向的回馈或延伸的学习建议。

（三）影片赏析

随顺议题讨论的进程，投学生所好，以提升学习与讨论的兴趣。本课程特别在若干值得深入的主题导入影片赏析以深化教学内涵，搭配课堂上的主题讨论（甚至进行辩论），通过每周教学平台讨论区的课后反思交流等配套措施，深化学子的学习体会，经营学子的学思历程。

（四）课后同侪学习/群组学习的经营

通过每周教学平台及社群媒体讨论区的课后反思交流等配套措施，引导同学经营小组的学习历程，展示小组的学习成果，以密集的交流氛围带动课后的学习。

（五）素养导向

本课程认同近期高等教育改革所强调，大学的教育是公民素养陶塑的长远工程，[①] 故在课程议题的设计与学习成果经营的规划中，亦回应了几种素养的课程设计。述要如下：

1. 民主素养：本课程旨在培养学子问学应有的态度、独立思考与解析问题的能力，强调通过课中主题式的论点辨析、课后学习社群之交流讨论，提升解决问题应有之知能，对学子参与讨论应有的态度、面对合理争议所需之知识、技巧与美德等素养的提升，具有绝对的教育效益。

2. 伦理素养：本课程对古典伦理学与当代应用伦理学有高比例之规划，对伦理学的核心议题、当代应用伦理的基本内涵与争论，有完整而简要之涉猎，并佐以影片赏析、个案讨论、学习回馈等设计，对学子伦理素养的提升必能有一定程度之助益。

3. 美学素养：本课程将引用大量东西方神话、小说、经典、文化与艺术素材，帮助哲学思想的引介与理解，及思想在文学与艺术上的映照，对学子美学品赏能力将有一定程度之助益。

4. 科学素养：本课程对知识论基本问题的反省与例举，对科学与古典哲学分道扬镳的历史、科学革命、科学与神学等议题之讨论，都将有助于学子省思科学的本质与相应之限度。

5. 媒体素养：当代几乎所有信息的传播均与媒体的运作息息相关，本课

---

① 相关计划内容参见"公民素养陶塑计划"。

程所强调的"独立思考"能力即对传媒时代、资讯时代的舆论与讯息之厘辨有广泛的探讨与分析。其次,应用伦理学相关个案之设计亦规划有媒体议题的讨论,充分回应了媒体素养应有之内涵。

(六)发展教学工具:实施"学生学习成果本位评估模式"

1. 能力养成目标与学习成果规划

学习成果的设定,系回归本校通识教育九大基本能力的设定,并依本课程的专业属性设定各种指标的关联度,以此关联度描述可观察得到的"预期学习成果"。为能有效引导修课学生达到预期学习成果,以及实际观察学生的学习状况,本课程设计多元"学习成果证据",连带以教师专业本位为出发点设定每一种作业的评分准则、评分标准,以期能以此循序引导各种预期的学生学习成效之完成。本课程能力养成目标与学习成果规划关联表详见表2。

表2 哲学基本问题课程能力养成目标与学习成果规划关联表

课程目的 (能力养成目标)	关联度 (1—5)	预期学习成效	学习成果证据规划
1. 探索自我与发展潜能	5	① 能通过对哲学问题的探索,对自身的经验或存在境遇进行观照或反思。 ② 能将所思有条理地加以描述或表现。	• 学习心得分享 • 指定作业:阅读报告 • 期末影片制作
2. 培养独立思考与解决问题的能力	5	① 能对论题与论点进行批判性思考。 ② 能对论题与论点进行必要的检证与考察。 ③ 能在对议题进行研究之后,提出自己的见解。	• 课中问答 • 指定作业:影片赏析回馈单 • 学习心得分享 • 期末书面报告:学习档案
3. 组织、规划与实践	3	能对复杂工作进行规划并予以执行。	• 期末影片制作
4. 鉴赏、表现与创新	3	① 能对文本进行阅读、理解与重新诠释。 ② 能有条理与脉络的对作品进行鉴赏与评论。	• 指定作业:影片赏析回馈单 • 期末影片制作

5. 生涯规划与终身学习	1		
6. 运用科技与资讯	1		
7. 多元文化与国际视野	1		
8. 积极态度与团队合作	3	能秉持良善积极的态度，通过规划与实践的程序，与同侪协力完成复杂的工作。	• 期末影片制作
9. 尊重生态与伦理关怀	5	① 能理解应用伦理学所欲探讨的伦理冲突。 ② 理解生态间的复杂与链接的完整性，理解物种存在之间的息息相关，进而拥有对整个生态的关怀态度。	• 课中问答 • 学习心得分享

2. 学习成果规划与检核准则的设定及评分比例

所有学习成果的规划，需有教师专业本位订定准则，引导学生聚焦于各个学习成果的表现重点，相关规划最后仍然要落实到成绩，各项成绩比例的设定亦须能回应各种学习成果在原初的重要性的设定。本课程各种学习成果（证据）规划与成绩检核比例详见表3。

表3　学习成果（证据）规划与成绩检核比例

项目	学习成果/证据规划	准则	检核比例（%）	
指定操作	指定作业：阅读报告	① 理解与综整能力：能对指定阅读文本进行延伸阅读，并作总结性归纳与陈述。 ② 反身性：能结合自身经历或体悟，并作适当反思或回应。	20	40
	指定作业：影片赏析回馈单	① 理解与综整能力：能对指定阅读文本进行延伸阅读，并作总结性归纳与陈述。 ② 反身性：能结合自身经历，并作适当反思或回应。	20	
期末工作	期末书面报告：学习档案	① 清晰而明了的陈述：能对议题进行清晰且符合逻辑的陈述，并对不同论点进行明了的说明。 ② 省思与探问：能省察自己的思维与经验，询问自己议题的真正问题何在？表达自己的真实疑虑，甚至怀疑或批判自己的暂时解答。	15	30

续表

项目	学习成果/证据规划	准则	检核比例(%)	
		③ 多元观点:能客观地从多元观点或他人观点出发提出问题,参考读物、文献、同侪及他人的经验,探索他人对情境或议题之回应。 ④ 分析:将议题或所涉之概念拆解为较小之元素,或以其他方法来讨论原初议题与概念的核心。 ⑤ 归纳:能通过上述过程产出新概念或新方法,并针对此一概念或方法持续地发展。		
	期末影片制作	① 群组学习:能通过组织分工,对复杂的工作进行分工与规划,依分工规划与时程完成指定工作,态度良好。 ② 创造力:以多媒体影音的方式,对指定题目进行创作。 ③ 鉴赏力:能对同学与自己的作品加以鉴赏。	15	
学习态度	学习心得分享/教学平台互动	① 理解与综整能力:能对课堂论题进行课后主动的延伸阅读,并作总结性归纳与陈述。 ② 反身性:能结合亲身经历,进行论题的反思。 ③ 能与其他同学进行互动。	20	30
	课中问答	① 理解力:能理解论题要旨,并作适当的回应。 ② 互动性:具备互动与讨论的适当态度。	10	
	出席率	① 全勤,总成绩加5分。 ② 缺席1次不扣分,缺席2次扣原始分数5分,缺席3次扣总成绩10分,缺席4次扣总成绩20分,缺席5次扣总成绩。30分,缺席6次(含)以上总成绩以0分计。	加减量	
小计			100%	

3. 各项学习成果(证据)的准则与评分标准

《准则》的订定,主要由教师考量每一项作业应有的核心目的,希望学生能从各种作业中表现出重要的学习质地。"标准"则在引导学生理解好的表现应有的要项,其条列中存在若干重要的优先序。越是重要的标准,越是要符合形式要件,不可省略。兹以本课程两种期末作业的学习成果(证据)的准则与评分标准规划为例,详述如下:

(1)期末书面报告,详见以下各表。

表4-1　期末作业：期末书面报告评分准则与评分标准1

标准（等级）	准则	1. 清晰而明了的陈述：能对议题进行清晰且符合逻辑的陈述，并对不同论点进行明了的说明。
上	5	• 能对议题进行清楚的陈述，并举例得宜。 • 能对不同的论点分点列述，层次分明。 • 能对引用的佐证文本摘要得体，引述有本有据，并注明出处。
中	4	• 能对议题进行清楚的陈述。 • 能对不同的论点分点列述。 • 能适时引用佐证文本，并注明出处。
	3	• 能对议题进行尚称清楚的陈述。 • 能列述不同的论点，唯列述之论点不够充分，亦缺乏清楚的论述层次。 • 能适时引用佐证文本，并注明出处。
下	2	• 对议题的内涵陈述不甚清晰，无法确实掌握问题的核心。 • 仅能列述少数的或较不重要的论点，且缺乏清楚的论述层次。 • 无适时引用佐证文本，或未注明出处。
	1	• 无法掌握问题的核心。 • 无法引用佐证文本，且未注明出处。
0		• 作业没交。

表4-2　期末作业：期末书面报告评分准则与评分标准2

标准（等级）	准则	2. 省思与探问：能省察自己的思维与经验，询问自己议题的真正问题何在？表达自己的真实疑虑，甚至怀疑或批判自己的暂时解答。
上	5	• 能清楚陈述自己的思维与经验，廓清问题的核心，并充分检视自己的认知或命题的可能局限。
中	4	• 能陈述自己的思维与经验，廓清问题的核心，并简单评析自己的论点。
	3	• 能陈述自己的思维与经验，廓清问题的核心，无进一步自我检视。
下	2	• 能简单陈述自己的思维或经验，无对问题的进一步解构，亦无对自我之认知进行检视。
	1	• 无法清楚陈述自己的论点与思考脉络，表现为臆测或独断的问学态度。
0		• 作业没交。

表4-3 期末作业:期末书面报告评分准则与评分标准3

标准 (等级)	准则	3. 多元观点:能客观地从多元观点或他人观点出发提出问题,参考读物、文献、同侪及他人的经验,探索他人对情境或议题之回应。
上	5	• 能充分且客观陈述不同前提下的可能性,并逻辑地演绎不同结果,并妥切地评析不同结果的差异性。 • 能对不同的论点分点列述,语构大体一致,层次分明。 • 能对引用的佐证文本摘得体,引述有本有据,并注明出处。
中	4	• 能客观陈述几种不同前提的可能性,并逻辑地演绎不同结果,并稍能掌握不同结果的差异性。 • 能对不同的论点分点列述。 • 能适时引用佐证文本,并注明出处。
	3	• 能掌握不甚充分之不同前提的可能性,并逻辑地演绎不同结果,唯未能对不同结果充分评析与比较。 • 能列述不同的论点,唯述之论点不够充分,亦缺乏清楚的论述层次。 • 能适时引用佐证文本,并注明出处。
下	2	• 仅能列述少数的、或较不重要的论点,且缺乏清楚的论述层次。 • 无适时引用佐证文本,或未注明出处。
	1	• 无法掌握问题的核心与问题的脉络。
0		• 作业没交。

表4-4 期末作业:期末书面报告评分准则与评分标准4

标准 (等级)	准则	4. 分析:将议题或所涉之概念拆解为较小之元素,或以其他方法来讨论原初议题与概念核心。
上	5	• 能将议题或所涉之概念适当拆解为较小之元素,如概念的辨析、语意的廓清、适用范围的再界定、变项的设定等,对议题进行精辟的重构与再诠释。 • 能充分援引他人之理论,或以归纳、演绎等方式,讨论原初的议题与概念的核心。 • 能对论据与推理过程分点列述,条理清晰,层次分明。 • 能对引用的佐证文本摘得体,引述有本有据,并注明出处。
中	4	• 能将议题或所涉之概念适当拆解为较小之元素,如概念的辨析、语意的廓清、适用范围的再界定、变项的设定等,对议题进行重构与再诠释。 • 能充分援引他人之理论,或以归纳、或以演绎等方式,讨论原初的议题与概念的核心。 • 能对论据与推理过程进行描述,尚称清晰。 • 能适时引用佐证文本,并注明出处。

标准 （等级）	准则	4. 分析：将议题或所涉之概念拆解为较小之元素，或以其他方法来讨论原初议题与概念核心。
	3	• 能将议题或所涉之概念拆解为较小之元素，如概念的辨析、语意的廓清、适用范围的再界定、变项的设定等，对议题进行重构与再诠释。 • 能对论据与推理过程进行描述，尚称清晰。 • 能适时引用佐证文本，并注明出处。
下	2	• 能尝试将议题或所涉之概念拆解为较小之元素，对议题进行重构与再诠释，唯并不十分得体。 • 无适时引用佐证文本，或未注明出处。
	1	• 无法掌握问题的核心与问题的脉络。
0		• 作业没交。

表4-5　期末作业：期末书面报告评分准则与评分标准5

标准 （等级）	准则	5. 归纳：能通过上述过程产出新概念或新方法，并针对此一概念或方法持续的发展。
上	5	• 能通过上述清晰而明了的陈述、省思与探问、多元观点、分析等过程，得出新论点，并指出此论点得以持续发展的新面向。 • 能适度评析此论点与其他论点的异同与优劣、可能的限度等。
中	4	• 能通过上述清晰而明了的陈述、省思与探问、多元观点、分析等过程，或至少展现3种准则，得出新论点，或支持某论点，并指出此论点得以持续发展的新面向。 • 能适度评析此论点与其他论点的异同与优劣、可能的限度等。
	3	• 能通过上述清晰而明了的陈述、省思与探问、多元观点、分析等过程，或至少展现2种准则，得出新论点，或支持某论点，并指出此论点得以持续发展的新面向。 • 能稍作评析此论点与其他论点的异同与优劣、可能的限度等。
下	2	• 能通过上述清晰而明了的陈述、省思与探问、多元观点、分析等过程，或至少展现1种准则，支持某论点，并指出此论点得以持续发展的新面向。 • 能稍作评析此论点与其他论点的异同与优劣、可能的限度等。
	1	• 无法掌握问题的核心与问题的脉络。
0		作业没交。

（2）期末影片制作：影片作业的规划系符应新世代学生对新媒体潮流的广泛涉猎与高接受度的生态。它不仅仅是一种用影像与声音传达复杂思辨

与情感的创作形式,更是一种适合通过群组学习,培养组织分工、协力合作
的能力养成方式。相关规划详见以下各表。

表 5-1　期末作业:期末影片制作评分准则与评分标准 1

标准（等级）	准则	1. 群组学习:能通过组织分工,对复杂的工作进行分工与规划,依分工规划与时程完成指定工作,态度良好。
上	5	• 能积极参与学习小组的分工。 • 能主动协调成员的合作状况,令小组能依时程规划顺利完成工作。 • 态度良好,并普获小组成员的肯定。
中	4	• 能积极参与学习小组的分工。 • 能尽力完成分内工作,工作质地优良。 • 态度良好,并普获小组成员的肯定。
	3	• 能参与学习小组的分工与规划,完成分内工作,态度良好。
下	2	• 没有参与工作的规划与协调,仅接受工作派任,并参与较少的工作。
	1	• 虽有参与分工,对小组工作却无实质的参与。
0		• 没有参与学习小组的分工,没有实际参与工作的进行。

表 5-2　期末作业:期末影片制作评分准则与评分标准 2

标准（等级）	准则	2. 创造力:以多媒体影音的方式,对指定的题目进行创作。
上	5	• 能善用影音工具,结合多种思想元素,对问题赋予新的诠释。 • 诠释历程复杂而流畅,结构丰富而完整。 • 能引起大多数同学的共鸣,且富讨论性与开放性。
中	4	• 能善用影音工具,结合多种思想元素,对问题赋予新的诠释。 • 能引起大多数同学的共鸣,且富讨论性与开放性。
	3	• 能善用影音工具,对问题赋予新的诠释。 • 结合的思想元素有限,讨论性与开放性亦有限。
下	2	• 无法通过影音充分传达思想,结合的元素有限,且无法得到同学的共鸣与讨论意愿。 • 影音工具的应用技巧有待加强。
	1	• 无法通过影音媒介表达完整的思想,无法得到同学的共鸣与讨论意愿。
0		• 没有参与学习小组的分工,没有实际参与工作的进行。

表 5-3　期末作业：期末影片制作评分准则与评分标准 3

标准（等级） ＼ 准则		3. 鉴赏力：能对同学与自己的作品加以鉴赏。
上	5	• 能清晰论述自己所使用的品鉴原则（原理），引用得体。 • 能依据自己所使用的品鉴原则（原理）分析同学与自己的作品，论述得宜。
中	4	• 能清晰论述自己所使用的品鉴原则（原理），引用得体。 • 能依据自己所使用的品鉴原则（原理）分析同学与自己的作品，尚称得体。
	3	• 能概述自己所使用的品鉴原则（原理），引用尚称得体。 • 能依据自己所使用的品鉴原则（原理），概述同学与自己的作品。
下	2	• 只能片面列举极少数的品鉴原则（原理），无法全面，亦不精准。 • 只能片面列举极少数的品鉴原则（原理），约略评述同学与自己的作品，但不全面，亦不精准。
	1	• 无法清楚陈述自己所使用的品鉴原则（原理），亦无法评述同学与自己的作品。
0		• 没有参与本项检测。

七、余论

因应高等教育的世界潮流，台湾高等教育高喊"学习者中心"已经多年，这几年陆续从提出行动导向、问题解决导向等课程元素，到近期强调"学生学习成果本位"，虽是强调不同面向的课程经营精神，却都是在回应教育需要回到学习者本身的真实需求来被思量。为此，在本课程"学生学习成果本位"的规划过程中，吾人念兹在兹紧扣哲学教育的专业范畴，暨本校通识教育所订定之核心能力指标，来诠释学习成效、设计学习证据、规划评量准则，并时刻在思索相关规划是否能符应学子真实需求，以达到原初课程所设定相关能力养成之目标。理论上，评核准则的确立与评量标尺的规划应属教师专业素养的展现，然而相关规划是否能如课程目的所预设的能力养成之预期，特别是一般而言通识教育所欲培养的能力特质较难在短时间内呈现,此实有待于长期搜集学生学习证据与回馈来反复检讨,再反馈回教学设计,通过课程管理的循环来不断提升。

学习成果本位课程的运作,有别以往的教学场域以教师的专业导向为课程主体,而是转而关注学生的真实需求、实质的能力提升,这需要教师能跨出以往专业研究的学术范畴,试着反主为客来体会学子对生涯、学涯或职涯等已面临或将面临的真实问题,进一步与学子们谋求教与学的共识。学习成果本位课程运作的成败,系乎师生间充分的沟通,以同理心为基础的教与学的共识,来共同创造良善的学习体验。

由于学力的囿限与论旨的设定,本文旨在呈现吾人在课程规划面向的几点心得,未涉及学习成果评估的教学计量专业。不可讳言,在吾人经营的哲学基本问题课堂中,虽然学生在期末回馈中对课程运作与教学成效感受整体良好,但教师本身却觉得学生学习成果搜集的过程其实相当繁琐,现有的数字工具在界面的友善性与资料处理的功能性上也有相当大的改善空间。相关困难的解决,实有待教师教学专业知能的持续累积与精进、教学助理制度的健全与落实、数字工具的与时俱进等,这些仍留待于未来之努力。

专题·儿童哲学教育

"两化"育人：华东师范大学儿童哲学教育的初步实践

武娟　刘梁剑*

【摘　要】　哲学教育的实践活动自然不以大学校园为限，而哲学教育的对象也应该包括儿童。近年来，华东师范大学哲学系较为自觉地推动儿童哲学教育实践，在冯契"两化"育人的哲学教育理念指导下，以儿童哲学教育实践促进第一课堂的哲学教育。儿童哲学教育实践中遇到的问题倒逼促进者自主学习哲学理论，这种在问题的逼迫与引导之下的学习，往往更加生动活泼、更为深入高效。儿童哲学教育实践帮助营员在对话与研讨中获得有感之知，提升哲学思维能力。儿童哲学实践活动有助于涵养理想人格，养成团队合作精神、平等精神。哲学探究共同体的活动培育了勇于"提出己见""修正己见""贡献异见"等既独立又包容的精神品质。儿童哲学教育活动通过教育调整人们的基本观念和理想，进而通过人的改变实现社会的改变。在这里，哲学、教育和社会改造携手并进。

【关键词】　儿童哲学；化理论为方法；化理论为实践；冯契

* 武娟、刘梁剑，华东师范大学哲学系暨中国智慧研究院教师。感谢陈嘉林、蔡添阳、邓希玮、何雨洋、马彬、钱立奇、任春昊、王赢磊、谢若希、徐珉皓、尹紫涵、张昊、赵梓言等同学对此文的贡献。

一、"两化"育人的传统与儿童哲学教育

自有哲学以来,它便与教育有着不解之缘。哲学史上的大哲学家往往也是大教育家,如孔子、苏格拉底,如王阳明,如雅斯贝尔斯,如杜威。华东师范大学哲学系自创立以来便追寻智慧,关切如何通过转识成智的飞跃养成理想人格。[①]理想人格如何培养,既是一个哲学理论问题,也是一个哲学教育实践问题。丽娃河畔、尚义桥边的哲学学人自觉遵循"两化"育人原则:在师生共同探究哲学理论的过程中,学习像哲学家那样思想("化理论为方法"),涵养平民化的自由人格("化理论为德性")。如冯契就非常重视《易传》所说的"一致而百虑,同归而殊途",强调通过不同意见的争论与观点的批判来达到具体真理。自1950年代开始,他培养研究生的主要形式就是讨论班,参加者除了研究生,还包括各年龄段的教师,其目的之一就是养成自由思考的学风。而所谓学风,显然同时关涉到理论、方法与德性。

哲学教育的实践活动自然不以大学校园为限,而哲学教育的对象也应该包括儿童。关于"儿童"的年龄界定,素有不同的说法。这里取广义用法,指6岁以上、18岁以下的幼童与青少年。华东师范大学哲学系也有关注儿童哲学教育的传统。冯契在其五十年的哲学生涯中,除了专业的哲学创作之外,还撰写了30万字左右的哲学普及读物。他亦同样关注青少年的哲学教育,1986年出版的《中学生优秀小论文选》(上海教育出版社)便收入冯契所作的序——《富于时代气息和理想光芒的哲学思考》。[②]张天飞、童世骏主编的《哲学概论》出版于1997年,是"建国后国内学者撰写的第一部论析哲学本身而非某一种哲学的著作",其第一章便讨论"儿童也有哲学问

[①] 参见冯契:《认识世界和认识自己》,《冯契文集》(增订版)第1卷,上海:华东师范大学出版社,2016年,第3—47页。

[②] 华东师范大学闵行校区的冯契学术成就陈列室展出了相关实物。

题"，所举事例既包括中外大哲学家如陆九渊、波普尔幼时的哲学问题，儿童哲学开拓者马修斯著作中的例子，还包括编著者身边幼童提出的活生生的哲学问题。2022年，杨国荣发表文章，探讨哲学是否可教、如何教、何以教等哲学教育的基本问题。虽然不是专门针对儿童哲学教育而发，但对于儿童哲学教育的理论与实践无疑具有一般性的指导意义。从思想资源来看，此文和雅斯贝尔斯、杜威与冯契的教育思想展开对话，尤其是结合"化理论为方法""化理论为德性"阐发哲学教育的意义。①

　　近年来，华东师范大学哲学系较为自觉地推动儿童哲学教育实践。2019年11月7日，华东师范大学哲学系微信公众号推出一则"少年儿童哲学教育项目招募"公告，无意间创造了哲学系官微点击率的新高。配着蓝天、白云、荡秋千的女孩的插图，公告表达了对儿童哲学的一些基本理解："少年儿童哲学教育正在国内迅速兴起。它主要采用师生共同探究问题的学习方法，引导少年儿童提高分析问题的能力和团队合作精神，以此启迪智慧，养成理想人格……冯契先生'化理论为方法、化理论为德性'所蕴含的哲学教育理念与少年儿童哲学理念之间有着高度的契合。"公告推出后，系内外同学踊跃报名，不少本校的老师（作为爸爸妈妈）也表达了浓厚的兴趣，还接到了多家中小学校、幼儿园的咨询电话。一则本意只是针对本系学生的公告有这么高的关注度，完全出乎意料。②儿童哲学研修营的工作便这样起步了，至今已开展三期。在此过程中，儿童哲学教育的形式不断完善。在理论培训体系上，施行理论导师与实践导师共同指导的双导师制，以课程开发为核心的项目制学习，面向中学生的哲学冬令营，运营"中国智慧"微信公众号等；在建制上，成立中国智慧研究院哲学教育研修中心，统筹儿童哲学教育相关理论研究，开展实践活动。

---

① 杨国荣：《哲学与教育：从知识之境到智慧之境》，《探索与争鸣》2022年第1期，第149—154页。
② 参见刘梁剑：《学习和小朋友们一起做哲学》，《劳动报》2020年1月7日，第A02版。

按照我们的理解,儿童哲学教育的使命有二:其一,为儿童哲学研修营营员(大部分是来自哲学系的本科生与研究生)搭建一个在"做"中学哲学的平台,培养一批能够胜任儿童哲学教育的种子教师;其二,开发具有中国特色的儿童哲学教育研修体系,促进中国的儿童哲学教育事业。以下,我们对华东师范大学儿童哲学教育的初步实践作一点总结。

二、以儿童哲学教育实践促进哲学学习

(一)理论:促进者角色的倒逼作用

通过第一课堂的学习,哲学系的学生储备了丰富的理论知识,打下了坚实的学术基础。在儿童哲学教育实践中,哲学系学生自我定位为潜在的"种子教师",经过一段时间的训练后进入实践基地,带领中小学生学习哲学,自己成为教哲学的小老师。当然,按照儿童哲学教育师生平等、一起做哲学的理念,与其说是成为教哲学的小老师,不如说是成为引导哲学共同体探究活动的促进者。如果说,在大学第一课堂的学习过程中,营员作为学生有可能是被动的学习者,那么,营员在儿童哲学课堂中就不得不转变为主动的促进者。促进者的角色与职责有助于融通所学,打破各门专业课程的界限,使营员将之前所学知识和理论综合运用到实践之中。另一方面,儿童哲学教育实践中遇到的问题又倒逼营员自主学习哲学理论,所谓"用然后知不足"。这种在问题的逼迫与引导之下的学习,往往更加生动活泼,更加深入高效。

营员钱立奇(2020级硕士研究生)表示,哲学教育实践活动促使自己把第一课堂和第二课堂联系起来,问题意识更加明确,提升了第一课堂的学习热情,也能够更深入地理解第一课堂的学习内容。营员蔡添阳(2018级本科生)认为,在以往的学习过程中,自己是学习者,因此总是着眼于接收新

知识，但对消化知识不甚在意。然而，当自己成为促进者时，首先要求自己能将所学所思呈现出来，这里便需要一个反省、再理解、自己加工的过程；再者，还要学会清晰表达，在教学中要考虑到逻辑的一贯和层次的清晰，需要尽可能以明白晓畅的方式去传达自己的观点，同时也需要考虑到对方的接受能力。

（二）方法：在对话与研讨中获得有感之知，提升哲学思维能力

冯契有句名言：不论处境如何，始终保持心灵自由思考，是爱智者的本色。自由思考是哲学的特质，也是"人之为人"的重要特征。哲学作为爱智慧之学，引导学生在追求智慧的过程中，始终坚持自由思考和理性批判精神，促进哲学思维能力。儿童哲学研修营通过研读经典、教学实践、创作和展演哲学戏剧、观摩示范课、参访优质学校等实践方式开展哲学实践活动，充分发挥哲学在提升创造性思维、批判性思维的育人优势，在智慧研讨和共同探究中锤炼哲学品格。在经典阅读中与哲学家对话，通过对话，了解哲学思想的脉络，用现时代的问题唤起哲学家的思考、把哲学家的智慧真正变成自己的智慧。通过研讨哲学问题或现实问题，在围绕问题清楚明白地表述自己见解的同时，学会认真、耐心地倾听别人的观点；别人的见解可能启发我们产生新的见解，也可能帮助我们澄清、修正或者放弃自己的见解；我们也可能对别人的见解发表不同的意见，从而帮助别人澄清、修正、发展或者放弃自己的见解。在这个过程中，学习如何分享经验、如何共同思考、享受心智共同成长的快乐。这样的过程，正是自由思考的过程，也是智慧研修的过程。营员顾如仪（2020级本科生）表示，通过准备教案、集体备课等活动，对于某些特定领域的哲学思想及相关论证有了系统的整理；通过课程设计等环节，不断自我设问和探索，推进了自身的哲学性思考；在第一课堂的哲学学习中，对于某些特定的话题和主题也有了更多的敏锐性，更为主动地进行哲学上的探索。

营员在儿童哲学研修活动中的另一个重要收获，是对哲学如何接地气有了深切的感知。蔡添阳认为，哲学教育实践让自己从书斋中走出来，在真实的交流中重新理解哲学。赵梓言（2021级硕士研究生）则认为，儿童哲学研修营的活动实践让自己更深刻地意识到哲学思想是扎根于日常生活的，哲学所具有的反思性特质要求我们不能仅仅学习哲学发展史中的理论知识，而应当运用哲学的思辨能力面对具体的人在现实生活中遇到的现象与问题。两位营员的体会表明，"纸上得来终觉浅"这句话也适用于哲学问题。只有当我们获得关于某个哲学问题的有感之知，这个哲学问题对于我们来说才不是抽象的，而是在切肤之感的意义上是"具体"的。尼采曾说："思想家要么以他个人特有的方式对待他的问题，这样他就会在问题中找到自己的命运、痛苦和至幸；要么以'非个人特有的'方式对待，即用冷漠而好奇的思想触角去接触和理解问题。这二者实在有着天壤之别呀。"[1] 更进一步，扎根于现实生活的哲学问题是接地气的哲学问题，只有这样的问题才有可能在反映时代精神的意义上是"具体"的。真正的哲学运思者，需要将时代问题"具"之于身而"体"现之。

另一方面，哲学的可感性还反映在语言上。通过研修营活动，营员顾希玮（2021级本科生）对如何把"高深""诘屈聱牙"的哲学理论讲得通俗易懂且生动活泼有了初步的锻炼。营员陈嘉林（2019级本科生）表示，哲学教育实践活动引导我们将艰深的哲学话语，转变为对日常生活的观察、有趣的童话、科幻故事，转变为对话者也能够理解的语言，并在这一过程中与对话者相互启发，更深入地理解哲学思想。在第一课堂的学习过程中，学生掌握了一大堆哲学的术语，或者说"行语"。这些行语往往是大词。相形之下，日常语言和当下生活世界之间似乎有更为天然和直接的联系。不妨说，日常语言和当下生活世界长在一起，所以常常是可感的。再者，日常语词往往

---

① 尼采：《快乐的科学》，黄明嘉译，上海：华东师范大学出版社，2007年，第328页。

具有普遍的、从而只能是稀薄浅显的通义。它们与义理依据的粘联度最少，没有那么多理论负荷。因此，用日常语言来展开哲学思考，思考就容易贴切、实在。

（三）德性：在哲学实践活动中涵养理想人格

教育的目的在于培养人，促进人的全面发展。哲学教育重在"使人作为人而成为人"。第二十四届世界哲学大会以"学以成人"作为主题，而"学以成人"也是哲学教育的目标。营员尹紫涵（2020级硕士研究生）认为，通过研修营的活动，既提升了对哲学的认识，也在哲学教育实践活动中感受到了自我的成长。营员何雨洋（2021级硕士研究生）将儿童哲学理念融入戏剧，在中学、美术场馆实践哲学戏剧的创演。她在交流少儿哲学剧《小王子》的创演体会时说到，将儿童哲学的理念带入孩子们的课堂，让"做哲学"与"做戏剧"在哲学教育中活起来；《小王子》哲学剧的创演是参与者共同发现生活、寻找自我、反思自我的过程，我们拒绝做程式化的"大人"，而要做鲜亮生动的"自己"。

儿童哲学研修营面向全校招生，营员主体来自哲学系，但也有不少营员来自教育系、美术系、外语系、物理系等不同的学科。这无疑有助于营员之间的跨学科交流与合作，养成团队合作精神。营员张昊（2020级硕士研究生）写道："研修营员来自全校多个院系专业，仅我的项目组就涵盖了三个专业。通过和不同院系同学的沟通交流，既能交到很好的朋友，又能了解其他学科体系的思维模式和研究内容，这对于自己的视野扩展有很大帮助。"营员马彬（2020级硕士研究生）则写道："在与小伙伴分工合作的过程中更加体会到了团队精神以及如何配合好团队成员的工作。当然也在这个过程中结识了来自各个专业的小伙伴，共同成长。"

儿童哲学强调以共同体探究的形式展开哲学活动。探究共同体基于成员之间的平等，作为促进者的"小老师"对此尤其要有自觉的意识。反过来，承担促进者角色的过程也是"涵养平民化人格"的过程。营员赵梓言对此深有体会："在哲学研讨活动中，学生的思维是自然而然的，所以更多的是需要老师对同学进行提问引导从而推动课堂。这使我时刻谨记教育应该从'教'转化为'听'，应该去倾听孩子内心的想法，在他们那里有哲学。"张昊、邓希玮等营员都欣喜于孩子们思考问题、交流看法的热情，惊喜于孩子们奇妙的想法和独到的思考。马修斯曾经强调，每个儿童都是天生的哲学家。因此，"儿童哲学"的要义，不是教儿童哲学，而是和儿童一起做哲学，"将儿童看作探究伙伴来尊重"[1]。儿童提出的哲学问题的哲学性绝对不容忽视。"哲学在某种程度上，是成人对童年问题的回应。"[2] 而且，儿童有值得成人学习的地方。儿童哲学思考也许缺乏严谨和缜密，但其想象力、"清新和创意"却不时超乎成人。"清新和创意在哲学上就像在诗歌里一样，依然是被格外看重的。"[3] 营员任春昊（2020 级研究生）体会到，我们不应该用成人的眼光把孩子理解为没有长大的样态，尊重儿童与成人之间的差异是一种奇妙的体验。

此外，哲学探究共同体的活动培育了勇于"提出己见""修正己见""贡献异见"等既独立又包容的精神品质。团体的探究过程是从意见到相对真理的过程。以团体探究活动的方式来获得阶段性认识，恰好符合主观认识的动态过程，即从意见到相对真理的过程，冯契将其描述为"一致而百虑"。在冯契看来，真理是通过产生疑问、发现问题、对问题作调查研究，"通过头脑的思考，通过与别人共同讨论、共同研究，才能得到正确的答案"[4]，也就是

① 加雷斯·B. 马修斯：《童年哲学》，刘晓东译，北京：生活·读书·新知三联书店，2015 年，第 7 页。
② 加雷斯·B. 马修斯：《童年哲学》，刘晓东译，第 9 页。中国现代哲学家熊十力也有类似的提法。门人记："先生尝言，自幼喜发奇想，及长而回忆，皆哲学问题也。"（刘虎生等：《印行十力丛书记》，载熊十力：《熊十力全集》第 4 卷，武汉：湖北教育出版社，2001 年，第 19 页。）
③ 加雷斯·B. 马修斯：《童年哲学》，刘晓东译，第 11 页。
④ 冯契：《认识世界和认识自己》，《冯契文集》（增订版）第 1 卷，第 175 页。

说，个人的意见通过讨论、反思、论辩、归纳，百虑而一致，最终"通过不同意见的争论而达到一致"①。团体探究的过程及其所期望达到的目标，与冯契的真理观有着高度的一致性。探究活动鼓励参与者勇敢地"提出己见"，表达自己的想法，同时着意培养参与者对于他人的意见进行批判性思考的能力，能够将自己的观点与他人的观点进行比较、分辨和判断，从而不断"修正己见"。正如冯契所说，一个人勇于坚持自己的创见是必要的，但需要在经过与别人的意见进行反复地比较、讨论和推敲的基础上，若是一味将自己的意见当成真理，将别人的意见当成谬误，就难免会犯"独断论"的错误。②因此，探究团体鼓励参与者以开放的姿态真诚地思考问题，敢于贡献有别于他人的"异见"。但更进一步的要求则是，清晰简洁地表达观点，并给出良好的说理论证和经验验证，从而将自己的"异见"（不同的看法）发展为"殊见"（不同于人的殊出之见）。

三、面向青少年播撒哲学的种子

《国务院办公厅关于新时代推进普通高中育人方式改革的指导意见》（国办发〔2019〕29号）、《中共中央　国务院关于深化教育教学改革全面提高义务教育质量的意见》（2019年6月23日）等文件中都提出，要强化综合素质培养，着力培养学生的创新精神和实践能力，促进思维发展，激发创新意识。哲学作为基础性学科，强调批判性思维，注重培养认知能力，在提升人文素养和科学素养、培养创新性思维中具有不可替代的作用。华东师范大学哲学系一直有很好的对接社会服务和基础教育的优良传统，尝试和探索将高等院校的部分课程与基础教育阶段的素质拓展相衔接，做好"大-中-小"教育一体化的建设和工作。

---

① 冯契：《认识世界和认识自己》，《冯契文集》（增订版）第1卷，第176页。
② 同上书，第177页。

　　儿童哲学研修营营员作为"种子教师"学习哲学教育的能力，最终要付诸实践，面向幼童及青少年播撒哲学的种子。其要旨不是介绍哲学史知识或哲学家的学说，而是培养幼童及青少年学生的思维能力（包括创新性思维、批判性思维、关爱思维、合作思维等），涵养平民化自由人格。在具体的实践过程中，儿童哲学研修营营员主要面向中学生开展了各类哲学拓展活动，如哲学社团课、经典导读课、哲学戏剧课、中国智慧冬令营、中国哲学世界线上主题活动等。上海民办华东师范大学第二附属中学紫竹双语学校八（4）班的谢若希同学参加了2022年中国智慧冬令营活动，在活动中她学会了多角度思考问题，在"出世与躺平"和"入世与内卷"的讨论中，她与同学们一起思考"是否愿意躺平"和"是否可以躺平"的问题，合理地提出了自己的想法，了解和接受他人的独特想法，同时也从陶渊明、谢灵运、王维、匡衡等古人身上学习。华东师范大学附属进华中学八（2）班的王赢磊同学在分享中说，哲学思想课实在是太有趣了，内容丰富，有互动，有反思，它打破了自己对"哲学"枯燥加深奥的旧观念。华东师范大学附属进华中学八（2）班的徐珉皓同学则认为，最大的收获在于对自身的思考，以前只想着每天的学习任务和目标，现在开始思考"我是谁？"，明白一个人的价值不仅仅在于学习的成绩或工作的业绩，而是更应该体现在对家人的关怀、对社会的贡献上。

　　一言以蔽之，儿童哲学研修营的营员们通过经典阅读、智慧研讨、古今对话、哲学戏剧创演等方式，以纯哲学文本、影视视频、寓言故事、思想实验为探究内容，激发中学生对哲学问题的思考、探索、追问与反思，帮助中学生搭建哲学理论问题框架，助力哲学意识的提升与哲学性思维的发展，让同学们以批判性的眼光审视事件、问题与观点，以科学、合理、严谨的论证结构支撑言论与观点，以反思、自省的精神去重审自我的观点与态度，以包容、开放的态度去倾听他人的想法与意见。

四、结语：另一开端

华东师范大学哲学系、中国智慧研究院还创办了《开端：面向青少年的哲学》书系，第一辑将于近期付梓面世。书系顾名思义，旨在搭建一个和青少年朋友一起研修哲学的平台。书名"开端"首先寄托了一种良好的祝愿：希望它成为青少年朋友接触哲学、开始哲学思考的开端。另一方面，我们在哲学思考的过程中不断领悟哲学的开端。按照古希腊柏拉图、亚里士多德等哲人的理解，哲学始于惊奇；[①] 按照中国古老的智慧，我们可以说哲学发端于忧患；而海德格尔反思西方传统，又提出"另一开端"的说法，我们当下的哲学需要从兼怀惊（das Erschrenken）与敬（die Scheu）的知止（die Verhaltenheit）中重新开端："另一开端的基本情调乃是惊恐。在存在之离弃状态中的惊恐与植根于这样一种创造性的惊恐中的抑制。"[②]"然则谁能够奏响这样一种在本质性的人身上既惊恐又畏惧的抑制的基本情调呢？"[③]

或许，当代的确需要寻找哲学的新开端。我们身处一个前所未有的新时代，一个哲学教育的重要性亦是前所未有的新时代。这是一个英雄的时代，一个过渡的时代，一个需要哲学也必定会产生新哲学的时代，一个召唤哲学教育应运而起的时代。哲学者何？爱智慧是也。过渡者何？转识成智，从"知识就是力量"的现代转向"智慧才有力量"的当代是也。英雄者何？

---

① 柏拉图的说法："因为惊奇在哲学家身上最持久；因为没有其他东西比它更是哲学的开端。"（*Theaetetus* 155）阿伦特指出，柏拉图与亚里士多德对"哲学始于惊奇"的理解是有区别的："在 *Metaphysics* 卷首几乎一字不差地重复了柏拉图的话——'因为惊奇，人们才开始了哲学思考'——的亚里士多德，实际上以一种完全不同的方式使用'惊奇'一词，对他来说，促使人们进行哲学活动的实际冲动在于'逃避无知'的渴望。"而对于柏拉图来说，惊奇（*thaumazein*）乃是"面对存在的奇迹而感到震撼的惊奇"，而出神沉思乃是从惊奇开始的工作状态（体验），理论则是由此达到的成果，即对真理的静观。（汉娜·阿伦特：《人的境况》，王寅丽译，上海：上海人民出版社，2009年，第261、239页。）

② 海德格尔：《哲学论稿（从本有而来）》，孙周兴译，北京：商务印书馆，2012年，第51页。

③ 同上书，第18页。

怀抱人类最高的希望,直面人类最根本的困境和有限性,在虚无和不确定中投身生生不息的大化洪流是也。在这个时代,科学技术迅猛发展,既带给我们无穷的想象空间,又让我们真切感受到大地与天空的承载包容极限,感受到人与自然的相处之道亟待改善。在这个时代,世界文明新旧交替,它既是波谲云诡的,又是波澜壮阔的,人与人、群与群、国与国的相处之道亟待改善。社会生活的彻底变革逼迫我们作出哲学的追问:我们关于人与世界的基本观念和理想需要进行哪些调整?换言之,我们需要在基本观念和理想层面反思现代性,开创出与新的时代相匹配的当代哲学。然而,基本观念和理想的"调整"显然不能局限于理论层面,它必然要求从理论走向实践:通过教育调整人们的基本观念和理想,进而通过人的改变实现社会的改变。在这里,哲学、教育和社会改造携手并进。①

---

① 参见约翰·杜威:《民主主义与教育》,王承绪译,北京:人民教育出版社,2001年,第350页。

诗性智慧的发现及儿童教育省思*

张铜小琳**

【摘　要】　因批判启蒙运动以来人类独崇理性精神的弊端,维柯从拉丁语源与原始人类中发现了"诗性智慧"的独特价值与魅力。这种古老的智慧寓于儿童的天性之中,发源于儿童的无意识心理,且与儿童认知活动的整体具象、直观泛灵等特点相契合。在儿童的语言、梦想和生活中均展现出诗性智慧的强大生命力。对此,儿童教育应深刻反思忽视诗性智慧而造成的异化现象,敦促当代教育重视儿童天性中的情感根源,理解儿童成长的处身性,挖掘"童年"这一诗性教育资源,以滋养儿童诗性智慧的发展。

【关键词】　诗性智慧;诗性思维;儿童教育;儿童哲学;童年资源

　　文艺复兴以来,人自身的价值得以彰显。而启蒙运动的盛行更是将人的理性精神推向了至高的宝座。随着对启蒙运动的深入反思,学者们意识到一味地"理性崇拜"又会成为束缚人类思想解放的另一道枷锁。于是,人的非理性精神因其独特的魅力与毫不逊色于理性精神的价值进入了大众的视野,颂扬人类情感的浪漫主义运动随后也在德国、英国相继展开。在这

*　本文是国家社会科学基金"十三五"规划 2019 年度教育学类一般课题"儿童哲学研究及其教育学意义"(项目编号: BAA190234)的阶段性研究成果。
**　张铜小琳,中山大学哲学系博士后。

历史变幻之际,18世纪意大利学者维柯在批判唯理性主义与自然科学的基础上,洞见了原始人强大的生命力与想象力,并将其凝练为人类的"诗性智慧"。这一思想的提出有助于我们认识儿童独特的精神世界与生活世界,也敦促现代教育切实关注与尊重儿童的天性和成长规律。

一、诗性智慧的发现

1699—1708年,维柯在大学开学典礼上的七次演讲(汇编为《论人文教育》)已显露出他对人性的体察与忧思。1710年,他根据拉丁词源来考究意大利的智慧起源与民族精神(《论意大利最古老的智慧》),但此时,维柯只初步证实了人的感性能力与创造本能的原初性。直到1725年,维柯发表《新科学》,以各民族历史发展与人类的复演历程为根基,系统阐述了他的"诗性智慧"思想体系,包括诗性玄学、诗性逻辑、诗性伦理、诗性经济、诗性政治、诗性物理等,展现了人类古老智慧的神圣力量与整体景象。

(一)对启蒙运动的反叛

在启蒙运动盛行的年代,人们相信只要发挥理性精神的力量并运用自然科学的方法就能够认识世界,获得永恒的真理。对这种超越时间的观念,以塞亚·伯林总结出维柯最为吸引人的七个议题,即:人改变着自身与世界;人类只能理解自己创造的历史;人的活动不同于外部世界,需以"内在的方式"被认识;社会或文化阶段的连续性具有普遍模型;人的创造在于自我表达;社会科学的知识领域都是以发生学的角度来构造的;重构想象是进入其他文化精神生活的方式。[①] 所以,以自然科学的态度与方式并不能认识人类活动,因为内在知识(人文科学)与外在知识(自然科学)是迥异的,数

---

① 以赛亚·伯林:《启蒙的三个批评者》,马寅卯、郑想译,南京:译林出版社,2014年,第9—12页。

学或物理学的方法在人文科学中不但是失效的,反而是将人"非人化"。这也是他要提出"新科学"的原因所在。

为进一步论证"新科学"产生的必要性,维柯检视并批评笛卡尔所建立的真理观。笛卡尔以几何学的方法探求清晰、明确的观念作为真理形式的基础,又以"我思,故我在"坚持意识的确定性。但是这种分析推演的方式既漠视了自然科学以外的历史、修辞、诗等领域,也无法证实清晰与明确即是真理。并且,"我思"只是"我在"的标记或表征,精神没有创造自身,因而对拥有这些知识的属性与样式一无所知,我们也无法知晓真理是如何形成的。[①] 正如前文所述,维柯认为人只能理解自己的创造,永远不能理解上帝的创造,也就是上帝创造世界的"原因"。因为,"真理"与"创造"是交互相应的(*reciprocantur*),它们是相互转化的(*convertuntur*)。[②] 人类的活动是由人自己创造的,所以可被人理解。而这种内在知识(人文科学)领域是发生学的构造,因此可依循"内在的方式"——人类历史发展的演化得以理解与认识。

(二)对民族历史的复演

为准确把握人类心灵自发的创造性活动,维柯以语言、诗、神话及古代世界的伟大片段为资源,以综合的历史观与精神发生学的视角审视诸民族的历史演进,发现它们都经历了神的时代、英雄时代到人的时代的发展进程,对应着诗性的(神性的)自然本性、英雄的(高贵的)自然本性和人的自然本性。"每一个民族的演进都不可避免地伴随着一个复演过程(ricorso),并且历经同样的有次序的发展阶段,其起点就从那些民族在反思的野蛮下

---

① 贝奈戴托·克罗齐:《维柯的哲学》,R. G. 柯林伍德译,陶秀璈、王立志译,郑州:大象出版社/北京:北京出版社,2009年,第4—5页。

② 维柯:《论意大利最古老的智慧——从拉丁语源发掘而来》,张小勇译,上海:上海三联书店,2006年,第9—10页。

发生崩溃开始。"① 在这种反思文明演替的过程中,维柯指出了现代性的侵蚀与人性的堕落,理性与反思的野蛮预示着历史应进入下一个循环,去发现"真正的荷马",那个前理性的、诗性的、受到神的启示的时代。

在这个神的时代的异教世界,原始人所用的是感觉的想象,而非理性的抽象的玄学,他们没有推理的能力,却充满旺盛的感觉力和生动的想象力,器官是他们认识事物的唯一渠道。于是,在由无知所激发的好奇心的驱动下,原始人完全凭借肉体的想象力去创造。这种创造的活动是从内心感受,而非外部世界去寻找根据。这些依靠想象来创造的异教族民就被称为"诗人",因为"诗人"在希腊文中就是"创造者"。② 所以,他们的最初智慧也就是"诗性智慧",一种创造性的智慧。

(三)对原始智慧的称赞

原始人善于运用天生的感官与想象力,诗就是他们使用的玄学,自此萌发的最初智慧就是诗性的智慧。诗性智慧也具有逻辑性,但不同于一般认识上的以抽象、分析、概念、区分等为特征的理性的逻辑,而是一种诗性的逻辑。诗性逻辑用以己度物的方式,用诗的语言(尤其是隐喻)去赋予无生命物体以感受与情欲。③ 维柯称赞"神学诗人们是人类智慧的感官,而哲学家们则是人类智慧的理智"。④ 诗人实际上是最早的哲学家,通过诗的世界,他们领受天神意旨。这种诗性的智慧是上天赋予人类的圣神心灵,也是心灵创造的内在动力。

在维柯之后,同样重视先民智慧的还有列维-布留尔与列维-斯特劳斯。列维-布留尔发现"野蛮人"的原始思维是原逻辑的,它不像我们的思维那样必须避免矛盾。它首先且主要服从于"互渗律",在本质上是综合的思维。

---

① 马克・里拉:《维柯:反现代的创生》,张小勇译,北京:新星出版社,2008 年,第 269 页。
② 维柯:《新科学》,朱光潜译,北京:商务印书馆,1989 年,第 181—184 页。
③ 同上书,第 200 页。
④ 同上书,第 435 页。

而且在原逻辑思维中，记忆具有不同的形式、趋向，记忆的内容既准确，又含有极大的情感性。[1]列维-斯特劳斯将其称作野性的思维。野性的思维可以说是一种模拟式的（analogique）思维。原始先民借助形象的世界深化知识，建立各种与世界相像的心智系统，从而推进对世界的理解。[2]由此可见，原始的诗性智慧是我们发现人类精神创造本原的关键，也为我们开启了进入儿童世界的大门。

二、诗性智慧与儿童的心理发展基础

维柯认为各族初民都是些人类的儿童，而且诗不过是摹仿，儿童都善于摹仿。[3]儿童的智慧与原始人民的诗性智慧相似。当然，成人也有诗性智慧，但成人的诗性智慧是由儿童的诗性智慧经历数次"转变生长"而来。而且儿童的诗性智慧具有完整性、创造性与审美性的特征。[4]想要真正理解儿童的诗性智慧及其根源，必然要结合儿童的心理发展基础。

（一）诗性智慧源于儿童的无意识心理

儿童思维是原始人的早期思维在个体中的浓缩与再现，种族的发展积淀为个体的发展。[5]对这一深层领域的探索使精神分析学派发现了人的无意识心理。无意识是意识永不枯竭之源。意识在童年期由无意识发展而来。[6]因此，无意识心理是儿童发展意识活动的基础，更是儿童诗性智慧迸发的源泉。无意识并非一无所有、空空如也，它是人类经过生物进化与文化积淀而

[1]　列维-布留尔：《原始思维》，丁由译，北京：商务印书馆，1985年，第71、101、104页。
[2]　克洛德·列维-斯特劳斯：《野性的思维》，李幼蒸译，北京：中国人民大学出版社，2006年，第289页。
[3]　维柯：《新科学》，朱光潜译，第254页。
[4]　王立华：《论儿童的诗性智慧》，南京师范大学硕士论文，2007年，第8—10页。
[5]　张浩：《思维发生学：从动物思维到人的思维》，北京：中国社会科学出版社，1994年，第8页。
[6]　C. G. 荣格：《怎样完善你的个性——人格开发》，刘光彩译，北京：中国国际广播出版社，1989年，第117页。

贮藏在个体心灵中的巨大宝库。无意识具有无穷的外延,它与意识一样,不会歇息停滞,与意识不断相互影响。从无意识中升起的一些新思想和意向进入意识后,便被称作幻想和冲动。[①]而幻想与冲动正是前理性与原逻辑的重要表现形式,和儿童丰富的想象与情感的表达紧密交织。诗性智慧的诗性逻辑是原逻辑的,充盈着浪漫的、情感的、审美的、游戏的内容,是以概念、形式为特征的理性逻辑所不能容纳与比拟的。就像人的有意识心理只是无意识心理这座冰山浮出水面的一角,而理性逻辑所抽象整合的内容也只是诗性逻辑想象蔓延的内容的一部分。并且,儿童早期的心理发展活动以无意识为主导,无意识中的集体无意识则是远古祖先沉积在个体心灵中的智慧结晶,是诗性智慧的历史传承。因此,无论是从人类演进,还是个体发展来看,儿童的无意识心理都是诗性智慧的生发源泉,诗性智慧的激发就是对儿童无意识心理的解放与挖掘。

(二)诗性智慧基于儿童整体具象的直观认识

每一代新人进入一个旧世界,正是人类境况的本质。为新一代人准备一个新世界则会剥夺他们为自己创新的机会。[②]儿童是要在成人已经建造的世界的基础上进行改变与创造,甚或是推翻与重造。但首要的是,他们需要认识与进入这个已有世界。所以,儿童要建立自我与现有世界的联系,才能在关系性中能动地创造世界。儿童早期认知世界的方式为这一目标创造了先天条件,儿童早期没有自我意识,这种"无我"的心理状态,使得儿童自然地进入天人合一、神与物游的和美境界。如果说成人的注意力像聚光灯,则儿童的注意力就如同灯笼,他们似乎同时生动地体验着所有事物。[③]不同于成人在属与种差中将外部世界分门别类,易于把握、管理与运用。儿童偏

---

① C. G. 荣格:《怎样完善你的个性——人格开发》,刘光彩译,北京:中国国际广播出版社,1989 年,第 47—48 页。
② 汉娜·阿伦特:《过去与未来之间》,王寅丽、张立立译,南京:译林出版社,2011 年,第 166 页。
③ 艾莉森·高普尼克:《宝宝也是哲学家:学习与思考的惊奇发现》,杨彦捷译,杭州:浙江人民出版社,2014 年,第 98 页。

爱以具象、整体、直观的方式打量外界,在差异中寻找相似,在区别上搭建联系,在显然处发见隐匿,这就为展现诗性智慧提供了天然的基础。诗是隐喻的、灵动的、充满无限遐想的,诗人以其独具慧眼的特质将万物连成一体,以可见世界映射出不可见之世界,从而给人以美与启示,也因此诗人被认为是早期的哲学家。在雅斯贝尔斯、皮亚杰、马修斯等越来越多的学者看来,儿童就是哲学家,进一步地说,儿童实质是"诗人哲学家",用纯真、质朴的诗性智慧在认识、理解、表达与生活。

(三)诗性智慧融于儿童泛灵的认识世界

儿童主客互渗的心理特点,决定了儿童认识世界的泛灵性与拟人化。他们用以己度物、将物化人的方式融入世界,也激荡着诗性的创作源泉。主客互渗的特征出现在儿童心理发展的早期阶段,追溯到原始人类身上也有同样的表现,他们认为万物有灵,通过有灵性的事物可以通晓天意与传达祈盼,从而产生了祭祀、巫术、神话、寓言等。发现原始思维的布留尔认为原逻辑就主要服从"互渗律"。互渗的实质恰恰在于任何两重性都被抹煞,主体违反矛盾律,既是他自己,同时又是与他互渗的那个存在物。生动的内部的互渗感足以抵消甚至超过智力要求的力量。[1] 在马利坦看来,诗即事物的内在存在与人的自我的内在存在之间的联系,它是普遍、原始的过程,也是一种预言。[2] 所以,诗人的语言常常也被称为"天言",仿佛是上天对人类的启示。因为,万物息息相通,生命万物间神秘的相似性使诗人的灵感和幻想得到更充分的发挥,这正是人类诗性智慧和隐喻思想的意义所在。[3] 因此,儿童泛灵性、拟人化的诗性世界就是最自然不过的了,诗性智慧遂应运而生。

---

① 列维-布留尔:《原始思维》,丁由译,第449—450页。
② 雅克·马利坦:《艺术与诗中的创造性直觉》,克冰译,北京:商务印书馆,2013年,第10页。
③ 王凯:《道家诗性精神:兼与海德格尔比较》,北京:人民出版社,2015年,第297页。

（四）诗性智慧得益于儿童强盛的记忆与想象

儿童的脑部神经正处于发育期，神经突触的生长与联结功能异常强大，故儿童的记忆与想象力都优于成人。但日常生活与教育实践对记忆的追求与考察，使我们错将记忆与想象当成对立的或相互干扰的两种能力，但实质上并非如此。古时，拉丁人把我们称之为想象（imaginare）的地方叫作忆想（memorare），因为记忆提供了形成想象的直觉材料。希腊人也认为回忆是一种形成意象的能力，故可谓想象力（phantasia），也就是 imaginative。[1] 在古人看来，记忆、回忆、想象是密切关联的能力群，也是他们施展原始智慧的机要。并且，原始思维中的集体表象几乎只通过记忆来遗传。[2] 记忆将储存于无意识中的集体表象唤醒，"只有能够为我们所用的记忆，才可以迈过意识的大门"[3]。想象则在文化的涵养中对记忆材料进行加工与创造，记忆与想象起到了相互增补的作用。诗性智慧的萌发离不开想象力的爆发，而想象恰是儿童期最主要，也是最重要的思维活动，现实与幻想在儿童的世界中并存，通过记忆与想象的合力，儿童在现实与幻想中来去自如，在两者交融处诞生的诗性智慧便获得了助力。

三、诗性智慧涌现于儿童的生活

由于诗性智慧暗合于儿童的心理发展基础，所以在儿童的生活中随处可见。他们像天生的诗人与艺术家一样，发现"世界之奇，生活之美"，让对这一切已熟视无睹的成年人惊叹不已，自叹不如。

（一）儿童的语言是诗意的

从牙牙学语起，儿童的语言就蕴含着诗意。他们最先说的"爸爸、妈妈、

---

① 维柯：《论意大利最古老的智慧——从拉丁语源发掘而来》，张小勇译，第 67 页。
② 列维-布留尔：《原始思维》，丁由译，第 449—450 页。
③ 亨利·柏格森：《创造进化论》，汤硕伟译，北京：北京理工大学出版社，2015 年，第 13 页。

吃饭饭、睡觉觉、小手手"等词语都是叠音词，就连成人与婴儿的对话也不自觉地变成叠音词。儿童嘴里哼唱的童谣也充满了韵律感与节奏感。这些都符合早期诗的特征，"诗"往往与"歌"连在一起。古时候，诗需能和曲吟唱，故为诗歌。卢梭也认为语言的起源与旋律、音乐是有关的，而且古老的语言是一种诗人的语言，不是系统性的或理性的，而是生动的、象征性的。[①]心理学家史蒂芬·平克将其归因于人类的强大的类比力使他们能够用古老的神经结构去诠释崭新的主题、发现隐藏的自然规律和体系，从而放大了语言自身的表达力。[②]这实质道出了隐喻的力量，将世间万物的内隐关系显现出来，形成一幅包罗万象的画卷。所以，当"我们力求准确清楚地说；印第安人则力求如画一般地说；我们分类，他们则个别化。"[③]五岁的小朋友就已经能将自己的换牙经历与自然生长规律相联系，并以诗表达她对换牙的理解："冬天的时候，我的一颗牙齿掉了。春天来了，我的牙齿又发了芽。"[④]我们仿佛能从中看见春风把"牙齿种子"给唤醒的画面。

随着语言的发展，语言的隐喻力量却逐渐消逝。语言的逻辑性质已经大于诗的性质，不再有自然的身影，人的本性，世间万物的说话，是对语言的本质的背离。[⑤]概念性语言会破坏生命和世界的统一性、连续性和生机。[⑥]这种精致化的语言使诗性智慧难以寄居，反而在儿童的语言中，隐喻的力量与诗性的智慧借助他们心理发展的先天优势而尽情流溢，这也是我们必须珍视与欣赏儿童的诗性语言与诗的创作的原因，更是对语言自身生命力的救赎。

---

① 让-雅克·卢梭：《论语言的起源：兼论旋律与音乐的摹仿》，洪涛译，上海：上海人民出版社，2003 年，第 14 页。
② 史蒂芬·平克：《思想本质：语言是洞察人类天性之窗》，张旭红、梅德明译，杭州：浙江人民出版社，2015 年，第 322 页。
③ 列维-布留尔：《原始思维》，丁由译，第 161 页。
④ 果麦编：《孩子们的诗》，杭州：浙江文艺出版社，2017 年，第 128 页。
⑤ 王凯：《道家诗性精神：兼与海德格尔比较》，第 333 页。
⑥ 以赛亚·伯林：《浪漫主义的根源》，吕梁译，南京：译林出版社，2008 年，第 54 页。

（二）儿童的梦想是诗化的

每个儿童在童年时代都会有无数的梦想。梦想是儿童认识世界的一种方式，在梦想中儿童获得了精神性的成长。因为，孩子的梦想并非只是逃避的梦想，他的梦想是飞跃的梦想。[①] 梦想使儿童进入一个比现实世界更有诗意也更为宏大的世界。[②] 在那里面，儿童展开无意识与意识的对话。所以，虽然每个儿童的梦想都是独特的，但又具有相似性，因为梦想是对集体无意识中"原型"的唤醒与装饰，于是儿童就拥有了与原始人相似的诗性智慧。而且诗化的梦想也给予了儿童精神成长的自由空间。儿童在梦想中可以天马行空，不用担心违背事实、违反因果，能够尽情地发挥想象与释放情感。诗也同样不受现实、常识、规则的束缚，让人暂时逃离严苛的逻辑、进入自由"任性"的世界。儿童喜欢用诗化的语言描述自己梦想的世界，又在梦想中创作着诗的言语。梦想与诗的交融使得儿童能够打造属于自己的新世界，并以此来创造与改变已有的世界。并且，当成人回忆起童年与儿时的梦想时，也常常寄托于诗语，童年与梦想就成为诗词中永恒不变、亘古常新的主题。因为，梦想就是诗的画卷，诗就是梦想的语篇。

（三）儿童的生活是诗情的

儿童作为成人生活的闯入者、已有世界的新来者，他们对与子宫差异巨大的外部世界是既陌生又害怕的，不知道周围一切对他们是友好的，还是敌意的。所以，探索、尝试是儿童头几年生活的主要活动。而"人生的探索依靠的不是抽象的逻辑思维，而是真切的心灵体验。"[③] 这句话用来描述儿童这段时期的生活是最适合不过的了。因为，儿童起初的逻辑推理能力是不发达的，更多的是依赖于感官系统获取对外界的感知与信息。而且，儿童作为

---

① 加斯东·巴什拉：《梦想的诗学》，刘自强译，北京：生活·读书·新知三联书店，1996 年，第 125 页。
② 刘晓东：《儿童精神哲学》，南京：南京师范大学出版社，1999 年，第 247 页。
③ 陈嘉明：《现代性与后现代性十五讲》，北京：北京大学出版社，2006 年，第 153 页。

新来者,不会带有特定的认知视角去审视世界,而是全方位、全身心地体验与感受万事万物,也就是身心沉浸式的体验,从而形成对世界的认识与理解。这也让儿童能够发现与体察到更多细小渐微处,即便在成人眼中的小小角落也能成为儿童眼中的广袤天地。儿童感觉的灵敏度、心灵的好奇感、情感的充沛性,让他们能在嫩芽中领受生命的美妙,在花蕊中看见整个春天。儿童的早期生活以情感为主导,他们直率地表达自己的情感,因为在他们眼里世间万物都有着人性,都和他们一样拥有喜怒哀乐,这也是儿童能够移情,具有同情心的原因。于是,儿童在诗歌、童话、童谣、寓言、游戏、艺术中生活与徜徉,搭建与事物的联系,而它们也均把儿童的世界装点得充满诗情画意起来。

四、儿童教育应"滋养"而非"扼杀"诗性智慧

根据前文的论述,我们知道诗性智慧的发展与运用是儿童成长的天性与需要。同时,诗性智慧也是理性智慧生发的基础与动力,两者的发展相得益彰、并行不悖。[①] 但当前儿童教育对理性智慧的重视与推崇,却将儿童天生的诗性智慧当成阻碍理性智慧萌芽的拦路虎,并为此不断打压与排挤儿童的诗性生活,导致儿童无法施展亟待展现的诗性智慧。这种错误的理念正与儿童教育呈现出的理性压制感性、扬心抑身、童年意义失落之病态紧密相关。我们唯有正视并重视诗性智慧在儿童教育中的地位与价值,"滋养"而非"扼杀"儿童的诗性智慧,儿童教育才能够真正走向正途。

(一)重视儿童天性中的情感根源

理性自柏拉图以来被视为人性中最高贵的部分,而理应去压制情感对人性的扰乱与败坏。直到浪漫派为感性平反,认为"感性——感受、情绪和

---

① 杨晓:《教学的诗性智慧》,《教育研究》2016 年第 4 期,第 97—104 页。

欲望的能力——并不比理性本身更缺乏人性"①。之后,浪漫派又对人性继续探索,洞见情感乃是人性的根基。不论在认知、道德还是审美艺术发展中,情感都占有基础性地位。在认知发展中,情感与生理感觉属于一级认知(潜意识)的心理机制,在此基础上二级认知(有意识)获得发展。②道德领域的研究也表明:婴儿天生就拥有道德倾向与道德情感。"婴儿都是道德动物,生来就拥有进化出来的共情和同情意识",③虽然此时的道德情感主要施予亲近、熟悉之人,有其局限性,仍需扩展与升华,但不可否认其在道德判断中的基础性。尤其在审美艺术方面,审美体验的发生"深入到了人的本能、直觉、无意识这些幽深的心理领域",④这幽深的心理领域正是情感的发源地。苏珊·朗格更称"艺术表现的正是人类情感的本质"。⑤可见,这种人类共有的情感具有理性所不可替代的基础性地位。

当前教育对情感的排斥或忽视,不仅在于理性对情感(感性)的压倒,同时也由于没有意识到情感的先天性与客观性,而将情感与情绪、共同情感与个体情感相混淆与等同。实质上,人人都具有的先天情感正是儿童教育的人性之端,需要教育来"扩充"之、"提升"之。儒家的"恻隐、羞恶、辞让、是非"四端说,王阳明在《传习录》中所云的"盖良知虽不滞于喜怒忧惧,而喜怒忧惧亦不外于良知也",均支持了这一观点。因此,教育需当重视儿童天性中的情感根源,让其得到充分的表达与升华,才能从主观变为客观、由特殊变为普遍,也就是从感性变为理性。⑥遂基于无意识、直观、泛灵等心理基础的诗性智慧必然得益于儿童教育对情感根源的重视与滋养。

---

① 弗雷德里克·拜泽尔:《浪漫的律令:早期德国浪漫主义观念》,黄江译,韩潮校,北京:华夏出版社,2019 年,第 46 页。

② 戴维·布鲁克斯:《社会动物:爱、性格和成就的潜在根源》,佘引译,严冬冬校译,北京:中信出版社,2012 年,第 241 页。

③ 保罗·布卢姆:《善恶之源》,青涂译,杭州:浙江人民出版社,2015 年,第 208 页。

④ 童庆炳:《中国古代心理诗学与美学》,北京:中华书局,2013 年,第 85—86 页。

⑤ 苏珊·朗格:《情感与形式》,刘大基、傅志强、周发祥译,北京:中国社会科学出版社,1986年,第 11 页。

⑥ 蒙培元:《情感与理性》,北京:中国人民大学出版社,2009 年,第 106 页。

(二)理解儿童成长的处身性

身心二分的哲学观对教育产生了严重的误导,使其只视心灵成长为己任,而对身体施行控制与规训,知识的获取主要来源于书本内容的识记,而舍弃儿童本就处身(embodied)于其中的生活世界。于是,儿童沦为无身的儿童,生活世界被剥离成概念的铁架。这让失去身体感受性,脱离真实世界的创造无法为诗性智慧的发展提供灵感与源泉。诗性智慧的发展不是心灵或精神的专利,而是身心互通合力的结果。所以,儿童教育应当抛弃传统的身心二元论,理解儿童作为身心合一的整全人,处身于真实鲜活的世界。身体是儿童感触、感受、感发的通道,"身体一直有着感受性,感到自身,自身感受,是感受的自身感受……不再仅仅是意义与观念,而是感受:感受到自身的感受"。[①] 在感受中,情感发源,身体与心灵才会自然通达,"精神是被身体所收容的,而不仅仅是被大脑所囊括的"。[②] 离身的心灵与教育是违背儿童心理发展规律的,倘若阻断身体与世界的联系,就相当于抽干了润泽心灵的感知体验之河。

尤其在现代化进程的助推下,"自然缺失症"的现象也日益凸显。而苏霍姆林斯基的蓝天下的学校正是治愈这一病症的良药,他让儿童回归大自然,在与大自然的亲密接触中收获丰富的经验与情感的体验,诗性的语言、思想、感受顺然奔涌,此乃是诗性教育的样本。成长的处身性是儿童真切感受生命与万物、抒发内心情感涌动的基础,它呼唤着现代教育深深扎根于儿童经由身心体验到的现实世界中,而不是将已提炼的抽象的概念知识塞给儿童去复刻。因为,知识不等于智慧,心灵的充塞也不意味着成长,反而压抑了智慧的运用及提升。只有在理解儿童成长处身性的基础上,教育才可能将生活世界交还给儿童,给予儿童自由感受、体验、畅享与创造的空间,在真实世界与梦想世界的穿梭互渗中,儿童的诗性智慧得以飞扬。

---

① 夏可君:《身体:从感发性、生命技术到元素性》,北京:北京大学出版社,2013年,第4页。
② 乔纳·莱勒:《普鲁斯特是个神经学家:艺术与科学的交融》,庄云路译,杭州:浙江人民出版社,2014年,第4页。

（三）挖掘"童年"这一诗性教育资源

儿童的语言是诗意的，儿童的梦想是诗化的，儿童的生活又是诗情的。这说明童年本身就是诗性的，也正因为如此，童年成为众多诗人笔下经久不衰的主题，而葆有童心也是诗人创作灵感的来源。因为，童心与诗心是相通的，童年思维与诗性思维都以直寻为主要认知方式、以想象为主要认知手段，在认知过程中情感占有中心地位。[①]"诗不是思维或语言的结果，它是无意识运动的产物。"[②] 童年生活以无意识心理为主要特征，于是成为诗歌诞生的矿井。在五四新文化运动时期，儿童文学作品对儿童、童年生活的展现，进一步加深了人对自身的理解。童年蕴含着珍贵的人性价值，是人的发展的根基。[③] 虽然童年的意义与价值在当今社会的功利主义趋势下明显失落，但教育作为为了人性发展的善业，理当拱卫与挖掘"童年"这一丰富的思想资源、诗性资源、教育资源。儿童生活于童年中，儿童正创造着童年，也在童年中得到教育。漠视童年的教育就会将儿童看成是"不完满"的成人，以成人作为评价儿童的判准，弃儿童天性和独特智慧于不顾，对诗性智慧的关注也就无从谈起。老子的"复归于婴孩"，王阳明的"良知良能"，以及李贽的"童心说"都是儿童天性完满、童年具有重要地位的证言。因此，教育应当给予儿童丰盈童年生活的时间与空间，让儿童在享受美好童年的过程中自由发挥诗性智慧，诗性智慧的运用又能充实童年生活。在这种双向增益中，童年作为诗性的教育资源才能获得充分开采。

诗性智慧的发现既让我们更加了解了儿童与童年，也敦促了当前教育更新儿童观，深刻反思并认识到教育观念的不足，使教育在变革中尊重、理解儿童，帮助儿童实现真正的成长。

---

① 刘筠:《试论童年思维与诗性思维》,《河南师范大学学报（哲学社会科学版）》2008 年第 4 期, 第 194—196 页。

② 刘晓东:《"不朽的暗示来自童年"——西默斯·希尼的诗与他的童年》,《南京师范大学文学院学报》2001 年第 1 期, 42—49 页。

③ 朱自强:《"童年":一种思想的方法和资源》,《中国图书评论》2006 年第 6 期, 第 35—39 页。

旧文新刊

哲学书简

——1932 年中大哲学系学生与周谷城教授的学术通信

周春健　整理

　　哲学系是中山大学建校之初最早设立的学系之一，黄希声、冯友兰、傅斯年、何思敬、曹汝匡、吴康、朱谦之等知名教授曾经担任过系主任。虽然在 1932 年，哲学系曾因招生人数过少而遭遇停办危机，[①] 但在文学院吴康院长等人的极力坚持下，哲学系之教学科研依然取得了可观的业绩。其时，中山大学之学术氛围甚为浓厚，比如《国立中山大学日报》即专辟"问题研究""演讲录""会议录"等板块，刊载中大教授之间、师生之间之学术交流乃至学术争鸣，具有重要的史料价值和学术意义。

　　今检《国立中山大学日报》，得见哲学系黄广勤、郑锡祥二位同学曾致信周谷城教授[②]，向其请教人生观之确立以及哲学、逻辑之学法，亦就周谷城

[①]　参见《国立中山大学文学院概览》，国立中山大学出版部，1933 年 6 月，第 43 页。

[②]　周谷城（1898—1996），湖南益阳人，著名历史学家，著有《实用主义论理学》《生活系统》《中国通史》《世界通史》《中国政治史》等。1930—1933 年间，任国立中山大学教授，并兼社会学系主任。1943 年后一直在复旦大学历史系任教，任历史系主任、学校教务长等职，在学界有崇高的地位。《国立中山大学日报》1932 年 4 月 23 日第 4 版刊载《哲学系四年级生宝汉茶寮公宴纪》一文，报道哲学系毕业班同学在行将离校之际，宴请邹鲁校长及上课诸师聚会，其中便有周谷城、李石岑、袁擢英、李白华等教授。据此，周谷城先生或可能兼任过哲学系课程。

教授讲座中之相关哲学问题提出商榷,周教授均耐心细致作答。由此,一方面可见当时学术空气之活跃自由,一方面四通书信所涉哲学问题,于今日之哲学研习者或亦有一定启发。

图 1   周谷城教授

一、黄广勤致周谷城师①

《国立中山大学日报》于 1932 年 4 月 1 日第 3 版 "问题研究" 板块,刊载黄广勤同学给周谷城教授的一通书信,落款为 "三月十九日"。黄同学在信中提出五个问题,其一为人生观的确立问题,其二为 "为学问而学问" 与 "为人生而学问" 的分辨问题,其三为读书方法及英文学法问题,其四为逻辑学法问题,其五为抗日救亡工作问题。书信原文如下②:

谷城吾师:

生有几个问题,想请先生指教,假如先生有暇的话,就用书面或当面教授我!

---

① 信函标题为整理者所加。
② 标点符号略有改动,下同。

1. 我常看见在书本和教师的言论上，都主张是这样：大凡青年到了中学时代，总要立定一个志向（或者说是人生观），然后作事才能有成就。不然的话，只见得到失败。我想这是对的，因为一个人能确定了人生观，无论干什么工作，像政治、教育，等等，都是有系统地进行，成功也自然来得易。反过来说，样样都见异思迁，半途而废，当然容易失败了。可是，找一个正确的人生观，真是困难。我入哲学系的目的，纯是希求完满解决这个问题。先生，我现在还是徘徊着十字街头，不知那头是正当的路，恐怕万一走错了，岂不是更糟糕吗？然而，长此以往，都游疑着，终非久计。先生，怎样办呢？

2. 现在社会的需要，究竟以那二种学问为先务呢？实在说，我是不能为学问而学问的，只是为人生而学问的。这是环境决定我是如此的。所以我虽然在读哲学，一面仍在怀疑着，以为这种学问非当今之急务，虽然还有一班人都保持着这个论调，说各种学问都有同等的价值——一样的重要。但我以为社会中总有一个标准——这种切实的，这种虚空的，不能一概都算好吧。诚然，学那一种学问，自然以自己的个性来决定，而社会环境的需要，很要顾及，或者后者比前者重要些。先生你底学识经验都很丰富，对于这个社会□□，① 看得很透彻了，希望能够多给指导。对于这个问题（有些职业问题的成份），可有完满的解答！

3. 由上面说来，所以连带我们的读书也发生问题了。诚然，说有一个目标，步骤自然会紊乱起来，所以看见一本书，就心里想到这书应不应看，这书看了有没有用，假如心里以为没有用，再也不能看下去了。这个现象，从去年来已经发生了。至于论读书方法的一种书，我看过了许多本，可是它都是空泛而不切近这个问题的。先生，请你指导指导吧！

还有，我的英文程度，不及看原本书籍，有什么补助的方法？有些人说读原本只须概括看就得了，不用字字都能了解。此办法，有

---

① 原文漫漶，以□标示。下同。

很不妥处，就是糊糊涂涂的看过，简直不能知道其中说的什么，不是和没有看过差不多吗？有些人又说，只要拼命找字典一字不可放过，那又大麻烦了，而且减少读书的兴趣。这委实不知何去何从了。

4. 在高中里，我已读也一年的逻辑——演绎推理这部分——只觉得熟了多少推理公式，应用也收效很微。而我最担忧的，我的判断力还是一般的薄弱，遇了事情，不能应机立断，总是游疑莫决，这确真值得注意，然则用什么方法研究逻辑才对呢？

5. 处在这个国难危逼的当儿，我们受国家培植的青年，总要干些救亡工作才对。我很惭愧，自念没有做过多大的工作，比一般民众还来不及。然实在没有得到正确的指导，我也不敢瞎跑，先生可以指给一条路我去干吗？

上面的问题，诚然，是有许多幼稚的思想的表现，不过他的确是内心涌出的希求。先生能不吝赐教，则幸甚。专此，敬请，

教安！

生黄广勤上

三月十九日

图2　《国立中山大学日报》刊黄广勤致周谷城教授书信

从上述文字可以看出，黄广勤同学所提五个问题，皆为其学习过程中之切要问题，也"的确是内心涌出的希求"，而且对于哲学系学生而言，诸问题亦具有一定的普遍性。比如关于人生观的问题，确乎有诸多哲学系新生如黄广勤一样，入读哲学系是为了"找一个正确的人生观"，而且"入哲学系的目的，纯是希求完满解决这个问题"。至于"论读书方法的书"，更是初入哲学系同学之迫切需求。

虽属本科生之来信请教，作为教授的周谷城先生依然给予了认真答复。回信落款时间为三月三十日，与黄广勤之来信同时刊载在《国立中山大学日报》1932 年 4 月 1 日第 3 版上。原文如下：

广勤：

你所问的，有许多同学问过我。我随问随答，都不圆满。今日对你作答，依然不能圆满。我始终只能站在互相切磋的地位与你商榷，这是我先要申明的一点。

（一）"人生观"三字，意义极含糊，你万不可任意使用，更不可坚执一种迷信：以为"人生观"一定，便可一帆风顺的生活下去。至于"志向"二字，似较易懂。劝青年立"志向"，自是应当。但究竟要立何等"志向"，仍须诉诸你自己的家境、阅历、经验、环境等，我所能为力的，只能从旁提撕警觉，使你对自己的前途，时存负责任之心。你于今晓得"怕走错路"，便是你最有希望处。

（二）第二问题之提出，稍嫌不着边际。学问之有用无用，须在某些条件之下立言。若毫无条件，则都可以说有用，也都可以说无用。你既要为"人生"而学问，则哲学一科，就我自己的经验言，并非虚空不切实，更非全然无用。学问之为物，有先信其有用而学习，有于学习之中渐渐认识其功用的。哲学似属于后者，你既入了哲学系，稍稍戮力数年，自己当事［会］找出较为满意之解答。至若如何研究哲学，即可与哲学教授磋商。鄙意则以为谈［读］书的次序，可暂定如下：a. 先读一二本平易而少空谈之哲学概论，及一二本哲学史（此类书不必多读。若专读哲学概论与哲学史，而不与专家创作相接触，那决不能算是研究哲学）；b. 次读各派专著；c. 再次读各家专著。不过这都要你先有学通一种外国文之决心，否则都谈不到。

（三）论读书方法一类的书，可以偶尔涉猎。若想先得到一种完全无缺的读书方法，然后再读书，那是没有的事。至若所举两种读英文的方法，大概都可相对的采用。初学英文的人，对原书泛泛的阅读，如能明白五六成意思；倘常常阅读，很可以增加了解力及判断力。查字典的工作，是断不可少的。但大意可通，重要之处能了解；少查字典，反可免去枯燥无味之弊。此外我供献你一个意见，读英文须有恒，每日读两小时乃至一小时，日日要读，如此一年之后，你会自觉进步之神速。

（四）逻辑之较为重要的作用，就我自己的经验言，似在反面，似在防止武断。因此学过逻辑的人，反觉遇事不能当机立断。你于今学逻辑之时愈多，愈觉遇事不能当机立断，就求学上说，并不算失败。（上所谓逻辑，乃指现在学校中通行的逻辑教科书言。）

（五）全国一致反日之时，你倘能在可能范围之内做宣传工作，募款慰劳前线士兵，并不能算是瞎跑，并且手无寸铁之青年，暂时似亦只能作到这一层。若事机日逼日紧，来日情形如何，吾辈工作如何，目前自不能预定。

忽忽作复，词难达意。错误或含糊之处，随时商量可也。余不多及。此草，即祝，

进步！

周谷城

三月卅号

图 3 《国立中山大学日报》刊周谷城教授复黄广勤信

　　周谷城先生首先申明,"我始终只能站在互相切磋的地位与你商榷",可见面对学术问题时师生平等之意识,此一学术品格令人肃然起敬!其后,遂就黄同学之五个疑问逐一作答,并作积极方向之引导。比如关于人生观树立问题,鼓励他"对自己的前途,时存负责任之心";又如关于全国一致反日时救亡工作问题,则建议他"在可能范围之内做宣传工作,募款慰劳前线士兵,并不能算是瞎跑",均切实而向上。

　　至于回答第二个问题时提及读书之次序,周先生建议"a. 先读一二本平易而少空谈之哲学概论及一二本哲学史;b. 次读各派专著;c. 再次读各家专著",更是周先生多年学术研究之宝贵心得,不惟对哲学学科,乃至对所有文科学问之研究,均具有重要指导意义。周先生此言,正可谓"金针度人",堪为师之表率!

二、"给周谷城教授——一封公开的信"

　　《国立中山大学日报》1932 年 5 月 18 日第 3 版"问题研究"板块,刊发哲学系学生郑锡祥给周谷城教授的一封信，题名为《给周谷城教授——一封公开的信》，落款时间为"五月十七日"。单从标题，即约略可以感受到"争鸣"的味道。在信中，郑锡祥同学确乎就周谷城先生关于黑格尔辩证法的讲座内容，尤其是对其中所谓"中庸之道的恋爱哲学"，提出了较为严厉的批评，甚至直言"益使我怀疑先生是一个反辩证法的折衷主义者！"书信原文如下：

谷城吾师：

　　在本星期社会科学名著讲读的时间，先生讲授 Hegel 的辩证法时，曾说："一切介绍辩证法的书，多不可靠，所以我们想深切地懂得辩证法，必须读 Marx、Engels、Lenin、Hegel 等的原著；但 Marx、Lenin 等专门讨论辩证法的书甚少，且彼等谈辩证法的书实不如 Hegel 的有系统而且内容丰富，所以我今天将 Hegel 的辩证法介绍给大家……。"Hegel 的辩证法是否比 Marx、Engels、Lenin 等的辩证法的书有系统而且内容丰富，在现在读书不多的我，自然无从晓得，至于先生当介绍 Hegel 的辩证法时，而没有将他的辩证法的内容作一个概括的介绍（如关于他的革命的方面与不革命的方面等等），使我们初研究这个唯心论的辩证法者的人，不易认识清楚，这似乎是一种忽略。但这些问题都不是我今天要来和先生讨论的，我今天要来和先生讨论的，却是关于这次先生讲授中的一个较为重要的问题。

　　To illustrate the presence of Dialectic in the spiritual world, especially in the provinces of law and morality, we have only to recollect how general experience shows us the extreme of one state or action suddenly into its opposite: a Dialectic which is recognised in many ways in common proverbs. Thus summum jus summa injuria, which means that to drive an abstract right to its extremity is to do a wrong.

　　先生在解释上面一段话后，接着便举了很多例，如："满招损"、"聪明反被聪明误"，等等。先生举这些例来解释辩证法是否适当，现在姑不具论；但先生随即含有教训的意味也似地对我们说：凡事到极端都是不好的，为要免除事物向反对方面的发展，最好是我们中国的"中庸之道"！（先生所说的大意是如此）先生为使我们明白这个重要的思想起见，便又举了一个很有趣味的例：譬如谈爱情也是这样，两个恋人，最好是在不成功的时候——不即不离的时候，此时最有味道；倘若目的达到了，便容易破裂，所以我们想打消这个矛盾，便要时常维持这个不即不离的状态！先生并图示如下：

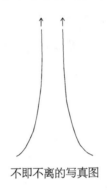

不即不离的写真图

　　先生关于这个避免矛盾的，即中庸之道的思想，已反复说得很明白了。先生这个中庸之道的恋爱哲学，也许是新的发明，假如我们谈恋爱的人，想把爱情维持于永久而不致破裂，就非仿效先生这个办法不可了。但是，对于这个思想，我很觉怀疑！因为，我们研究辩证法的人，谁都晓得矛盾是发展的，是不可避免的。假如矛盾可以避免，那末，世界万物都静止而没有进步了。Hegel 也说："矛盾引导着向前进。"我以为，即使谈爱情也是这样，我们不能因为怕有矛盾而不谈爱情，或只永远不即不离的谈爱情。其实，在恋爱过程中的人，波折愈多（即矛盾的曝发愈多），则愈能认识爱情，愈有味道！若说不即不离，这只是唯心论者的妄想，事实是做不到的！

本来，这□"中庸之道"的思想，是儒家的所谓治国平天下的思想，也是孔丘底为世的人生哲学，这个思想支配了中国人的头脑已数千年了。但我们须知道，这思想是反辩证法的，是改良主义者的思想，我们研究辩证法的人，犹欲把这个国粹——中庸之道——始终保存吗？先生说中庸之道已不自今日始，我平时听先生的随便闲谈或正式训话，处处都可以听得到先生的这种中庸的思想之表现，及至这次听到先生明白地举中庸之道的例以解释辩证法后，益使我怀疑先生是一个反辩证法的折衷主义者！

以上列举先生的话，虽不是用速记术记下来的，但最少是不失先生的真意，因我相信我们的听觉都不会有十分错误。我听后曾问了几位同听讲的同学，他们都是有同样的感觉。我们以为这个论题影响于我们青年的思想很大，故敢请先生公开指导！如蒙以文字示覆，则幸甚矣！肃此，敬请，

道安！

学生 郑锡祥

五月十七日

从书信内容看，郑锡祥同学措辞虽然严厉，却是极为认真的学术探讨，并非意气用事。信中对于孔子儒家思想是抱持批判态度的，以为"这思想是反辩证法的，是改良主义者的思想"，而对周谷城先生的反问："我们研究辩证法的人，犹欲把这个国粹——中庸之道——始终保存吗？"又能够感受到"新文化运动"以来批判传统风气对青年一代学子的深刻影响。通信结尾所谓"我们以为这个论题影响于我们青年的思想很大，故敢请先生公开指导"，亦正是基于传统与现代之间的巨大张力而发。

面对一位本科生的"质疑"，周谷城先生第二日（五月十八日）即作出答复，并刊发在五月十九日的《国立中山大学日报》第3版上。全文如下：

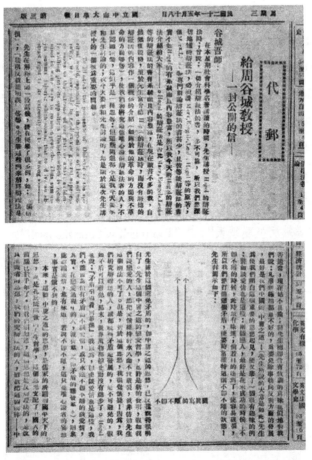

图4　《国立中山大学日报》刊郑锡祥致周谷城教授信

锡祥：

来示敬悉。上星期授社会科学名著讲读时，所读的文章，系从 *The Logic of Hegel* 一书的一四八页到一五二页上摘出。当时我的一切说话，都是用来解释原文的。阁下对于原文如有不明白之处，我还可以举出许多现社会中所流行的俗话，以及儒家表示反动思想或中庸之道的说话来解释。至若认这些说话为我的主张，那是阁下自己的意思，我无须置答。

再者，"满招损"一句话，是"Pride comes before a fall"一语的译文。"聪敏反被聪敏误"，是"Too much wit outwits itself"一语的译文。原文在阁下所录原文之下五行便是。翻译不当，阁下可以随时修正。

至若谓我讲原文时，未及把黑格尔的辩证法的内容做一个概括的介绍（如关于他的革命的方面与不革命的方面等等）……是一种忽略，是极是极！以后选读他家著作时，我一定多说几句介绍的话。忽此奉复。即颂，

学祺！

周谷城

五月十八日

图 5 《国立中山大学日报》刊周谷城教授复郑锡祥信

周谷城先生的回复极为简明,却是十分严谨地就学术论学术。首先交待所讲内容来自黑格尔《小逻辑》一书之英文原版,包括演讲过程中所提及的"满招损""聪敏反被聪敏误"等表述,其实来自《黑格尔的逻辑》(*The Logic of Hegel*)一书之原文,并非周谷城教授自己的过度发挥,锡祥同学或许存在误解。其次,对于锡祥同学所指出的"讲原文时,未及把黑格尔的辩证法的内容做一个概括的介绍",周先生坦诚承认"是一种忽略,是极是

图6　李凡夫先生

极! 以后选读他家著作时,我一定多说几句介绍的话",由此亦可见为人师者宝贵的谦逊品格。

需要说明的是,当年这位大胆向周谷城教授发出"一封公开的信"的郑锡祥同学,正是后来鼎鼎大名的李凡夫先生(1906—1990)。李凡夫出生于广东中山,1929年留学日本,"九一八"事变后毅然回国,被推举起草反对日本侵略宣言书。先后就读于广州中山大学及上海暨南大学,1933年夏加入"上海社会科学家联盟",1937年任上海临时党委书记。后赴延安,担任《解放周刊》编辑,兼任抗日军政大学、陕北公学教员,是著名的日本问题研究专家。中华人民共和国成立后,曾任中山大学军管代表、中共中央中南局党校校长、安徽省副省长等职,为中国革命事业作出了重要贡献。

李石岑、周谷城教授关于辩证法史研究的通信

周春健　整理

　　李石岑（1892—1934），原名邦藩，字石岑，后以字行，湖南醴陵人。幼读私塾，1912 年东渡日本，留学 8 年，至 1920 年春，毕业于日本东京高等师范学校。其间，曾加入"学术研究会"，并主编该会杂志《民铎》11 年之久。回国后，继宗白华主编《时事新报》副刊《学灯》，又入商务印书馆主编《教育杂志》。1928 年夏，辞去商务印书馆之职，留学法国、德国学习西方哲学。1930 年底回国，先后任中国公学、大夏大学、上海暨南大学等校哲学教授。1932 年初，受聘广州中山大学哲学系教师，其时哲学系主任为曹汝匡教授。李石岑先生在中国现代哲学思想史上占有一定地位，在当时即有较大影响。其最主要的学术贡献在中西哲学比较和人生哲学研究方面，主要有《中国哲学十讲》《哲学概论》《西洋哲学史》《体验哲学浅说》《教育哲学》《人生哲学》（卷上）等著述数种。[①]

　　甫至中大，曹汝匡主任为激发哲学系同学对哲学的学习兴趣，曾嘱李石岑先生作哲学公开演讲，遂有石岑先生的"哲学十讲"。在第一讲的开场白

[①]　参见方松华、忻剑飞：《中国现代哲学史人物小传——李石岑》，《探索与争鸣》1986 年第 6 期；胡啸：《李石岑及其学略》，《复旦学报》1993 年第 4 期。

中,石岑先生自称:"当我来到广州,哲学系主任曹汝匡先生便对我说,同学们对于哲学研究的兴趣很少,所以要求我来作公开演讲,使大家知道哲学对于人生有密切的关系。因此,就特订这个时间来向诸君演讲。预定一直到暑假时为止,约可共讲十次,所以名为'哲学十讲'。题目每次是变换的,下次的题目再行公布。我拟作一个系统讲演,笔记得好,可以成为一部小书。"① 计划的"哲学十讲",最后只进行了七讲,大概后因遇哲学系停办危机而致中辍。② 七讲的标题及演讲时间地点,均先在《国立中山大学日报》上预告,讲演相关笔记(均由哲学系学生石兆棠笔记),亦在中大校报"演讲录"专栏全文刊发。

"哲学十讲"的首讲,题目为《唯物论与唯心论之争》,时间在 1932 年 3 月 25 日下午 7 时至 9 时,地点在本校大礼堂。第二讲,题目为《辩证法之史的研究》,时间在 4 月 1 日下午 7 时至 9 时,因李石岑先生身体有恙,咳嗽厉害,遂将演讲地点移至法学院第十教室。

李石岑先生第二讲《辩证法之史的研究》演讲全文在《国立中山大学日报》1932 年 4 月 8 日第 2 版刊登之后,同样对辩证法素有研究的周谷城先生在报纸上获闻,因在诸多学术问题上有不同意见,遂有多通书信来往,与李石岑先生往复探讨,前后共计 7 通。这些通信,均刊发在中大校报上,李、周二人应当都是从报纸上获闻对方的学术见解(或因李初到广州,周与其并不相熟之故)。七通书信,涉及辩证法的一些核心命题,如"由量的增加到质的变异""绝对""矛盾""正反合""有无成""纯粹理念"等等;亦涉及辩证法史上的重要学人,如赫拉克利特、柏拉图、亚里士多德、斯宾诺莎、康德、谢林、马克思、恩格斯、列宁等等,尤其对黑格尔的辩证法作了全面讨

---

① 《国立中山大学日报》,1932 年 3 月 30 日第 1 版"演讲录"。在 4 月 13 日李石岑回复周谷城信函中,所谓"弟初到校,即承曹汝匡先生以同学研究近况见示,嘱作普通讲演,藉示提起哲学研究之兴趣之意。因此弟此回讲演,力求通俗明晰",正指此。

② 1932 年,哲学系因招生人数过少而遭遇停办危机,后经文学院吴康院长力争方得保全。参见《国立中山大学文学院概览》,国立中山大学出版部,1933 年 6 月,第 43 页。

论。相关讨论,既注意到了方法,又注意到了文法和文献,对于深入理解辩证法的相关论题具有重要的启发意义。而且,即便为本系同事,在学术问题上也毫不避讳情面,李石岑先生和周谷城先生,诚可谓学术"诤友"。这一宝贵学术品格及良好学术风气,至于今日依然值得发扬。

鉴于此,今从《国立中山大学日报》上将七通书信全部录出,以飨读者,亦表示对中山大学哲学系前辈学者之敬意!整理过程中,除将繁体转换成简体外,对文中错讹之处亦略加校勘。每通书信题名,为整理者所加。

一、民国二十一年四月十一日,周谷城致李石岑

石岑吾兄足下:

今日有学生检来一一三五号校报,得读《辩证法之史的研究》一篇。崇论宏议,令人敬佩。但读后尚有数点,须与吾兄稍稍商榷者。

(一)兄云:男性中含有女性的成分,否则不会生女孩子;女性中亦含有男性的成分,否则不会鞠育男孩子。果如是云,则辩证法中所谓"由量的增加到质的变异"一层道理,有无可以置议之处?

(二)又云:"矛盾是最需要的,我们必须去寻找矛盾,使生活不平凡,使我们的意志与情感,愈锻炼而愈强毅真挚。"1. 吾人在世,果系寻找矛盾,以期使生活不平凡?抑系矛盾临头,不得不勠力奋斗以求解决? 2. 吾人最初果先有意志与情感,然后藉矛盾之锻炼,使愈增强毅与真挚?抑在矛盾之情境内意志与情感始渐渐迸发奋兴?弟以为此乃唯物与唯心之所必争,故举以相商讨。

(三)"Hegel……提倡一种'绝对说',以'绝对'为论理的进行",鄙意以为"绝对"为"论理的进行"一语,似有可以商量之处。弟近来稍稍涉黑格尔之书,反复体察黑氏之意,颇觉"绝对"为"论理的进行之归宿",而非"论理的进行"之本身。反之,"论理的进行"可以陆续显示"绝对",却非与

"绝对"一致,不知尊意以为然否?

校报第六版下半面,有图有文。凡读过黑格尔之书者视之,当可悟到大意。但学生请弟代为解释,弟为避难起见,且构成问式,转叩之于吾兄:(1)图之下层为物质,上层为精神。黑氏所讲之发展,果系指物质言?抑指精神言?或更指由物质到精神言?(2)如系指由物质到精神而言,则在图中,当以何处为精神与物质之分界?(3)如无分界者,则物质层是否伴于精神,精神层是否伴于物质?其次,兄对图解之说明有云:"从物理现象而有化学现象,结果产生生物;从生物而有植物,而后有动物,再后有人类。"只说"而有",不说"何以有";只列举先后之序,不说明先后之过度,果为"辩证的",抑为"机械的"?吾兄于讲辩证法时,亦仍欲避开黑氏辩证法之真际于不谈也耶?

"客观辩证法""主观辩证法""科学的辩证法""实践的辩证法""行动的辩证法"等名词,在作文或演讲中,偶尔使用,本极方便。但方便之处,误会亦最易发生。倘读者不慎,以为天下真有许多之辩证法,甚或以讹传讹,于谈说之顷,谓某之辩证法为科学的,某之辩证法非科学的,某之辩证法为实践的,某之辩证法非实践的,则由"以辞害意"而波及真理,岂不可惜?关于此点,尊意以为如何?

弟周谷城顿首
四月十号

二、民国二十一年四月十三日,李石岑致周谷城

谷城吾兄赐鉴:

昨日^①阅校报知吾兄对拙讲《辩证法之史的研究》一稿,有所评正,不胜

---

① "昨日",原作"日作",据上下文意乙正。

惊喜。弟初到校，即承曹汝匡先生以同学研究近状见示，嘱作普通讲演，藉示提起哲学研究之兴趣之意。因此弟此回讲演，力求通俗明晰。而在求通俗明晰中，不免容易产生误解。今得兄逐条指示，感幸何如！还望不吝赐教，随时加以督进。

大文中分五条见教，鄙意三四两条最为紧要，如三四两条得尽所怀，余条可迎刃而解。今谨依原序略抒弟意。

弟认每一存在都伏有矛盾，因此取男女为譬，谓"男性中含有女性的成分，女性中亦含有男性的成分"，意在说明矛盾。该段上文，有"男子与女子弄在一块儿就会生小孩子，雄蕊雌蕊弄在一块就会产生植物"之句，乃是说明矛盾的统一。都是为求通俗明晰起见，随便举例，就原稿覆按自知。辩证法中所谓"由量的增加到质的变化"，鄙意以为就是"矛盾的统一"的道理可以说明。惟此非原问所及，可不置议。

为答复第二问，须先说明两个前提：

第一，一切存在都是矛盾的。

第二，精神从物质（存在）产生，但精神具有一种作用（却是这种作用也由物质的精密组织而成）。

鄙意一切存在都是矛盾的，我们在矛盾的环境中便不得不解决矛盾或寻求矛盾。精神虽从物质（存在）产生，却是具有一种作用，便不得不从事于解决与寻求。本此说明，则唯物与唯心之争自息。再就尊问加以解答如次：

（1）吾人在世，须找寻矛盾，以期使生活不平□[1]，如果"矛盾临头，不能不勠力奋斗以求解决"。

（2）吾人既由物质的条件产生意识与情感，"然后藉矛盾之锻炼，使愈增强毅与真挚"。因为"在矛盾之情境内，意志与情感始渐渐迸发奋兴"。讲演原稿是叙述"矛盾"在伦理世界的重要，故有"找寻矛盾""锻炼情感意志"的伦理说素。

---

[1]　原文漫漶，以□标示。下同。

Hegel 的"绝对说"，乃对 Fichte 和 Schelling 的"绝对说"之批评而起。Hegel 嫌 Fichte 所说的"绝对"，只说到"绝对的半面"。更嫌 Schelling 所说的绝对太抽象，把"绝对"看作静止的、死的，与乎现实从"绝对"产生的说法。因此，Hegel 认"绝对"即是"进行本身"。"绝对"不能产生运动与生命，"绝对本身"即是运动，即是生命。Hegel 以为世界一切的东西，从微小的草茎以至太阳系——都是"转化"（Werden），都是发展过程（Entwicklungsprozess）。说"存在"（Sein）就已经傍着"早已不存在"（nicht mehr sein）、"尚未存在（noch nicht sein）、全不存在（nicht ganz sein）"这些否定的事实，这是什么缘故？就因为"转化"的道理。所以，只有"转化"才是真正的存在。Hegel 所谓"转化"，不重在说明特殊事实，而重在说明宇宙之进行的全体或普遍。宇宙之进行的全体即"绝对"，"绝对"并非事物发展之某特殊阶段或完成状态，所以 Hegel 的"绝对"，决安不上"归宿"，否则 Hegel 的"绝对"，又和 Schelling 的"绝对"一样的陈死。事物发展没有"归宿"，却是有一种"法则"，便是论理的进行之法则。这法则内存于"绝对"，亦可说这法则本身便是"绝对"。这点可以看到 Hegel 所受 Heraclitus 的 Logos 的影响。

Hegel 把"绝对"看作 Logos，又看作"概念"，又看作"理性"，又看作"理念"。他认世界谓理念的发展，自然在精神都不过是理念发现的形式或程度。他的哲学体系，是由论理学、自然哲学、精神哲学三者顺次发展的。他说明论理学是"即自或向自的理念之学"（Die Wissenschaft der Idee an und für sich），自然哲学是"脱自态的理念之学"（die Wissenschaft der Idee in ihrem Anderrsein），精神哲学是"从脱自态回到自身的理念之学"（die Wissenschaft der Idee, die aus ihrem Anderrsein in sich Zurück kehrt）。这就是说论理学表现理念本来的态度，自然哲学以时间空间之形式而表现，却已脱却了理念本来的姿态。用 Hegel 的话说来，自然是已成化石的理念，精神哲学是表示理念又回了故乡。把他的意思总括起来，是只有理念是实在的，自然与精神不过是理念发现的形式或程度。他所讲的发展，只是理念的发展，或理性的发展，或概念的发展，或 Logos 的发展，而不是物质或精神的发展。只是说由物质的概念到精[神]的概念，而不是说"由物质到精神"。至于讲到"精神与物质之分界"，或讲到"物质层是否伴于精神，精神层是（来）[否]伴于物质"，或讲到物质与精神产生之先后之过程，这是 Hegel 全部哲学中最贫弱之部分。Hegel 只擅于概念之演述，一说到物质（自然），一说到物质与精神之关系，他便用空想去解释，所以他的自然哲学，比 Schelling 更见贫弱。而又不得不用辩证法去推演，结果完全走入虚玄。所以 Høffding① 称 Hegel 的自然哲学为 Hegel 全组织之"黑暗面"（partie honteuse②）。Hegel 对于某种现象"何以有"，虽有一种说明，但我在短时期的讲演中，亦无暇述及，所以原稿未加深论。

尊示谓使用客观主观等名词易生误会，我以为如果讲解明白，并无妨碍，而且有时不得不使用。如 John S. Mill 倡"经验的归纳法"，Poincare 却倡"数学的归纳法"。又如 Fichte 分理论的知识学与实践的知识学为二，此类例子，举不胜举。我以为绝不会"波及真理"。

弟初来粤，因言语上之不便，笔记者或不免间有出入，又弟为求通俗易解起见，举例或多不当，致使读者不免误解。这些都是我抱歉的地方，还望吾兄源源赐教为幸。敬请，

教安！

弟李石岑谨复
四月十二日

三、民国二十一年四月十六日，周谷城致李石岑

石岑吾兄足下：

偶阅校报，得读复示，从知吾兄态度诚恳，甚以为幸。但弟仍有不能已

于言者：一则吾兄所答，多非弟之所问。二则弟所提出商榷之点，并未忆及紧要与否之分；兄则云三四两条最为紧要。"如三四两条得尽所怀，余可迎刃而解。"然细读复示，颇觉三四两条之陈义，较前次演词为更含胡；其余各条，则更未能迎刃而解。感兄虚怀若谷，且再将鄙见略陈。

（一）"由量的增加到质的变异"一层道理，既不置议，则"男性中含有女性的成分……"云云当然有乖。今只删去"否则不会生女孩子"及"否则不会鞠育男孩子"，便可谓之迎刃而解乎？

（二）"寻找矛盾"与"锻炼情感意志"等，兄既自承伦理的说素，弟自无须再谈。但列举两个前提，反觉枝生节外。一则弟从未轻视此等前提，且亦并不向人索解。二则兄云：精神具有一种作用（却是这种作用，也是由物质的精密组织而成）。精神具有一种作用，固矣。"这种作用，也是由物质用精密组织而成"，其意义究如何？

（三）前次演词中"绝对为论理的进行"及 Logos 为论理的进行，云云；倘"为"之一字改成"能自作"三字，本毫无错误。"绝对能自作论理的进行"，所以 Wallace 便释之为"凭思维以自阐发者。"Absolute, self-revealing in the terms of thought（见 Wallace, *The Logic of Hegel*，二九六页），特每一度论理之进行开始时"绝对"为隐 implicit 而不显 explicit，或较为隐而不显。每一度论理之进行告成时，"绝对为显而不隐，或较为显而不隐"。此层分别，弟恐吾兄从未顾到；故所用"发展""进行""展开"等词，都无正解。甚且将黑格尔之"辨正的"说明，翻成"机械的"！ 如不然者，则下面一段文章，为何若是其无意义？ 兄云："有，即万有，无所不有的意思。"譬如粉笔、水壶、山、河、大地，一切都是"有"。"有只是存在，不指任何物而言。然则，'无'亦在其中。"既谓有为"无所不有"，随又谓为"不指任何物而言"；既谓"不指任何物而言"，随又谓："无，亦在其中"。此非黑格尔之原意也耶？ 又云："无，并不是什么都没有，它是可以思考的，可以成为问题的。所以它也是有。""可以思考的"果为何物？ "可以成为问题的"果为何物？ 弟于此又想,吾兄于"有""无""成"三字之义,未及重视。

至谓"绝对"安不上,"归宿"云云,弟殊不敢苟同。其实每一"三合"(Triad)之成,即是一种归宿。倘此归宿为前一"三合"之成,为后一"三合"之始,则Macrau便予以名称曰"相对的绝对"(relative absolute)。倘此归宿为最后一"三合"之成,则又有名称曰"绝对的绝对"(absolute absolute)(见Macrau, *Hegel's Logic of World and Idea*,二〇页),Wallace亦谓"……"(指绝对)is the Concretest[①] of all being, the whole which includs without destroying all partial aspects, yet as it includs them, it shows itself their master and more than Master(见Wallace, *The Logic of Hegel*,二九六页)。弟以为此等解释,于黑格尔之"绝对"尚可称为近真,不知尊意以为然否?

兄又云:"事物发展,没有'归宿',却有一种法则。"是极是极!但兄所解答者为"事物之发展"耶?抑黑格尔之"绝对"耶?弟所问者为事物之发展耶?抑黑格尔之绝对耶?

(四)至若"由物质到精神""精神物质分界""物质层是否伴于精神"等等,兄于未加解答之先,遽谓"此是黑格尔哲学中最贫弱之部分"!弟为省事起见,当然不便再问。

(五)"主观的辩证法""客观的辩证法"等名词,倘经讲解说明,用之其独无碍?实且极为方便。前书早已论及,例如兄谓,"讲自然与社会发展的过程及其规律者,谓之客观的辩证法;研究人类的思维发展的过程及其规律者,谓之主观辩证法"。如此云云,何等明白!弟即不知黑格尔有所谓Subjective logic及Objective logic,乃至不知罗素有所谓Mathematical logic等,亦不至发生丝毫误解。但兄之演讲中随即曰:"黑格尔的辩证法是玄学的辩证法,Marx与Engels的辩证法是科学的辩证法,而Lenin的辩证法却是实践的辩证法,或者可以说是行动的辩证法,所以,他的辩证法富于争斗性与革命性。"依解释主观辩证法及解释客观辩证法等例解释之,则研究科

---

① 原件不清,据上下文意推测为Concretest。——编者注

学之发展及规律者，当为科学的辩证法；研究玄学之发展及规律者，当为玄学的辩证法；研究实际（弟尚不知此何所指）之发展及规律者，当为实际的辩证法……果如是者，则"的"之一字，乃指辩证法应用之范围而言，并非谓此法本身有何特性。然则兄谓 Lenin 的辩证法"富于争斗性与革命性"，果作何解？兄云"不会波及真理"，弟则以为处处足以"波及真理"。且再举一例以陈。兄云"辩证法也从自然的认识与论证而得确定为真理"，此本极平允之论。但随又发长议以自毁之，谓"Marx 与 Engels 两人最用力而最精粹的地方，就是把 Hegel 所神秘化了的辩证法，完全廓清，……使之具体化，革命化"。呜呼！辩证法经此三化之后，果成何物？仍得谓之为正确的真理也耶？如仍得为正确之真理者，则"化"之意义，又作何解？

忽忽执笔，难尽欲言。倘老友进而教之，则幸甚！

弟周谷城再渎
四月十四日

四、民国二十一年四月二十日，李石岑致周谷城

谷城吾兄赐鉴：

拙讲承殷殷垂问，复承反复赐教，不胜感佩。兄谓弟所答多非所问，弟则以为所答多超过所问，请以次说明。至云紧要与否，当然是弟个人看法，于兄陈义并无损益。弟自觉前次奉复并不含糊，兹请再申前意，幸赐鉴察。

（一）兄对此条如此不惮反复，弟只有敬佩。今请补充再为说明。弟认每一存在都伏有矛盾，因此取男女为譬，谓"男性中含有女性的成分，否则不会生女孩子；女性中亦含有男性的成分，否则不会鞠育男孩子"，意在说明矛盾。该段上文有"男子与女子弄在一块儿就会生小孩子，雄蕊雌蕊弄在一块就会产生植物"之句，乃是说明矛盾的统一。弟以为用矛盾的统一的道理就可以说明"由量的增加到质的变异"。所以拙讲讲到由量到质时，有这么

一段："因为在正反合中，正与反毕竟还是量，到合才是质。譬如一男与一女毕竟还是量，到了弄在一块，生了小孩，那才是质。因为小孩子非能生他的男与女，而是另一新生体了。"弟上次删了两句，完全是为节省篇幅，这次只好又补充起来。不知兄阅后以为如何？

（二）前次讲 Herakleitus 的"矛盾的统一"之后，曾谓 Herakleitus 把这个意思扩大到伦理的实践的方面去，因有寻找矛盾、锻炼情感意志的伦理说素，原讲可以覆按。兄谓弟说"自承为伦理说素，自毋须再谈"，然则兄尚不知原讲有一段为伦理说素耶？兄谓所列举两前提为节外生枝，弟为说明唯物与唯心之争，如何可不先揭举两前提？兄谓此等前提并不向人索解，但兄忽发问："精神具有一种作用，固矣。这种（何）[作]用，也是由物质的精密组织而成，其意义究如何？"弟本无似，承兄见问，只得举所信奉渎。弟以为一切精神作用，如感觉、思维、意识等，都是物质的材料由一定的方法被精密组织的结果。这些，都是物质的最高生产物，是物质的特性或机能。

（三）弟前次说明 Hegel 的"绝对"，曾举 Hegel 对 Fichte 和 Schelling 的绝对说之批评，这于说明 Hegel 的"绝对"关系最大，这是所答超过所问。关于"绝对"的解释的问题，是我们这次争论中的焦点。现在的情形是："周谷城教授主张 Hegel 的'绝对为论理的进行之归宿'（见第一次惠函），李石岑教授主张 Hegel 的'绝对即理论的进行本身'。"一个说 Hegel 的"绝对"有归宿，一个说 Hegel 的"绝对"没有归宿。我以为这种争论，只有取决于 Hegel 本身的著作。因为 Hegel 不是远古的人，自易得到正当解决。

Hegel 本是很敬服 Schelling 的人，差不多有五年的长时间，是和 Schelling 的立场一致的，后来便渐渐的感到不满，觉得他所说的"绝对"太抽象、太静止、太陈死，因此著有《精神现象学》（*Phänomenologie des Geistes*）一书，以攻 Schelling。这是一八○七年的事。他两人的友谊忽然断绝，便是为了这件事。Hegel 攻击 Schelling 的"绝对"，全是用些最刻毒的比喻。第一，说 Schelling 的"绝对"是从手枪打出来的东西，意思是说他太空想，凭空来了这么一个"绝对"。第二,说Schelling的"绝对"是在黑夜里面所见的一群的牛,横直是一团漆黑。意思是说Schelling所主张的"同一""无差别"(Identität Indifferenz)的"绝对",成为静止的统一,成为死的存在,成为漆黑一团。试问从"同一""无差别"的"绝对"中,如何能说明有差别及矛盾的世界?第三,说Schelling的"绝对"是仅持有赤青两种颜色的书家所画出来的东西。遇着动物,就画成赤色;遇着土地或植物,就画成青色。意思是说遇着一切东西,都任意把精神和自然的两个概念安上去。Hegel作了这种攻击之后,随即为正面的说明。第一,"绝对"须从"论理的进行"去解释,它不是独立的逃避世界的东西。第二,"绝对"不是"同一""无差别"的,而具有某种性质。第三,"绝对"不只是表明二部分,而是表明二部分之关系。由以上的说明,已经可以知道Hegel对"绝对"的看法。

　　Hegel在《精神现象学》里面所表现的思想,直可视为他的全体系的导论,这书极端非难形式主义。不仅非难Schelling的形式主观,并含着对Kant和Fichte的形式主义的批评。Hegel以为Schelling既认无差别界孤立存在,便不得不停止于此,看作一种归宿,结果唯有采取形式主义,然而因固执无差别界的故缘,反而从差别界区分出来,结果又不得不采取形式主义。因说道:"形式主义有虚空的广,同样,又有虚空的深。"(原书页九)。意思是说,Schelling的"绝对"之无差别,是虚空的广;而不能不看作一种归宿,是虚空的深;随而固执归宿之说,更陷入虚空的深。因此,Hegel认"绝对"是"有生命的实体"(Die lebendige Substanz),而随即说明:"这有生命的实体……只不过为自己定立的运动,或在自体以自己为媒介的范围内的转化"(原书页一五)。这处明明白白的说出:"绝对"不过为运动或转化而已。Hegel的"绝对",不但内容不固定,即形式也不固定。Hegel因把"绝对"叫作"神的生命",所以从"归宿"或"绝对的绝对"讲Hegel,Hegel是不接受的。

　　来示说到"绝对",首尾都征引Wallace的"绝对"的解释,甚盛甚盛!Wallace是Neu-Hegelianer中的健者,他后于Green,而长于Bradley,大有

Green 批评的观念论之风。他与 Green、Caird^①、Bradley 同为牛津大学之学者，却是远不及他们所享的荣誉。他们对"绝对"的看法，大都抱着一种静的见地，不像 Hegel 看作一种辩证的发展。尤其是 Bradley 和 Wallace，这种静的见地更强固地执持，有时又像 Spinoza 的绝对主义。不过他们都尊重经验的特殊的事实，他们对 Hegel 的辩证法都不大注重，而特别看重他的精神说。因此，有许多人堕入形式主义，或竟堕入神秘说。他们讲到"绝对"，总不免陷于"虚空的深"，Wallace 更犯了这个弊病。本来 Neu-Hegelianer 比 Hegelianer 陷于"虚空的深"，比 Hegel 更陷于"虚空的深"，正和 Neu-Kantianer 比 Kantianer 陷于"虚空的深"，比 Kant 更陷于"虚空的深"一样。拿中国的事例说来，新儒家（如宋明诸子）比儒家陷于"虚空的深"，比孔孟更陷于"虚空的深"；所以朱熹、王阳明说的孔孟，简直不是孔孟本来的面目。从 Neu-Hegelianer 的见地能否说明 Hegel 的"绝对"，我以为尚有商榷的余地。

　　来示又提到"有""无""成"三字之意，谨在此略为说明。这是 Hegel 的论理学的出发点，Hegel 以为论理学即概念之学，Hegel 称此概念为"纯粹理念"（reines Idea），Hegel 排斥独断论的思想，又排斥经验论和批判论，又排斥非合理的之知的直观。因此，在论理学上选择一个最纯精的东西做出发点，这便是"有"，即"存在"（Sein，to be）。"注"：Hegel 的论理学即从这个"有"的概念开始分析，由辩证法渐渐的导出其他概念。即是，对于某种概念而发生反对概念，再回到原来的立场而得第三概念。用 Hegel 自己的话表出来，从"即自"（An-sich，in itself）移到"对自"（Für-sich，for oneself）或译作"脱自"，再回到综合二者的"即自和对自"（an und für sich，bei sich，in and for itself）。于是，与上三者相对应，而有论理学的三部分，即

---

① 原件可辨识出 Cird，非西人姓氏，据查英国 19 世纪末黑格尔主义者中有 Edward Caird 和 John Caird，Edward Caird 乃 John Caird 之弟，曾在牛津任教，为 19 世纪末著名的观念论者。John Caird 也受黑格尔影响，但长期任教于苏格兰格拉斯哥（Glasgow）大学，且是神学家。故此处所指应为 Edward Caird。——编者注

研究"为何"（Was）的有论（die Lehre vom Sein），研究"从何"（Woraus）的本质论（die Lehre vom Wesen），研究"何在"（Wohin）的概念论（Begriff）。现在说明有论的一个大概，因为这与"有""无""成"三义有关。"注"：拙讲谓"有"即"存在"，一因德语的 sein 可两释，二因 Hegel 的 sein 可两用。实则严格说来，"有"应为 sein 之译，"存在"应为 Existenz 之译。但各字的涵义，亦由个人使用而有不同。如 Hegel 所用的 Sein，不必与 Elentik[①] 所用的 Sein 同义；又如 Kant 所用的 Existenz 不必与 Spinoza 所用的 Existenz 同义。

　　Hegel 的"有"，是最纯粹的东西，是最抽象最简单最直接的东西，是全无内容全无规定的东西。"有"是泛说，是"无所不有"，即"不指任何物而言"，因此便不含有任何"性质"（Qualität）。即从"性质"之点说来，"有"又为"无"（Nichts）。然而，"有"自身中岂不又含有相反对的"无"？所以说"无亦在其中"。"有"自身是肯定，同时又是否定，由此两者遂"成"为某物，于是有"成"（Werden）。即"有"之中所含的矛盾，在"成"而得统一。所以"成"为"有"，又为"无"。"注"：例如说，黑的物变成白的。在这时，此物已变白，却尚未全白，当然早已不黑。于是此物（成）是白（有），同时非黑（无）。故"有"与"无"之矛盾，在"成"而被否定，然二者同时又为不可缺的契机而被保存。（所以 aufheben 一字含有 verneinen、erheben、bewahren 三义。）至讲到"成"，"成"又使自己变成，使自己由"有"变成"已有"（gewesen），于是"有"的性质稍稍确定。"有"既已是"成"，"有"便决定自己，限定自己，于是泛说的"有"变成确定的"有"。例如说"黑的物完全变成白的"，此时之"有"名"定有"或名"定在"（Dasein, determinate being），"定有"乃明显的表示性质的范围。由此"定有"而有"某物"（Etwas, something）的概念，由此"某物"的概念而导出与此相对的"他物"（Anderes, the other）的概念。本此关系，继续演进，遂产生"无限"

---

① 德语，源自古希腊语 élenchos，苏格拉底用此词指自己所使用的基本哲学方法：问答、诘难、辩驳、验证，一般译作诘难法、辩驳法。——编者注

（Unendlichkeit，infinity）的关系。然这种"无限"，仅仅说到没有制限，这是"伪的无限"（schlechte Unendlichkeit，false infinity），若真的无限，乃是起于某物自身之中，即"即自"当成为"对自"。这谓之"无限有"或"对自有"（Unendliches oder Fürsich-sein）。由此地推演到"质"，再演进到综合质与量的"质量"。由辩证法的方法遂推到真实得"有"，即本质（Wesen）。

"注"：推导Hegel的原意，"有"自身是肯定，同时又是否定。如果"有"只是肯定一个意思，那"有"便是不动的、陈死的，不能产生任何物。如果"有"只是否定一个意思，那"有"便等于零，成为全然无力的东西。但Hegel之所谓"无"，也不是一切空无，"无"是"对自"的。可以思考的是"对自"，可以成为问题的是"对自"，但"对自"即由"即自"而起，"对自"即含于"即自"之中，所以它也是"有"。"有""无"对立是矛盾，但这矛盾即含于"有"之中。

（四）弟前函为答复尊问，曾将Hegel的哲学的全体系说明一个大概，曾说明Hegel所讲的发展，是理念的发展，是"绝对"的发展；但"绝对"内存在于事物，具现于事物，则所谓"事物之发展"与"绝对之发展"有何区别？至说到"物质与精神之分界"等等，兄既欲"省事"，弟只好从缓奉复。

（五）关于此条，弟无甚意见表示，前函已累陈鄙意，兹不赘及。

来函一再督教，敢不拜嘉？承责以"无意义""都无正解""从未顾到""当然有乖""含糊"等等，更敢不虚怀顺受，以自鞭策？专此奉附，即颂，教安！

弟李石岑谨复

四月十八日

五、民国二十一年四月二十二日，周谷城致李石岑

石岑吾兄足下：

予对尊讲，反复致辨，为重视真理也。立言遣词，如有不甚客气之处，幸

吾兄不以为罪。但双方互相争辨之时，凡答非所问，或所答超过所问，予都不取。盖如此只是离开论点，于所争辨之真理实无与也。

　　例如辩证法中有"由量的增加到质的变异"一层道理。兄之讲演中有"男性中含有女性的成分，否则不会生女孩子；女性中亦含有男性的成分，否则不会鞠育男孩子"一段文章，若两两合看，倘辩证法中之道理无误，则兄之演词成问题；倘兄之演讲无误，则辩证法之道理成问题。弟前日提出就商之点，不过如是而已。乃兄于第一次复示为节省篇幅起见，删去"否则不会生女孩子"及"否则不会鞠育男孩子"等一十七字，第二次复示为补充说明起见，再从原讲中录出"男子与女子弄在一块儿，就会生小孩子；雄蕊雌蕊弄成一块儿，就会产生植物"，并用"矛盾的统一"解释"由量增加到质的变异"。如此周折，究于原来就商之点有何关系？

　　（一）又如兄所举之两个前提，其主文之意，都极明显。第二前提谓"精神有一种作用"，任何人都不至发生误解。但兄随即附以注语曰"这种作用，也是由物质的精密组织而成"，便令人莫名其中之妙矣。今次复示，又谓"精神作用……是物质的材料由一定的方法被精密组织的结果"。石岑吾兄，"精神具有一种作用"为一个语句（statement），"精神作用"为一个名词（term），是亦可以混合者耶?！此又所答非所问之一例，而杉①争（辨）[辩]真理无与者也。

　　（二）兄谓"周谷城教……说黑格尔的绝对有归宿"。"黑格尔的绝对有归宿"一语，究从何来？弟对黑格尔，仅提三句短语：（1）"绝对能自作论理之进行"（见第二次信），（2）"论理之进行可以陆续显示绝对"（见第一次信），（3）"绝对为论理的进行之归宿"（第一次信）。一二两项，是兄所赞同；第三项，兄则期期以为非是。弟举瓦雷士之说作证，兄则谓瓦氏为新黑格尔派之健者，有格林氏批评的观念论之风，为牛津大学之学者，荣誉不及格林与布莱得勒等。最后结语则谓"他们讲绝对，总不免陷入虚空的

───────────────

① "杉"字于句中语义不通，当为手民误植。

深"，既未举瓦氏之原文，又未举格氏之原文，更未举布氏之原文。"弟本无似"，只好静听吾兄论议。好在吾兄亦重黑氏原著，谓吾辈争议应该取决于黑氏原著，"甚盛甚盛"！弟且举黑氏原文数段于次，以证瓦雷士等之"一种静的见地"有无大错，以证"归宿"或"绝对的绝对"等究为黑氏所应接收，抑不应接收。

Hegel's Philosophy of Mind 一六四页曰"The Absolute is mind (Spirit)"，同书三一六页曰："The eternal Idea, in full fruition of its essences, eternally sets itself to work, engenders and enjoys itself as absolute mind."。（以上均瓦雷士从黑氏哲学大传中译出）

The Logic of Hegel 二一三页曰："The absolute is what is identical with itself." 同书三四四又曰："The End (Final Cause) therefore in its efficiency does not pass over, but remains itself, i.e. it carries into effect itself only, and is at the end what it was in the beginning or primordial state."。（以上均瓦雷士从黑氏哲学大全译出）

吾兄纵酷爱黑氏，欲为黑氏掩短，然细读上引诸段之后，恐亦爱莫能助。

弟近有一种感想，以为从静的方面研究黑格尔者，如欲并其辩证法之一长亦抛弃，固然不公允；但从动的方面研究黑格尔者，如欲并其绝对观念之一短，亦遮掩不为揭穿，更是不公允。若Marx则可谓善于研究黑格尔者，彼取其辩证法，痛斥甚绝对或最后因之非。虽反Marx者，亦不能谓其不公允。例如Lindsay本是反对Marx者，有一段文章曰："Marx complained and with some justice, that Hegel was untrue to the spirit of his dialectic when he seemed to claim finality for some of his doctrines."。（见Lindsay，*Karl Marx's Capital*，一九页）录此附录，供兄参考。并颂，

近祺！

弟周谷城顿

四月廿二

六、民国二十一年四月二十七日，李石岑致周谷城

谷城吾兄赐鉴：

弟以前答复了两封信，自问都很诚实，并且对于尊问的要点，都解释得颇明白。乃不蒙谅察，仍有许多散漫琐碎的辩解，只好再恳切地供献此书。

譬如我解释"矛盾"，用男女作譬；解释"矛盾的统一"，用男女结合生小孩子作譬；解释"由量到质"，仍用男女结合生小孩子作譬，不过说明有不同。我觉得这些，都很显明。我取譬的本意是如此，原讲具在，不难覆按，想不到吾兄"如此周折"。

又譬如你第一信，问我矛盾在先须勠力奋斗以求解决矛盾，抑系矛盾在后，须吾人找寻矛盾？因为这是"唯物与唯心之所必争"。我第一信答复，即首举两前提，说明矛盾在先，不过吾人在矛盾的环境中，应该解决矛盾，或找寻矛盾。如果兄认此解答不误，即无问题。乃兄在第二信中说我所列举的两前提，是"枝生节外"，兄自身"并不向人索解"但又随即发问："精神具有一种作用，固矣。'这种作用也是由物质的精密组织而成'，其意义究如何？"在此时，我只得对于精神作用如何由物质的组织而成作进一步的说明，因有第二封信第二条之答复。那知"柳暗花明又一村"，兄早已抛开"唯物与唯心之所必争"的不谈，而要谈谈文法，说"'精神具有一种作用'为一个语句（statement），'精神作用'为一个名词（term）"。这样的辩论，我觉得太散漫琐碎了些。我自愧不才，对于文法上面虽也曾用过一些工夫，却是我现在还不知道怎样的不对，只好将原条重抄下来，给大家评评：

精神从物质（存在）产生，但精神具有一种作用（却是这种作用也由物质的精密组织而成）。

　　关于 Hegel 的"绝对"，我在第一信第二信所答复的话，都是用很慎重的态度写的。第一信说明，Hegel 的"绝对"是"转化"，是"发展过程"，决安不上"归宿"。第二信说明 Hegel 的"绝对"是从批评 Schelling 的"绝对"而起，因略述 Hegel 的《精神现象学》的内容，以见从"归宿"或"绝对的绝对"讲 Hegel，Hegel 绝不能接受。随后并说明 Wallace 一流 Neu-Hegelianer "绝对"的看法，出于一种静的见地，不是 Hegel 的原意。我以为有这样的说明，兄当不至再固执"归宿"或"绝对的绝对"之说。乃最近来函仍强持前议，并举 Wallace 所译 *Hegel's Philosophy of Mind* 及 *The Logic of Hegel*，以证"归宿"或"绝对的绝对"究为 Hegel 所应接收。我因为这点关系颇大，只得再作进一步的说明。

　　我在前次两信中，都提到 Hegel 的"即自""对自""即自和对自"，因为这几个术语，关系 Hegel 哲学的全部。"即自"表示理念本来的姿态；"对自"亦可译作"脱自"，是脱去了理念本来的姿态；"即自和对自"，是前二者之统一，表示理念又回了故乡。Hegel 以为世界全体是理念，是理念之发展，是理念之永久的发展。理念而表现于现实，便成为自然和精神。Hegel 把理念叫作"世界创造前的神"，或叫作"神的心中之现实世界之模型"。世界创造前的神之生活是神之理念的生活，若现实之生活不过是理念之在复。在这点说来，Hegel 是一个"决定论者"（Determinant）。理念在自然界达于发展的极度时，它又在精神界回复自己的本来面目。自然不过是理念发展成为精神之一个阶段。理念在精神界是对自己启示自己，换句话说，使自己工作，生长自己，享受自己。若永久的理念便永久地使自己工作，生长自己，享受自己，成为"绝对精神"。所以后面一段文字（照兄所录出者）：

　　The eternal Idea, in full fruition of essences, eternally sets itself to work, engenders and enjoys itself as absolute mind.

绝对精神即 "存在之精神生活之总体"，用 Hegel 的话说来，即消灭一切差别之 "群体的精神"（der Geist in seiner Gemeinde）。所以 Hegel 说（照兄所录出者）："The absolute is what is identical with itself."（"绝对是它自己同一的东西"），从这点可以说明 Hegel 的 "决定论"，也可以说明 Hegel 的 "Final Cause"。Hegel 认 "绝对" 是内存于个体的总体（亦可说内存于别相的共相），因仿 Plato 之意名之曰理念，又仿 Heraclitus 之意名之曰 Logos，其实都是一件东西。理念从本来的姿态（即自）发展到自然（对自），再发展到精神（即自和对自）。当经过自然一个阶段时，脱却了理念本来的姿态，但发展到精神时，又回复了理念本来的姿态；是理念总盘旋在理念界，不会越出雷池一步。这就是说，理念仅仅使自己活动，发生影响，其实它在最后还是和最初一样的姿态。这便是 Hegel 的 "决定论"，也便是 Hegel 的 "Final Cause"。所以 Hegel 说（照兄所录出者）：

The End (Final Cause) therefore in its efficiency does not pass over, but remains itself, i.e. it carries into effect itself only, and is at the end what it was in the beginning or primordial state.

照兄所录的几段英译文看来，只觉得 Hegel 的思想系统异常严密，并不见黑格尔的短，亦无庸 "为黑氏掩短"。只是不见有所谓 "归宿" 或 "绝对的绝对"，试问所谓 "归宿" 作何解释？所谓 "绝对的绝对" 又作何解释？我知道老兄必定又会搬出 Macrau 的话来，说道：

每一 "三合" 之成，即是一种归宿。倘此归宿为前一 "三合" 之成，为后一 "三合" 之始，则 Macrau 便予以名称曰 "相当的绝对"（relative absolute）。倘此归宿为最后一 "三合" 之成，则又有名称曰 "绝对的绝对"（absolute absolute）。（见第二次来信）

Hegel 的学说经老兄这么一讲，那 Hegel 真糟了！"绝对"是"最后一
'三合'之成"，那么，Hegel 的"绝对"到此便止步了，不再发展了。辩证法
有了"最后一'三合'之成"，那辩证法也完了，这有什么"辩证法之一长"？
且所谓"三合"，我们从没有听见过 Hegel 的学说中有"三合"，"这只好静
听吾兄议论"。又所谓"绝对的绝对"，在 Hegel 的辞典中找不出"绝对的绝
对"，却可以用 Macrau 的"绝对的绝对"盖在 Hegel 的头上，这也"只好静听
吾兄议论"。兄之所谓"归宿"当然不是 Hegel 的"即自和对自"的意思，如
果是的，那我们只能"相视而笑，莫逆于心"；如果不是的，那便是所谓"最
后一'三合'之成"从"最后一'三合'之成"讲"归宿"。从这种"归宿"讲
Hegel 的"绝对"，我不相信这是善于研究黑格尔者。

我知道对 Hegel 研究的，有一个术语容易发生误解，这便是"Final
Cause"，因为有了"Final Cause"便会联想到"最后一'三合'之成"。这
不能不说个明白。本来，"Final Cause"这个术语是 Aristotle 开始使用的，
Aristotle 觉得 Plato 所讲的"理念"太空洞、太抽象，所以认理念是在现象中
自己发展的本质，一切现象不外是这种本质的实现，本质在转化之中实现自
己。转化由于四个原因：一、质料因（Material cause），二、形相因（Formal
cause），三、动力因（Efficient cause），四、究竟因，即此处所论究的（Final
Cause）。这种区别，不过是思想上抽象研究的结果，其实形相因、动力因、究
竟因三者可汇而为一。雕刻师想像中雕刻的观念是形相因，他的运用神经
和筋肉是动力因，同时，利用质科欲使其实现之目的为究竟因，故究竟因与
形相因、动力因有连带关系，而不是独立的。Aristotle 因把四个原因括为形
相因与质料因二者，但形相与质料亦为互不相关之物。Aristotle 于此，因取
统一的说明，谓是同一物之考察之二方面。Hegel 则单取"Final Cause"，以
说明转化之理。用意与 Aristotle 没有不同，但说明的方法则完全异致。Hegel
对"Final Cause"的看法，是理念之辩证的发展，无有穷极。理念对自己启示
自己，使自己活动，发生影响；通于自然界与精神界，都是理念活动之场所，

亦可说是"Final Cause"活动之场所。所以，Hegel 的"Final Cause"不是孤立的，而是整全的；不是静止的，而是活动的；不是"最后一'三合'之成一"，而是无"成"与"始"可定的。我以为讲 Hegel 的"Final Cause"，或讲 Hegel 的"绝对"，或讲 Hegel 的理念，都应该是同一的讲法。

来示不断有 Marx 取 Hegel 的辩证法而"痛斥其绝对或最后因之非"，不知 Marx 在何书上痛斥其"绝对"或"最后因"之非，敢请见示！

弟近来工作异常忙碌，此后如蒙继续见教，毋任欢迎，并深感荷！惟弟作答言，或不免稍缓，因弟须于六月以前写成一本小书也。万希见谅，顺颂，教安！

弟李石岑谨复

四月廿五日

七、民国二十一年四月三十日，周谷城致李石岑

石岑吾兄足下：

此次复示，语多意气。弟为尊重吾辈友义及讲学态度之尊严起见，谨以"博大精深云云"奉复。然值得讨论者，从容不迫讨论之，想亦吾兄及各同事与校内同学所乐许者也。

"精神从物质产生，但精神具有一种作用。（却是这种作用，也是由物质的精密组织而成）"细按吾兄此段原意，"精神"及精神所具有之"作用"，实为两事。谓精神从物质产生，是极；谓精神所具有之作用，亦由物质的精密组织而成，则兄之解释，便嫌含糊不清楚矣。弟谓"语句"与"名词"不容混合者，责兄不当以"精神"及精神所具有之"作用"混为一谈也。

兄谓弟不当强持前议，固执"归宿"之说。弟以为黑氏之原文具在，自己复有所见；为辨明真相计，实在应该固执。倘不固执者，则双方之争论便无意义矣。例如吾兄第二次复示中云"绝对不是同一无差别的"，此次复示，

则云"绝对……即消灭一切差别之群体精神！"……"绝对是和它自己同一的东西！"如此其不固执，弟窃为兄不取。

兄云"我们从没有听见黑格尔的学说中有三合"。"三合"一词，系 Triad 一字之译文。弟于第二次通信中，曾将原字写出。此乃黑格尔著作中常用之字。翻译或不甚切帖，但用中国文讲外国人之学说，吾兄当亦感着同样之困难。至谓"黑格尔的辞典中找不出'绝对的绝对'，却可用 Macrau 的'绝对的绝对'盖在黑格尔头上"云云，弟以为吾人（因兄亦承认弟所举出之黑氏原文）既能认定"绝对即消灭一切之群体精神，……是和它自己同一的东西"，则正好借用 Macrau 之说话。

兄云"黑格尔的学说经老兄这么一讲，那黑格尔真糟了"。黑格尔糟于何人之手，似非吾兄一人所能决定。弟对黑格尔，自始至终坚持下之三句短语：一、绝对能自作论理之进行；二、论理之进行，陆续显示绝对；三、绝对为论理之进行的归宿。兹且举一浅显之譬，以明鄙见。如李先生能演说作文写字等，演说作文写字等陆续显示李先生之才能，李先生为演说作文写字等之归宿。

弟云 Marx 取黑格尔之辩证法，痛斥其绝对或最后因之非，上次信中，只用 Lindsay 之语作证，未及举出 Marx 自己之原文，是弟极不谨慎之处。承兄指出，无任铭感！

再者吾兄因事忙，对弟此信不再作答，亦不要紧；万一作答，总盼吾兄能针对争辩之焦点发言。至若弟自己，则在本校校刊上，不复再对吾兄写信矣。余不多及，此颂，
著祺！

弟周谷城

四月二十九日

《哲学教育评论》征稿启事

　　《哲学教育评论》是中山大学哲学系主办之刊物，旨在于专业知识生产之外，讨论哲学教育本身的多种可能。评论者，不以标准化论文为骛，举凡对哲学教育有心得、有体会、有尝试、有经验者，为师者、就学者，均可自抒己见，相互借鉴，同时引介国际教学经验，探访国际著名哲学系科的沿革与当下实践。刊物拟设以下栏目，面向国内外同仁征稿：

　　一、名系源流。介绍国际国内知名哲学系的教育制度、课程设置、教学特色、名师风采、思想沿革等等各方面的情况，以期开拓和保持世界性的视野；

　　二、讲堂实践。哲学专业教师和学生在教学实践过程中积累的经验心得或是师友杂忆，均可以专文方式加以呈现，供同行借鉴交流；

　　三、教学求新。在哲学教育过程中，突破传统的视野和方法，探索多样多元的教学方式者，可对自己的创新试验作理论上的总结与论证，以获学界的推广和传播；

　　四、理论深耕。对教育本身，尤其是人文教育、哲学教育，在哲学层面加以理论透析，因应教学方法、社会环境、时代背景的改变，省思教育本身之结构因素，阐述教育本身之价值追求；

　　五、旧文新刊。遴选往昔尤其是近现代以来知名学人关于哲学教育的文章、笔记、讲稿、书信等等各种文献，草蛇灰线，搜寻自京师大学堂立哲学门以来哲学教育在中国开拓发展的足迹，启迪来人；

六、国际动态。搜罗译介国外哲学界与哲学教育相关的重要资讯,如师资变动、专业调整、重要课题、重要会议等等,以使耳目常新。

本刊不以专业论文为标准,风格不限,字数不限。若以论文方式写作,请参考以下格式:

1. 不需单列参考文献,所引文献均在脚注中标明;

2. 脚注注释号①、②、③……,每页重新编码。文献格式如下:

(1)著作:

朱熹:《四书章句集注》,北京:中华书局,1983 年,第 25 页。

Bruce Kuklick, *A History of Philosophy in America, 1720-2000*, New York: Oxford University Press, 2001, p. 61.

(2)文章:

陈少明:《中国哲学:通向世界的地方性知识》,《哲学研究》2019 年第 4 期,第 32—41 页。

Shaun Gallagher, "Phenomenology and Embodied Cognition", in Lawrence Shapiro (ed.), *The Routledge Handbook of Embodied Cognition*, London: Routledge, 2014, pp. 9-18.

Elliot Gaines, "Communication and the Semiotics of Space", *Journal of Creative Communications*, Vol. 1(2), 2006, pp. 173-181.

(3)翻译:

亚里士多德:《物理学》,张竹明译,北京:商务印书馆,1982 年。

3. 所有引用文献在第一次出现时标明完整的出版信息,第二次只需标注作者、文章或著作名及页码。同一文献连续重复引用的,可标注前揭及页码(如页码不同)。

4. 经典文献可以按照学界惯例进行缩写,可采用随文注释,不将文献信息放入注释之中。比如正文中凡是引用《纯粹理性批判》的文献都用 "KrV B105",表示《纯粹理性批判》B 版第 105 页。

　　投稿者请将稿件电子版（Word 格式）发至：paideiaphilosophia@outlook.com。来稿请附上作者简介（真实姓名、工作单位、职称职务、研究方向）、联系地址、邮编、电话、电子邮箱。

　　投稿后若三个月内没有收到回复，作者可改投他刊。请勿一稿多投。录用文章一经发表，即奉稿酬，并送样刊。